郭齐勇　主编

中国哲学通史

—明代卷—上册

丁为祥　著

U0654726

A

HISTORY

OF

CHINESE

PHILOSOPHY

江苏人民出版社

图书在版编目(CIP)数据

中国哲学通史. 明代卷：上下册 / 丁为祥著. --
南京：江苏人民出版社，2023.8
ISBN 978 - 7 - 214 - 28237 - 8

Ⅰ. ①中… Ⅱ. ①丁… Ⅲ. ①哲学史-中国-明代
Ⅳ. ①B2

中国国家版本馆 CIP 数据核字(2023)第 125347 号

中国哲学通史
郭齐勇主编
明代卷：上下册
丁为祥　著

策　　　划	府建明	
责 任 编 辑	马晓晓	
装 帧 设 计	周伟伟	
责 任 监 制	王　娟	
出 版 发 行	江苏人民出版社	
地　　　址	南京市湖南路 1 号 A 楼，邮编：210009	
照　　　排	江苏凤凰制版有限公司	
印　　　刷	苏州市越洋印刷有限公司	
开　　　本	652 毫米×960 毫米　1/16	
印　　　张	460.5	
字　　　数	6126 千字	
版　　　次	2023 年 8 月第 1 版	
印　　　次	2023 年 8 月第 1 次印刷	
标 准 书 号	ISBN 978 - 7 - 214 - 28237 - 8	
定　　　价	1980.00 元(全 20 册)	

(江苏人民出版社图书凡印装错误可向承印厂调换)

目　录

导　论

　　明清两代是离现代社会最近的两个朝代,也是对现代社会影响最大的两个王朝。虽然这两个王朝相继而起,是递相取代的关系,但其思想范式与思潮走向却并不一致,毋宁说还存在着许多相互背反的成分(当然也有许多相互一致的方面)。其中一个较为显性的原因,就在于明王朝的统治者是汉族,清王朝则是由少数民族满族人所建立。所以中国现代社会的开端——辛亥革命往往又叫"反满"革命——一种裹挟于民族革命旗帜下的民主革命。如果从明清向前延伸,则明之前的元朝为蒙古人所建立,而元之前的宋——北宋和南宋又是由汉人所建立的政权。这样一来,如果我们将宋代以降的几个王朝称为中国传统社会中的"近世",那么这个"近世"也恰恰是在汉族政权与少数民族政权的交替统治下度过的。如果我们从明清向后延伸,那么辛亥革命以后的民国,其前期是北洋军阀的诸侯割据,中间经过抗日战争,其后期则又成为国共两党的较量,直到1949年中华人民共和国成立,才重新进入一个和平、稳定的时代。这样看来,明清两代也就成为"近世中国"距离我们最近的两个朝代,也是近现代之前两个较为稳定的王朝,因而其对中国现代社会的影响自然是不容低估的。

　　但要从哲学史的角度总结这两个朝代在近六百年间的思想发展并

非易事。这一方面是因为,中国传统学术中并没有"哲学"这样一种称谓,就连"哲学"这一概念也是20世纪初才通过日本从西方引进的——中国传统学术中所有的只是"子学""经学""玄学""佛学""理学""朴学"等等,根本就没有"哲学"这样一种称谓。所以冯友兰先生在20世纪30年代撰写《中国哲学史》,还不得不"就中国历史上各种学问中,将其可以西洋所谓哲学名之者,选出而叙述之"①。在当时,这确实是一种不得已的无奈选择,因为既然"哲学"的概念都源自西方,那么哲学的标准自然也应当以西洋为标准。不过,虽然"哲学"的概念源自西方,可"中国哲学"这一说法一经启用,就立即成为20世纪中国思想文化研究中的显学——自1916年谢无量第一部《中国哲学史》问世,一直到世纪之交冯友兰先生7卷本的《中国哲学史新编》之杀青问世,20世纪国人关于中国传统文化整理得最多的可能就要算哲学了。当然反过来看,虽然20世纪国人关于中国哲学的撰著最多,但其标准并不统一——不仅不统一,而且还时时发生游离,以至于到了世纪交接之际,学术界又在讨论"中国哲学的合法性"问题,意即"中国究竟有没有哲学"?那些一直被视为中国哲学的思想研究究竟算不算哲学?所以,新世纪伊始,葛兆光先生又推出了其3卷本的《中国思想史》,并在文章中援引胡适先生的先例,认为"胡适在傅斯年的影响下,决定不再用中国哲学史的名称,而改用中国思想史的名义"②。这似乎是说,中国哲学史作为一门学科能否成立还存在着有待商量的余地。

但另一方面,对于那些一直致力于中国哲学研究的学者来说,其对中国哲学的合法性又是坚信不疑的,比如郭齐勇先生就在其所著《中国哲学史》一书的"导言"中写道:

> 哲学是人们关于宇宙、社会、人生的本源、存在、发展之过程、律则

---

① 冯友兰:《中国哲学史》(上),第1页,北京:中华书局,1961年版。
② 葛兆光:《道统、系谱与历史——关于中国思想史脉络的来源与确立》,《文史哲》,2006年第3期。

及其意义、价值等根本问题的体验与探求。在远古时期,各个大的种族、族群的生存样态与生存体验既相类似又不尽相同,人们思考或追问上述问题的方式亦同中有异,这就决定了世界上有共通的,又有特殊的观念、问题、方法、进路,有不同的哲学类型。……古代中国、印度、希腊的哲学是其中的典型。不仅今天所谓中国、印度、西方、中东、非洲的哲学类型各不相同,而且在上述地域之不同时空中又有不同的、千姿百态的哲学传统,并没有一个普遍的西方的或世界的哲学,所有哲学家的形态、体系、思想都是特殊的,各别自我的。①

如果格之于郭先生关于哲学的这一标准,那么上述所谓"子学""经学""玄学""佛学""理学""朴学"等等,其实就是中华民族的哲学,是中国哲学之具体性或特殊性表现。如果考虑到各个民族文化的繁复多样以及中国智慧之具体性特色,那么所谓"子学""经学""玄学""佛学""理学""朴学"等等,实际上也就是中国哲学的具体性及其时代性表现。

既然学术界关于中国是否有哲学还存在着不同看法,包括胡适晚年"总喜欢把'中国哲学史'改称'中国思想史'",因而我们这里关于中国哲学史的基本看法也就必须有"辨",尤其是关于明清哲学思潮的形成、特点及其演变、分期,包括对前人研究的反思等等,也就必须要有一个基本的交代。

一、哲学史与思想史

如上所述,虽然"哲学"是一个舶来概念,但中国哲学或中国哲学史却一直是 20 世纪中国思想文化研究的一门显学。当然,即使如此,传统的"中国思想史"之类的称谓与说法也并没有退出历史舞台。比如人们不仅可以用先秦子学、两汉经学、魏晋玄学以及隋唐佛学、宋明理学、清代朴学来称谓中国的传统学术,而且"中国思想史""学术史"之类的称谓

① 郭齐勇:《中国哲学史》,第 1 页,北京:高等教育出版社,2006 年版。

也一直为人们所沿用,比如从梁启超的《中国近三百年学术史》(1924)到钱穆的同名专著(1937),实际上都是以"学术史"或"思想史"的名义来梳理中国近三百年之学术发展的。50年代以后,依然有侯外庐先生的多卷本《中国思想通史》的问世(1957),有徐复观先生的《中国思想史论集》(1959)、《中国人性论史》(1963)以及《两汉思想史》(1972)等著作;至于李泽厚先生系统梳理中国哲学史的几本著作,居然还都是以"思想史论"来命名的,比如《中国近代思想史论》(1979)、《中国古代思想史论》(1985)、《中国现代思想史论》(1987)。凡此都说明,虽然人们已经习惯于"就中国历史上各种学问中,将其可以西洋所谓哲学名之者,选出而叙述之",并称之为"中国哲学史",但"中国思想史""中国学术史"之类的说法并没有退出历史舞台。这就涉及一个非常重要的问题,即思想史与哲学史的基本分界问题。

当人们用"思想史"来称谓中国的传统学术时,一方面固然表现了传统学术自身的某种持重,同时也表现着传统文化研究者对于新的研究范式与学科规范之一定程度的谨慎。因为哲学毕竟是一个舶来概念,而思想史虽然是由"思想"与"历史"两个概念的简括与连缀而成,但无论是"思想"还是"历史",毕竟都是中国传统文化中原本所固有的学术,因而也可以说,"思想史"的称谓既有对传统学术的继承与坚持之意,同时也确实是沿着传统学术的进路与轨道继续前进的。从梁启超到钱穆,大体说来也都是在这一意义上运用思想史、学术史概念的。但是,当"胡适在傅斯年的影响下,决定不再用中国哲学史的名称,而改用中国思想史的名义"时,与其说他是对传统学术的某种确认或坚持,毋宁说主要是出于一种对西方哲学的谦退心态。至于侯外庐先生的《中国思想通史》,虽然也是以思想史命名,实际上是以哲学为核心的;之所以称为"思想通史",不过表明其所分析、论证的范围稍稍超出哲学的论域和范围而已。正是在这一背景下,随着改革开放的深入与中西文化交流范围的不断拓展,中国是否有哲学以及"中国哲学的合法性"便成为一个很大的问题了;在这一讨论中,其中一个最大的分歧就在于哲学史与思想史的分界问题。如果说人们对于中国哲学包括哲学史还持有一定的谨慎、存疑的态度,那么对于中国思想史,无疑是一致肯定的。因为这几乎可以说是对中华民族及其文化与精神传统之一种底线性的肯定了。所以,在 20 世纪的中国学术界,上自胡适,下至一大批研究者甚至包括笔者本人,也都在一定程度上更愿意用研究中国思想史来为自己的工作进行定位。但当人们这样定位自己的研究时,也就必然包含着一种哲学史与思想史的关系问题。

　　一般说来,思想史的外延无疑要大于哲学史,凡是哲学史所无法涵括的内容,自然也都可以归并到思想史的范围。比如人们关于人生或人类社会某个方面的思想,诸如政治、经济、文学、艺术等等,似乎也都可以说是思想史的内容,虽然上述诸"史"实际上都已经取得了相对独立的地位,但仍然存在于思想史的涵括之列。总之,就其内涵而言,思想史实际上只有"思想"这一项限定,因而,只要是思想的历史,自然也都存在于思想史的涵括之列;从外延来看,历史上所有的思想,似乎也都可以归并到思想史的涵括之中。从这个意义上说,人们既可以用"思想史"来表示思想之历史或历史中之思想这一最大的含容量,当然同时也可以对舶来的"哲学史"表示某种谦让,意即其所研究的对象,虽然说不上是哲学,但仍然属于思想,是中国人思想的历史。

　　但如果从哲学的角度来分析二者的关系,那么除了"思想"这一基本的规定之外,哲学史显然要比思想史具有更多一层限定,即哲学史起码必须是"哲学"思想的历史。虽然哲学史本来就存在于思想史的涵括之列,但并不是说所有的"思想"都可以进入"哲学"的系列。这样一来,在思想史的系列中,哲学史就以其必须具有哲学的内涵并作为哲学思想之历史这样一种独特的规定。①

---

① 劳思光先生即有这样的看法。他在评论胡适早年的《中国哲学史》上卷时指出:"胡先生对先秦诸子的思想,说得很少,而考证则占了大半篇幅。说及思想的时候,胡先生所根据的也大半只是常识。……一本哲学史若只用常识观点来解释前人的理论,则它就很难算作一部哲学史了。"(劳思光:《新编中国哲学史》第一册,第 2 页,桂林:广西师范大学出版社,2005 年版)不过,如果从其考证"占了大半篇幅"的特点来看,那么胡适先生晚年"总喜欢把'中国哲学史'改称'中国思想史'"的做法似乎也是有一定的合理性的。

不过,如果从这两种学科不同的内涵规定的角度看,哲学史之有别于思想史又不仅仅在于其涵括范围的大小,而主要在于其思考的内容、立场、价值指向以及思考视角上的区别。一般说来,思想史的视角是历史的,一种思想的产生往往是某位思想家对现实存在的一种直接反映——是思想家对于现实存在之直接性思考,因而其涵义一般不超出历史条件的限制,不超出历史条件所许可的范围。简而言之,作为学术的思想史往往就是对思想的一种历史性追溯与历时性的描述与分析,因而一定的社会历史条件往往也就成为思想史的一种特别限制,意即所有的思想都必然是在一定的社会历史条件下生成的,因而也就必须置于一定的社会历史条件下来进行分析、进行理解。哲学史则在一定程度上可以不受社会历史条件的限制。之所以如此,主要是因为哲学的视角本来就是超越的,尤其是超越于一定的社会历史条件之限制的,同一个思想事件,在思想史与哲学史的叙述中,其价值、意义往往是根本不同的。思想史的价值是历史的,而且也必须从历史的角度进行分析和评价;哲学史的分析与评价往往可以超越于特定的社会历史条件的限制——虽然其作为思想,无疑是在一定的社会历史条件下产生的,但其价值、意义并不以特定的社会历史条件为限,而是可以超越于特定的社会历史条件的限制。从一定意义上说,有没有超越性视角,对某种思想从超越的维度进行分析和评价,恰恰是哲学史有别于思想史的一个本质性特征。

之所以会形成如此差别,除了历史视角与哲学视角的区别之外,还有一个非常重要的因素,这就是哲学史视角之所以可以不受特定社会历史条件的限制,关键还在于哲学史一般都具有一定的形上本体预设以作为其基本的思考背景,思想史视域中的思想则不仅要在一定的社会历史条件下生成,而且也必须以一定的社会历史条件作为其思考的文化背景与具体内容。这样一来,思想史本质上只能从属于历史,并以历史真实为指向;而哲学史必须从属于哲学,并以超越的价值理想为其指向。

正因为二者之间存在着这一本质性的差别,当人们面对同一思想材料时,思想史与哲学史的研究方法就是根本不同的。思想史研究往往要依据一定的社会历史条件对思想进行符合历史实际的解释,这种解释又必须受一定的社会历史条件的制约——不可超出一定的社会历史条件的限制之外;哲学史研究则必须对思想材料进行价值与意义的透视和阐发,这种透视与阐发既有受制于特定社会历史条件的一面(就其作为思想之产生条件而言),又有不受特定社会历史条件限制的一面(就其所蕴涵的价值、意义与思想指向而言)。这样一来,正像思想史本质上只能从属于历史一样,哲学史则必须以一定的哲学观念与价值理想为指向。

　　在这一背景下,思想史必然要以历史为基础,以思想史中的真实为基本限制,其指向则始终是"过去",其所显现的也应当是过去历史中曾经真实存在的思想;哲学史则必须以一定的哲学观念与形上预设作为思考背景,并以超越的解析以及价值和意义的透视与阐发作为主要方法,其所显现的既有历史上的哲学一个方面,同时也必须包含、显现此在主体的哲学解读与哲学诠释一个方面;至于其指向,则永远是未来,是代表着未来之可能性走向的一种价值理想。正是这一原因,思想史说到底只是对思想的历史性梳理与历史性"打包",包括对一定的历史知识和历史经验的总结;哲学史虽然也必须包括历史中的哲学思想这一方面的知识性内容,但更多也更主要的往往是作为此在的现实主体对于历史中的哲学思想进行意义的诠释与价值的阐发。在这种状况下,虽然哲学史与思想史要面对同一对象、同一思想材料,也存在着论域的重合或交叠之处,但二者的出发点、学科性质以及其关怀指向又是根本不一样的。

二、体制、传统与思潮的交互作用

　　思想的主体首先是作为个体的人,因而所谓思想也首先是个体的思想,或者说是形成于个体而为社会群体所接受、所认同的思想。但个体必须生活于一定的时代,时代与社会的结构与特色也必然会在其思想中打上烙印。那么,所有这些社会历史方面的条件又将如何作用于思想主体呢？或者说时代思潮、社会历史条件与个体思想的形成之间究竟是一种什么样的关系呢？这也应当是哲学史所必须讨论的问题。

在以往的哲学史研究中，要叙述一个时代的哲学，往往是从社会的经济发展或所谓经济条件入手的。这当然是正确的，因为一定的社会经济条件毕竟是人们生产、生活的基础。但对于思想主体——某一位哲学家而言，所谓经济的发展或所谓社会历史条件其实只是其思想所赖以形成之基础或外缘性的条件，并不是充分条件，尤其不能说一位哲学家由于家庭富裕、经济条件好，其思想也就特别高尚，认识也就特别深入；当然，反之也是一样，也不能说一位哲学家由于其生活贫困、接近于社会下层，其思想境界也就特别纯净。与之相应，也不能说一个时代由于经济的高度发展其哲学就格外繁荣。这主要是因为，对于作为思想主体的个体而言，经济的发展或所谓社会历史条件能否构成其思考的主要问题呢？如果某一位哲学家本来就怀着"素富贵，行乎富贵；素贫贱，行乎贫贱"①的人生态度，那么所谓经济的发展包括其个人的贫富穷达对于其哲学可能就没有直接作用（当然也会打上一定的烙印）；对于那些谋道不谋食——身无分文却心忧天下的儒家士大夫而言，经济的发展以及其个人的贫富穷达甚至根本就不在其思考之列。因而一般说来，经济的发展包括个人的贫富穷达并不能作为一个时代、一位哲学家之哲学所以形成的基本前提。

那么时代和社会历史条件对哲学家最重要的影响是什么呢？对于一直比较偏重于人文教化的中国哲学而言，最重要的影响因素往往来自政治，尤其是政治体制与政治生态。这是因为，政治之不同于经济，主要在于政治可以直接作用于主体，进而作用于其思想；政治体制与具体的政治生态往往直接限制着思想家的思考方向。与经济发展之外缘性的条件相比，政治体制与政治生态的限制作用往往具有一定的内在性。比如先秦——春秋战国时代之所以能够出现诸子蜂起、百家争鸣的格局，

①《礼记·中庸》，吴哲楣主编：《十三经》，第 562 页，北京：国际文化出版公司，1993 年版。

主要是因为当时还没有形成大一统的专制政权。待到大一统的专制政权形成后，百家争鸣也就为"罢黜百家，独尊儒术"取代了。从宋明理学来看，由于从其崛起就预定了重建人间秩序的大方向，政治体制的影响作用也就格外大，几乎决定了一个时代哲学思潮的形态与基本走向，当然也决定着哲学家的个体命运。再比如，北宋皇室"与士大夫共治天下"[1]的基本国策，不仅塑造了敢于与皇帝廷争面折的王安石，而且也塑造了"北宋五子"的理论格局。而南宋的政坛，由于皇权、世俗官僚与道学集团的相互牵制与相互斗争，从而也就决定了朱子一生悲剧性的命运。[2]　具体到明代来看，当明太祖创设"寰中士夫不为君用科"[3]作为打压文人士大夫的工具，明代的朝廷官员居然以弹冠相庆的方式来庆幸自己又多"活一日"[4]的时候，不仅表现了其政权的极度专制，而且也确实到了人人自危、朝不保夕的地步。所以，同样是理学家，同样面对皇帝的诏书，张载在已经清楚地知道自己将不久于人世的情况下还欣然赴诏——其主要期待在于"庶几有遇焉"[5]。王阳明则不仅时时以"乞骸骨"的方式来寻求归隐，而且每当受陷遭谗，他也总是想着"窃父而逃"[6]。所以余英

[1] 余英时先生指出："宋代的'士'不但以文化主体自居，而且也发展了高度的政治主体意识；'以天下为己任'便是其最显著的标帜。这是唐末五代以来多方面历史变动所共同造成的。"余英时：《朱熹的历史世界——宋代士大夫政治文化的研究》，"总序"，第3页，北京：三联书店，2004年版。

[2] 黄榦："自筮仕以至属纩，五十年间，历事四朝，仕于外者仅九考，立于朝者四十日，道之难行也如此。"《朱先生行状》，转引自束景南：《朱熹年谱长编》，第1487页，上海：华东师范大学出版社，2001年版。

[3] 余英时先生指出："他（明太祖）一方面设'寰中士夫不为君用科'，强迫被征召之'士'不得抗拒，另一方面则对已入仕之'士'毫不尊重，稍有差错，不是'屯田工役'（按：相当于今天所谓'劳动改造'），便是诛死。'士'至于'断指不仕'和'以受砧不录为幸'。"余英时：《宋明理学与政治文化》，第161页，长春：吉林出版集团有限责任公司，2008年版。

[4] 赵翼："时京官每旦入朝，必与妻子诀，及暮无事，则相庆以为又活一日。"《廿二史札记》，卷三二，第744页，北京：中华书局，1984年版。

[5] 张载说："吾是行也，不敢以疾辞，庶几有遇焉。"吕大临：《横渠先生行状》，《张载集》，第384页，北京：中华书局，1978年版。

[6] "先生赴召至上新河，为诸幸馋阻，不得见。中夜默坐……谓门人曰：'此时若有一孔可以窃父而逃，吾亦终身长往不悔矣。'"钱德洪《年谱》二，《王阳明全集》，第1270页，上海：上海古籍出版社，1992年版。

时先生评价说:"这是他们(引者按:指吴与弼、陈献章、谢复等拒绝出仕的文人士大夫)有意切断与权力世界的关联;宋代理学家'得君行道'的抱负,在他们身上是找不到任何痕迹的。"①这样一种现象,不仅可以帮助人们理解宋明两代儒家士大夫在生存环境上的差别,而且一定程度上也可以理解为什么心学会成为明代理学中占统治地位的思潮。宋代皇室尤其是北宋皇室的主导思想是"与士大夫共治天下",而明代的皇权完全是以武力与权谋的方式来把持天下的。所以说,如果不是明代极为专制、极为压抑的政治环境,就不会形成其独领风骚的心学思潮,自然也就不会出现黄宗羲在《明夷待访录》中所概括的"君者……天下之大害者"②的切齿之恨。

明代高压的政治生态及其作用不仅表现在心学思潮的形成上,而且也表现在作为理学正统与主流的思潮走向以及其由理学到气学的传承与演变上。比如作为明儒道统意识之开山的曹端,其之所以"特从古册中翻出古人公案,深有悟于造化之理"③,实际上正显现着当时政治环境的作用。因为明代的政治体制根本就没有"与士大夫共治天下"的可能,所谓的朝廷官员,说到底不过是皇家以禄位所雇佣的臣工而已。因而两宋以来的"道统之传",不仅需要从"古册"中翻出"古人公案"来传承,而且也只能将其引向远离人伦世教之"造化之理"的方向。在这一背景下,即使其所讨论的问题也可以与朱子"字字同,句句合",却具有完全不同的精神气象。由此以往,到了接踵而起的薛瑄,也就只能"兢兢检点言行间"④了。这样一来,虽然明初学界可以说是朱子学的一统天下,却根本就没有朱子当年面对皇权朝政的激烈批评及其强聒不舍的叮咛教告精神;至于明代理学从"理"到"气"的递嬗、从道德本体意识到宇宙根

---

① 余英时:《宋明理学与政治文化》,第 175 页。
② 黄宗羲:《明夷待访录·原君》,《黄宗羲全集》第一册,第 3 页,杭州:浙江古籍出版社,1985 年版。
③ 黄宗羲:《明儒学案·师说》,《黄宗羲全集》第七册,第 9 页,杭州:浙江古籍出版社,1992 年版。
④ 黄宗羲:《明儒学案·师说》,《黄宗羲全集》第七册,第 10 页。

源意识的演变,一定程度上也要从当时高压的政治生态的背景下来理解。

　　当然,对于明代学术思潮的演变也不能仅仅从政治生态的角度去理解,已经教条化、科层化的程朱理学以及当时"此亦一述朱,彼亦一述朱"①的文化氛围与思潮学风也起到了一定的发酵与推波助澜的作用。自元代以来,学界就已经形成了所谓"海内之士,非程朱之书不读,非程朱之学不讲"②的风气,所以到明代,也就成为一种既定的传统了。所谓明初学界全然为朱子学之支流余裔一点,就是这一传统的表现。至于肩负"道统之传"的曹端之所以要"从古册中翻出古人公案",并将理学探讨引向"造化之理"的方向,也是当时的文化传统与现实政治相碰撞、相磨合的结果。除此之外,由于朱子一生艰苦卓绝的努力,"致广大,尽精微,综罗百代"③,两宋儒学所不得不正视的来自佛老之学的理论压力也就从根本上得到解除了,这又造成了明儒"生平不读佛书"④的风气,在当时,这种"生平不读佛书"或"绝口不言佛老"的现象似乎也就成为程朱理学正宗传人之"纯儒"身份的标志了。这就造成了明儒内在化与一元论的关注视角,这两个方面的统一,就成为明儒所不得不面对的传统与现实,当然同时也就构成了明代理学自我塑造的一种时代思潮。

　　关于时代思潮,梁启超曾有一番精彩的论述,他指出:"今之恒言,曰'时代思潮'。此其语最妙于形容。凡文化发展之国,其国民于一时期中,因环境之变迁,与夫心理之感召,不期而思想之进路,同趋于一方向,

---

① 这一说法原本出自陈亮对当时学界风气的一种讽刺,参见陈亮:《壬寅答朱元晦秘书》,《陈亮集》,第333页,北京:中华书局,1987年版。后来则被黄宗羲引用来以说明明初学界的普遍风气。参见黄宗羲:《明儒学案・姚江学案》,《黄宗羲全集》第七册,第197页。

② 欧阳玄:《许文正公神道碑》,《圭斋文集》卷九,第6页,上海:商务印书馆(涵芬楼明成化刻本影印),1919年版。

③ 全祖望:《宋元学案・晦翁学案》,《黄宗羲全集》第四册,第816页,杭州:浙江古籍出版社,1985年版。

④ 这是李二曲在与顾炎武讨论体用问题时对顾炎武原书的征引,参见李二曲:《答顾宁人先生》三,《二曲集》,第151页,北京:中华书局,1996年版。

于是相与呼应汹涌,如潮然。"①对于明代理学而言,这种"生平不读佛书"或"绝口不言佛老"的内向关注与"此亦一述朱,彼亦一述朱"的一元化追求,其实就是一种时代思潮;追求理论的一元化与内在化则是这一思潮的共同走向。对于明代理学的这一总体走向,日人冈田武彦曾有一段精彩的比较与分析。他指出:

> 一言以蔽之,由二元论到一元论、由理性主义到抒情主义,从思想史看就是从宋代到明代的展开。②

> 宋代的精神文化,如前所述,是理性的,其中充满着静深严肃的风气。实质上,这是因为宋人具有在人的生命中树立高远理想的强烈愿望,因此坚持了纯粹性和客观性。以朱子为枢轴的所谓宋学,就是从这种风潮中发生、成长的……
> 明人认为,这种理想主义的东西不但与生生不息的人类的生命相游离,而且与人类在自然性情中追求充满生机的生命的愿望相背离,因此,明人去追求那情感丰富的、生意盎然的感情的东西就成为很自然的事情了。③

如果将冈田武彦的这一论述与刘蕺山的相关分析稍加比较,尤其是与刘蕺山在点评罗钦顺哲学时所提出的"谓'理即是气之理',是矣,独不曰'性即是心之性'乎?心即气之聚于人者,而性即理之聚于人者。理气是一,则心性不得是二;心性是一,性情又不得是二"④相比较,那么,刘蕺山之所以要强调"理气是一,则心性不得是二;心性是一,性情又不得是二",其实正是明儒一元论之内在性视角的典型表现。从刘蕺山的"理气是一,则心性不得是二;心性是一,性情又不得是二",到冈田武彦所提出的一元论、内在性

① 梁启超:《清代学术概论》,第1页,北京:中华书局,2010年版。
② 冈田武彦:《王阳明与明末儒学》,第1页,上海:上海古籍出版社,2000年版。
③ 同上书,第3页。
④ 黄宗羲:《明儒学案·师说》,《黄宗羲全集》第七册,第18页。

与情感化的追求指向,其实正是明代理学的思潮走向及其普遍性特征。

这样看来,集权专制的政治环境、"此亦一述朱,彼亦一述朱"的学术传统以及以一元论、内在性为共同关注的时代思潮,也就构成了明代理学所以发生的社会历史条件;对于明代的理学家来说,不管其最后的走向如何,也都必须在这一思潮中展开自己的理论创造。实际上,整个明代理学就是在这一基础上展开的。

三、不同思潮的互动及其相互塑造

虽然对一元论、内在性的追求是明代理学所以形成的思潮母体,但这一思潮并不表现为单一的走向,而是由不同理学家对朱子学之不同的继承侧重从而也就表现为不同的研究走向加以实现的。这种不同走向,又首先蕴涵在理学家对其学术传统之不同的继承侧重与不同的阐发方向中。

如前所述,明代理学首先是以对朱子学的全面继承作为起始的,就这一出发点而言,应当说明初的理学家都是朱子学之支流余裔,也都是在朱子为学进路的基础上探索圣贤之路的。从这一点来看,肩负明代理学"道统之传"的曹端最具有典型性。但曹端毕竟生活于明代,他不仅没有像朱子那样曾有一段刻苦钻研佛禅的思想经历,而且其一起始就从根本上厌弃佛禅之学;另一方面,曹端也根本不可能有朱子那样的机遇——朱子可以在封事中对皇帝(宋孝宗)极尽叮咛教告之能事,甚至也可以展开痛加指陈性的批评①,曹端却只能"从古册中翻出古人公案",并且也只能将理学探讨引向"造化之理"的方向。之所以要引向"造化之

---

① 在朱子对宋孝宗所上的第一通封事中,他就明确地指陈说:"窃以为圣躬虽未有过失,而帝王之学不可以不熟讲也。朝政虽未有阙遗,而修攘之计不可以不早定也。利害休戚虽不可遍以疏举,然本原之地不可以不加意也。"到了第二通封事,朱子就明确地批评说:"陛下欲恤民,则民生日蹙;欲理财,则财用日匮;欲治军,则军政日紊;欲恢复土宇,则未能北向以取中原尺寸之土;欲报雪雠耻,则未能系单于之颈而饮月氏之头也。"《朱熹集》卷十一,第439、456页,成都:四川教育出版社,1996年版。

理"，主要是因为明代的政治体制根本就没有为儒家士大夫提供批评朝政的权利；另一方面，在方孝孺被灭十族之后，明儒也从根本上缺乏批评朝政的胆略与热情——因为一句话说不好，就有"廷杖""系狱"乃至"弃市""灭族"的处置在等着他们。就这一点而言，也可以说明儒已经从根本上丧失了朱子那种强烈的政治批评精神，或者也可以说明儒已经不再负有批评朝政的权利和义务。朱子之所以高扬"存天理、灭人欲"之教，并为此还与陈亮展开了一场激烈的辩论，主要就是为了批评皇权与世俗官僚，也是为了使皇权及其政治举措能够服从于天理的落实及其需要，曹端的时代却根本就没有这种可能，皇权只是理学家所臣服与赞美的对象。所以说，曹端之所以要"从古册中翻出古人公案"，并将理学引向"造化之理"的方向，既是为了延续"道统之传"，同时也是在当时高压的政治生态下一种不得不如此的无奈选择。明代的皇权根本就不是可以批评的对象，而只能是臣服的对象，这样一来，其所继承的朱子学实际上也就有名无实了。

但曹端的这一选择却为明代理学开辟了一个新的方向，这就是"深有悟于造化之理"的方向，从而也就可以使理学演变为一种专门探索天地万物所以生化发展的学问。如果对应于朱子哲学，那么这正是其理气关系之所含，所以理气关系也就成为明初理学探索的重心。继承朱子的理气关系，并将其引向"造化之理"的方向，实际上也就从明代理学的发端上开始萌芽了。由此之后，经过薛瑄对朱子理气关系的正面探讨，又经过罗钦顺、王廷相等人的补充和修正，就使理学由对理气关系的探讨一步步走向气学，从而也就成为明代理学中的主流或主要探索方向了。

明儒对朱子学的继承与发展并不仅仅是这一个方向，朱子一生无所不究，其体系也无所不包，因而从主体性的角度对作为朱子道德修养论之基本入手的格物致知说的继承就构成了明代理学的另一种走向，这一走向又是以陈白沙为开端的。陈白沙起初致力于科举，希望能够通过科举出仕以大有为于朝廷政治，但接连几次科考失败使他对通过科举出仕彻底丧失了信心,于是转而从讲学方面努力。他的求学之路又受到当时大儒吴与弼的严厉批评,于是不得不转入一种独自摸索的静坐之路。在这一路径上,陈白沙也始终在探索"吾此心与此理"的"凑泊吻合处"①,即从人生主体的角度探索天理的彰显途径。从陈白沙的这一关怀来看,实际上也就是试图通过朱子格物穷理所追求的"众物之表里精粗无不到",从而达到"吾心之全体大用无不明"②的目的,所以陈白沙的探讨等于是从格物致知的角度展开的,却明确地走向了一种主体落实与担当的方向。待到王阳明步入学界,就直接从朱子的格物致知说入手了,但无论是其早年的"格竹子"还是后来对朱子"读书之法"的实践,结果却无一例外地发现朱子哲学存在着"物理吾心终若判而为二"③的毛病。直到其为政遭陷,在经历了"廷杖""系狱"与"远谪"的一系列打击之后,才终于在贵州龙场以勘破生死的方式"大悟格物致知之旨",由此才以所谓"圣人之道,吾性自足,向之求理于事物者误也"④的"大悟"找到了一条新的为学方向。自然,这也就是其所谓的"决然以圣人为人人可到,便自有担当了"⑤。很明显,从陈白沙到王阳明,主要是从主体性的角度展开对朱子格物致知说的实践探索,又以对朱子学进行"革命"的方式开辟了主体心性之学的方向。

当明儒由对朱子理气关系的探讨从而将天理演变为"造化之理"乃至于"气之屈伸往来之理",而心学又以"圣人之道,吾性自足"的方式开辟主体心性之学的方向时,明儒所继承的朱子学便已经形成两种截然不同的方向了;而且,其各自也都明确地包含着不同于朱子学的内容与成分。首先,从"造化之理"到"气之屈伸往来之理"明显地表现出一种客观的物理主义的走向(并不纯粹),从"圣人之道,吾性自足"出发,则是一种

① 陈献章:《复赵提学佥宪》,《陈献章集》,第 145 页,北京:中华书局,1987 年版。
② 朱熹:《四书章句集注》,《朱子全书》第六册,第 20 页,上海:上海古籍出版社;合肥:安徽教育出版社,2002 年版。
③ 钱德洪:《年谱》一,《王阳明全集》,第 1224 页。
④ 钱德洪:《年谱》一,《王阳明全集》,第 1228 页。
⑤ 王守仁:《语录》三,《王阳明全集》,第 120 页。

主体性的道德担当与道德实践的方向——这两系的不同追求与不同走向显然是不言而喻的。其次,从这两系与朱子学的关系来看,在朱子学中,无论是其理气论(主要表现为"理先气后"或"存天理灭人欲"之教)还是居敬涵养论(包括其格物致知之基本入手),无疑是首先指向皇权的,朱子在与陈亮之辩中也明确地批评汉高祖、唐太宗"无一念之不出于人欲"①尤其表现了这一点;但到了明代,则无论是肩负着"道统之传"的曹端之所谓"造化之理"的方向,还是王阳明所谓"决然以圣人为人人可到,便自有担当"之主体性的方向,也都明确地拉开了其与专制皇权及其政治体制的关系,而完全是以指向客观性的物理探讨与主体性的自我担当来作为对朱子学的落实与推进。在这一基础上,如果要说背离朱子学,那么这两系虽然具有完全不同的走向,但在背离朱子学这一点上又是完全一致。对这两系来说,他们对由自己所落实、推进的朱子学又是非常确信的,比如以"革命"姿态继承朱子学的王阳明就为自己辩解说:"某今日之论,虽或与朱子异,未必非其所喜也。"②

在这一背景下,当"同朝为官"的罗钦顺与王阳明相遇时,一场激烈的争辩也就在所难免了。由于王阳明曾借"朱子晚年定论"来为自己主体性的心学开辟道路,因而激起了罗钦顺的激辩;王阳明在不得不承认自己"中间年岁早晚诚有所未考"③的情况下,同时也就不得不为自己主体性的心学寻找一种更为根本的依据,于是就有了如下一段辩白:

> 夫学贵得之心。求之于心而非也,虽其言之出于孔子,不敢以为是也,而况其未及孔子者乎! 求之于心而是也,虽其言之出于庸常,不敢以为非也,而况其出于孔子者乎!④

实际上,这就是不以孔子之是非为是非的精神! 正是这一精神,将王阳

① 朱熹:《答陈同甫》六,《朱熹集》卷三十六,第1592页。
②③ 王守仁:《答罗整庵少宰书》,《语录》二,《王阳明全集》,第78页。
④ 王守仁:《答罗整庵少宰书》,《语录》二,《王阳明全集》,第76页。

明送到了良知学的大门口,由此之后,阳明也就形成了一种求真是真非的致良知精神。与此同时,罗钦顺也明确地将朱子"未有天地之先,毕竟也只是理"①的天理落实为从"气之屈伸往来"角度加以说明的天地万物所以存在发展的所以然之理,因而明确指出:"理只是气之理,当于气之转折处观之"②;朱子哲学中以超越性著称的天理,也就被罗钦顺完全演变并落实为"为四时之温凉寒暑,为万物之生长收藏,为斯民之日用彝伦,为人事之成败得失"③之类的律则之理了。这样一来,由对朱子学之不同继承侧重所形成的心学与气学,就成为一种相互差异、相互促进而又相互塑造的关系了。

待到晚明,由于以主体性著称的心学已经占据了当时社会思潮的主导地位,它也就必须对明王朝的灭亡承担责任,于是就有了顾炎武"亡国之首"的批评;而王学则由于其自身的演变,"猖狂者参之以情识,而一是皆良;超洁者荡之以玄虚,而夷良于贼"④,因而在明清易鼎的打击下,也就只能随着明王朝的灭亡而销声匿迹了。气学一系则由于其一起始就激烈地批判心学,因而也就以所谓"实学""汉学"的方式,从而成为明清之际学术转换的桥梁。⑤ 这样一来,由对朱子学之不同继承侧重所形成的心学与气学,就随着明清政权的易手而再次发生转换,并成为清代学术的直接孕育者。

四、明清思潮的转向及其分期

从明初到清末,时间上的跨度将近六百年,也是直接孕育现代社会和现代学术思想的六百年。在这六百年中,作为社会的重大变化就是从

---

① 黎靖德编:《朱子语类》卷一,第 1 页,北京:中华书局,1986 年版。
② 罗钦顺:《困知记》续卷上,第 68 页,北京:中华书局,1990 年版。
③ 罗钦顺:《困知记》卷上,第 4 页。
④ 刘宗周:《证学杂解》,《刘宗周全集》第二册,第 278 页,杭州:浙江古籍出版社,2007 年版。
⑤ 关于明代气学的这一作用,请参阅拙作:《气学——明清学术转换的真正开启者》,《孔子研究》,2007 年第 3 期。

明王朝到清王朝,再由清王朝到在西方文化冲击下的中国近现代社会。从哲学史的角度看,则主要是在作为两宋理学集大成之朱子学的背景下,通过"此亦一述朱,彼亦一述朱"的学术氛围,又经过学术思潮与政治体制的碰撞与磨合,从而由对朱子学之不同继承侧重而裂变为心学与气学,由于心学已经承担了明亡的罪责,气学也就担当起了从明到清之学术演变的责任。在这一过程中,气学由"深有悟于造化之理"的宇宙生化之学也一变而为要求经邦济世的"实学"(此主要针对并且也是为了救治心学的空谈心性之病),又由"实学"之一反空疏无用的宋学而复归于汉学,待到乾嘉汉学形成时,虽然当时的汉学已经处处都从文字考据与经典训诂之实出发了,却仍然缺乏经邦济世之实效(此既有清廷文字狱打击的因素,同时也存在着学人自觉选择以逃避文字狱打击的因素)。所以,即使乾嘉后学惟实是求,并由"辨章学术,考镜源流"的汉学一转手而成为经学,仍然无法抵御西方坚船利炮的打击。待到经学从长于文物训诂的古文经学演变为注重微言大义之今文经学时,一方面,中国已经面临"三千年未有之大变局"(李鸿章语),同时,从经学之"通经致用"传统转出的今文经学,又承当起了为中国探索现代化道路的希望。这就是戊戌变法,这也说明,清王朝已经走向穷途末路了。

在这一过程中,由对朱子学的全面继承以及对一元论、内在化的探讨可以说就是明代理学所共同认可的基本出发点,但究竟是集中于理气论、陶醉于"造化之理"的演绎还是集中于格物致知说、聚焦于主体心性与天理之"凑泊吻合处"的探讨,正是明儒开始分化的表现。待到罗钦顺与王阳明因为"朱子晚年定论"与"大学古本之复"而展开激辩时,明代理学两种不同的为学进路已经基本形成,而心学与气学也获得了其各自不同的存在基础与发展的不同方向。所以说,从明初到明中叶,就是明代理学从其共同起点出发之一个逐步分化的过程,也是明清哲学的第一阶段。

从明中叶到晚明则构成了明清哲学的第二阶段。这一阶段主要是心学与气学沿着各自不同的轨道继续发展的阶段。对心学而言,由于其主体性的方向与实践追求的特色,其主要任务也就在于如何将天理贯注于主体的视听言动之间,并落实为"随时知是知非"的道德良知。但良知对人的遍在性拓展与明觉化落实,又使良知之学出现了玄虚化、思辨化乃至于自然明觉化的趋势,这就等于将道德良知混同于自然明觉了。在这一基础上,既有玩弄灵明心性的思辨领悟之学,又有以感应明觉冒充道德良知的自然人性论;而原本以主体性见长的道德心性之学最后也就因为其对良知之遍在性拓展与明觉化落实,从而也就彻底扬弃了自身存在的根底。气学则沿着所谓"造化之理"的方向,先将天理全面地落实于生化之气,既而又专门从气之屈伸、往来、转折的过程中认知天理,从而又使原本以超越性著称的天理一步步演变为气化生生过程中的"气之条理"。与此同时,由于罗钦顺已经不满于朱子理气关系之"未能定于一"以及其"气强理弱"[1]的指向和趋势,所以他试图将人的道德义理之性完全落实于气的自然生化的过程中加以说明,这就在一定程度上扬弃了义理之性的超越性,甚至也在一定程度上否定了义理之性的真实存在,从而彻底将其归结为"气之屈伸往来之理"了。所以到了王廷相,元气论就正式登台了。王廷相一方面坚持用元气来说明天地万物的生成,认为"天地之先,元气而已矣。元气之上无物,故元气为道之本"[2]。同时又明确认为:"人有生,斯有性可言;无生则性灭矣,恶可取而言之?故离气言性,则性无处所,与虚同归;离性论气,则气非生动,与死同途。是性之与气,可以相有,而不可相离之道也。……所谓超然形气之外,复有所谓本然之性者,支离虚无之见与佛氏均也,可乎哉?"[3]这样一来,原本作为理学崛起标志的道德义理之性,也就被王廷相彻底驱赶到佛氏一边去了。在王廷相看来,所谓人性,说到底也就是人生而具有的气质之性,这就完全回归到告子的"生之谓性"传统了。

　　待到明亡,由于明清巨变的影响,明清之际的思想家展开了一场深

---

① 罗钦顺:《困知记》,第 29 页。
② 王廷相:《王廷相集·雅述》第三册,第 835 页,北京:中华书局,1989 年版。
③ 王廷相:《王廷相集·性辩》第二册,第 609 页。

入持久的反思思潮。这一反思首先是以黄宗羲的《明夷待访录》为发端，从对明亡教训的总结中形成对皇权与国家、民族命运以及政治与学术关系的思考，当然也可以说是由对明代集权专制的反思进而对政治与国计民生关系的系统思考。顾炎武则从对理学与经学关系的比较出发，明确提出了"六经皆史"的主张，从而成为清代考据学之开山。王夫之则从对陆王心学的批判出发进一步批评程朱理学，最后则通过阐发"张横渠之正学"的气学立场，形成了对理气、道器、性才、能所关系的系统澄清，从而形成了一种较为彻底的"理势合一""即民见天"的进化论哲学。到了李二曲，又通过融会程朱陆王的方式阐发其面向新时代的"明体适用"与"体用全学"，而所谓《泰西水法》《农政全书》《地理险要》以及"屯田、水利、盐政"等有关国计民生的学说也都被其纳入到儒家的"体用全学"之中了。显然，这不仅是对明亡教训的反思，也是对"重建人间秩序"的系统思考。至于所谓"内圣外王之道"，从庄子对"古人之全"的形容与概括一跃而成为儒家的经典话语与传统精神，也就是在这一背景下成为现实的。① 从这一格局来看，明清之际顾、黄、王、李诸大家对于宋明理学的反思虽然是由明清易鼎所引发的，但其反思、批判的意义却远远超出了明清巨变本身，从而真正具有"重建人间秩序"的意义。所以说，明清之际的反思思潮，无论其最后走向如何，其反思与批判都远远地超越了明清易鼎本身，因而也就构成了明清哲学的第三阶段。

从颜李学派开始，由于其更激烈地反程朱、反理学，认为"必破一分程、朱，始入一分孔、孟"②，并进一步反思说："千余年来率天下入故纸堆中，耗尽身心气力，作弱人、病人、无用人者，皆晦庵为之。"③因而也就专门以"实学"为倡。但颜元所提倡的周孔实学，实际上主要以古礼为重

---

① 李二曲指出："吾儒之所谓内，内焉而圣，外焉而王，纲常藉以维持，乾坤恃以不毁，又岂可同年而语！故'内典'之呼，出于士君子之口，诚非所宜，当以为戒。"李二曲：《答顾宁人先生》又，《二曲集》，第151页。
② 李塨：《颜元年谱》卷下，《颜元集》，第774页，北京：中华书局，1987年版。
③ 颜元：《朱子语类评》，《颜元集》，第251页。

心。而"推本古礼,又谓礼乐所以存心尽性,而于心性一边实少阐发。苟不能推明我之心性以兴礼乐,则不能不讲求古人之礼乐以范我之心性,而年远代湮,所以讲求古之礼乐者,又不得不借途于考据。"①这样一来,激烈的反理学思潮最后就不得不走向考据学了。在此前后,从顾炎武的"六经皆史"到浙东学派的"论性命者必究心于史",也都一并进入了考据学。待到乾嘉时代,终于出现了以考据训诂名家的乾嘉大师戴震,无论是其道论思想还是其语言哲学,其实也都建立在"由字以通其词,由词以通其道"②之严格的历史与文献知识的基础上;至于其所谓"理也者,情之不爽失也"③的规定以及其"以理杀人"之批判指向,则又明确地表达了一种遂欲达情的人性关怀。这就代表着清代哲学的高峰,也是明清哲学的第四阶段。

乾嘉之后,焦循、阮元继续运用戴震的考据训诂方法,对于古代的文献以及其概念、命题等等,也都作出了发前人之所未发的探索。直到鸦片战争,面对西方列强的坚船利炮,龚自珍、魏源则从乾嘉以来的古文经学传统一变而为今文经学,从而试图对时代难题做出适当的反应,并以其今文经学的"心力"与精神,开启适应时代的变法思想。待到康(有为)梁(启超)崛起,就不得不以对传统之"改制"与"变法"来适应时代了,这就开启了近现代的大门,同时也就构成了明清哲学的最后一个阶段。

---

① 钱穆:《中国近三百年学术史》,第 219 页,北京:商务印书馆,1997 年版。
② 戴震:《与是仲明论学书》,《戴震全书》第六册,第 370 页,合肥:黄山书社,1995 年版。
③ 戴震:《孟子字义疏证》,《戴震全书》第六册,第 152 页。

第一章　明代的时代大势与思潮特征

　　明代是离现代社会最近的一个由汉族所建立的专制王朝。在它之前,是由蒙古人建立的元朝;在它之后,又是由满族人建立的清朝,所以明代也就可以说是两宋以降中国传统社会中最后一个由汉族所建立的王权。由于推翻清王朝的辛亥革命一起始就是在"反满"之民族民主革命的旗帜下举行的,因而似乎也就具有了一定的"复明"效应。这样一来,对于 20 世纪的中国来说,如果说明王朝不具有最重要的影响,那么起码也具有比较重要的影响,所以,简要介绍明代社会的总体格局及其思潮特征,也就成为我们分析明代哲学的基本出发点。

第一节　明代社会的总体特征

　　已如前述,明王朝之前是统治不足百年的元,元朝虽然国运不祚,但在从宋到明的历史演变中却起着过渡与转换的作用。因而要把握明代社会的总体特征及其思潮趋势,又必须从元人的统治与元末的形势说起。

一、元末的形势与明代政权的建立

　　总的来说,元朝是一个由马背上的民族——蒙古人在相继灭掉金与南宋之后所形成的王朝。蒙古人之所以大举灭宋,与其说是经过长期预谋、从而有计划地建立一个横跨欧亚大陆的大帝国,不如说主要是出于一种武力扩张,并通过武力征服的方式实现其对中原财富长期而又合法的掠夺。所以,对于元代政权及其统治,钱穆先生评价说:"他们的政治,举要言之,只有两项:一是防制反动,二是征敛赋税。"①而这两项政治举措,实际上也都服从于其对中原财富长期掠夺的目的。

　　由于蒙古人文化相对落后,而其所关心的又主要集中在对其统治的维护与财富之掠夺两个方面,因而其统治方法也就格外简单,可以说除了武力征服之外,也就只有赤裸裸的掠夺了。概略言之,蒙古人在相继灭掉辽、夏、金、宋之后,曾将全国人分为四个等级:其中一、二等级为蒙古人和色目人,三、四等级则为北方的汉人与最后被征服之南宋人。具体说来,则当时的国人实际上又被元统治者划分为十个等级,即一官二吏、三僧四道、五医六工、七猎八民、九儒十丐,其中"九儒十丐"一说,不仅典型地表现了元代统治者对中国传统文化的隔膜与鄙视,而且也是以后影响深远的"臭老九"一说的真正源头;中国自秦汉以来所形成的以儒家文化为主导的政治意识形态,始终未能得到元人的承认与继承。在这一背景下,其政权之民族压迫与财富掠夺的性质是完全可以想见的。即使从其历代帝王中最为开明的元世祖忽必烈(1215—1294,其中1260至1294年在位)来看,其在位期间,"专用财计之臣,务于聚敛。各种商税课额,日增月涨,靡有所已"②。但另一方面,即使是雄才大略的元世祖,其在位期间,也不得不承认"江南归附十年,盗贼迄今未靖"③。这又说明,

────────────

① 钱穆:《国史大纲》下册,第 643 页,北京:商务印书馆,1994 年版。
② 同上书,第 643 页。
③《元史·本纪》,《二十五史》卷十一,第 61 页,北京:中国文史出版社,2002 年版。

被征服的宋人也从未停止对其民族压迫的反抗。

更难以想象的是,蒙古人所熟悉的只是游牧生活,在占领了广袤的中原之后,他们不是因地制宜,尊重中原的农耕习惯,而是强行将大量的农耕地变为不耕不稼的草场。因而牧场与农田的杂糅、军户与农户之间的相互侵夺,就成为当时最普遍的社会矛盾。又由于元政权总体上的民族压迫性质,势必导致大量的农户流离失所,而在统治者一意于财富掠夺的情况下,失去土地的农民,除了流亡乞讨,起义造反也就成为最后一条生路了。所以到了元末,农民起义一下子遍及全国,著名的如河南的韩山童、韩林儿起义,湖广的徐寿辉起义,江苏的张士诚起义、浙江的方国珍起义,安徽的刘福通、郭子兴起义,以及四川的明玉珍起义,等等,一时间,农民起义的烈火燃遍全国。后来成为明太祖的朱元璋,就是从元末农民起义中冲杀出来的一代枭雄,并最终成为元政权的取代者。

朱元璋(1328—1398),字国瑞,安徽凤阳人,出身于一个贫苦农民的家庭。早年遭逢旱蝗灾,父母兄全饿死,"孤无所依,乃入皇觉寺为僧"[1],过着四方游食的生活。由于当时天下大乱,盗贼四起,于是不得不投奔郭子兴所领导的红巾军。在郭子兴麾下,朱元璋初露其战伐谋略之才,深得重用,又经过十多年的东征西讨,终于扫灭群雄,于是即帝位,号洪武,建立了明王朝。

由于朱元璋出身于社会下层,对元代统治的弊病有着非常深切的认知。所以,在其即位之初,他就明谕臣下说:"立国之初,当先正纪纲。元氏暗弱,威福下移,驯至于乱,今宜鉴之。"[2]很明显,对于元朝灭亡教训的总结以及如何才能避免重蹈元代统治者的覆辙,就成为明代政治的基本出发点。与此同时,朱元璋也在不断地引导臣下分析、讨论元朝的"政事得失":

马翼对曰:"元有天下,以宽得之,亦以宽失之。"

---

① 《明史·太祖本纪》一,《二十五史》卷十二,第1页。
② 《明史·太祖本纪》一,《二十五史》卷十二,第3页。

　　上曰："以宽得之则闻之矣；以宽失之则未之闻也。夫步急则蹶，弦急则绝，民急则乱。居上之道，正当用宽。但云宽则得众，不云宽之失也。元季君臣，耽于逸乐，循至沦亡，其失在于纵弛，非宽也。大抵圣王之道，宽而有制，不以废弃为宽；简而有节，不以慢易为简；施之适中，则无弊矣。"①

这说明，对于元代统治者由上层之"暗弱"所导致的"威福下移"以及整个统治阶级"耽于逸乐"从而导致灭亡的教训，朱元璋无疑有着非常清醒的认识。至于他所倡导的"宽而有制""简而有节"，则是既要防范元季君臣的"耽于逸乐"，又要防止其对被统治阶级的"纵弛"。这样一来，朱元璋无疑就是要在吸取元亡教训的基础上建立一个精明强悍的"洪武"政权。

　　所以，在《明太祖实录》中，就有朱元璋与其臣下关于明王朝统治方式的讨论：

　　洪武二十二年十一月乙丑朔，上御谨身殿，翰林院学士刘三吾侍，因论治民之道。三吾言"南北风俗不同，有可以德化，有当以威制。"

　　上曰："地有南北，民无两心。帝王一视同仁，岂有彼此之间？汝谓南方风气柔弱，故可以德化，北方风气刚劲，故当以威制。然君子小人何地无之？君子怀德，小人畏威，施之各有攸当，乌可概以一言乎！"三吾悚服，稽首而退。②

从洪武二年的宽简"有节"到洪武二十二年的恩威并施，说明明王朝精明强悍的专制政体已经一以贯之地确立起来了。

二、明代统治者的基本国策

　　由于明王朝完全是依靠武力"打"出来的天下，其开创者朱元璋又是长

---

① 谷应泰：《明史纪事本末》卷一四，第16页，清文渊阁四库全书本。
②《明实录·太祖实录》，第五册，卷一百九十八，第2967页。台北："中央研究院"历史语言研究所校印，1962年版。

于谋略、能征惯战的一代枭雄,如此一来,既然其江山得之不易,那么如何守护自己"打"下来的江山,自然也就成为朱元璋一生殚精竭虑的唯一一件大事。所以,还在立国之初,朱元璋就将其全部精力用来防范各种威胁,并一直在思考如何才能避免元灭亡的覆辙。因而,作为两宋以降唯一一个汉族政权,明王朝也就形成了一种与两宋政权截然不同的基本国策。

对朱元璋而言,元朝的灭亡固然是一种前车之鉴,但明王朝的基本国策显然不能仅仅以蒙古人的政权作为参照系,即不能仅仅以避免、防范元朝灭亡的前车之鉴作为自己政权的基本出发点,而必须以历史上的汉族政权作为参照和借鉴对象进行多方面的考虑与谋划。从这个角度看,两宋固然是与明王朝最近的汉族政权,但宋明两个王朝的基本国策与政治理念却是截然不同的。虽然就夺取江山的方式而言,他们当然都是建立在强大的武装力量的基础上,但宋太祖赵匡胤(927—976)鉴于唐末五代的藩镇之祸,在其陈桥兵变并黄袍加身之后,就有"杯酒释兵权"之举,从而将开国的功臣包括那些拥戴他的骄兵悍将一律变为享受爵禄的庄园地主。这样一来,其对国家的治理也就不得不反过来倚重文人士大夫,并与儒家士大夫结盟,这就使得两宋从根本上成为一个"与士大夫共治天下"的文治社会。明王朝则根本不同。这种不同,一方面固然表现为朱元璋不得不受其社会下层出身的限制,而这种限制又首先表现为一种浓厚而又强烈的民粹情怀,所以其对朝廷官员——所谓的上流社会几乎有一种与生俱来的仇恨;另一方面,则又主要表现为其长期的武力征伐习惯以及其以武力"打"天下的方式,加之其对元亡教训的总结,这就促使他必须以武力与权谋的方式来把持天下,并以防范"威福下移"、提倡"简而有节"的方式来重整天下的吏治。这双重的限制,就使得宋明之间虽然经过不足百年的元政权之过渡与转换,但其政权的性质与社会的风气和面貌却是截然不同的两种类型:整个宋代可以说是一个温和而又宽松的文治社会,明王朝则是一个建立在武力控制基础上的高度集权而又严刑峻法的社会。

明代社会的这一特征首先就表现在其开创者朱元璋对其政权的自

我定位上,这一点也可以说是宋明两代皇权之间最基本的差别。宋代鉴于唐末五代的藩镇之祸,北宋皇室的自我定位就是"与士大夫共治天下"①。在此基础上,不仅"宋代皇帝尊士,前越汉、唐,后愈明、清,史家早有定论"②,而且宋代的士大夫也敢于与皇帝廷争面折,甚至还在一定程度上要求与皇帝"迭为宾主"③——所谓宋代温和而又宽松的文治社会就是这样形成的。明代政权一方面确实可以说是朱元璋以武力的方式"打"出来的天下(这确实不同于北宋那种通过"兵变"方式所取得的政权);另一方面,朱元璋的下层出身也绝不同于赵匡胤之皇亲国戚的身份——赵匡胤的身上也确实没有朱元璋那种强烈的民粹情绪。更为重要的是,朱元璋一生能征惯战的经历以及其本人的文韬武略与枭雄性格,也决不允许有任何事物、任何阶层能够与皇权同尊共存,赵匡胤则在其"杯酒释兵权"之后又不得不反过来与儒家士大夫结盟。这就是说,赵宋政权根本上就没有朱元璋那种以武力独掌天下的企图。正因为这些方面的差异,在夺取政权之后,朱元璋一方面大肆分封——将其众多的子弟一律分封为诸侯王,以拱卫中央皇权,这就形成了一种牢固的"家天下"格局;与之同时,朱元璋又想方设法地诛杀功臣,而在经过"胡惟庸案""李善长案"以及"蓝玉案"的株连与清洗之后,那些曾经帮他打天下的功臣几乎被诛杀殆尽。这就从社会力量的层面上大大减轻了朱姓皇权的压力。

---

① 余英时指出:"宋代的'士'不但以文化主体自居,而且也发展了高度的政治主体的意识;'以天下为己任'便是其最显著的标帜。这是唐末五代以来多方面历史变动所共同造成的。"——余英时:《朱熹的历史世界——宋代士大夫政治文化的研究》,"总序"第 3 页。又说:"皇帝处于日益丰厚的儒家文化氛围之中,不可能在心理上完全不受影响。因此,'士大夫以天下为己任'(范仲淹)、'为与士大夫治天下'(文彦博)、'天下安危系宰相'(程颐)等新观念也都一一获得他们的认可。宋代皇帝基本上接受了儒家的政治原则,一方面把士大夫当作'共治'的伙伴,另一方面又尊重他们'以道进退'的精神。"余英时:《朱熹的历史世界——宋代士大夫政治文化的研究》,第 382 页。
② 余英时:《朱熹的历史世界——宋代士大夫政治文化的研究》,第 201 页。
③ 王安石说:"若夫道隆而德骏者,又不止此。虽天子北面而问焉,而与之迭为宾主。"——《虔州学记》,《临川文集》卷八十二,第 858 页。北京:中华书局,1959 年版。

最让人叫绝的是，中国自秦汉以来所形成的宰相制度（所谓文治社会实际上也是因为宰相制度而成为现实的），既是皇权的辅佐与代理，又是皇权与社会大众之间的中介，当然也是文治社会的一种象征，所以宋儒程颐就有"天下重任，唯宰相与经筵。天下治乱系宰相，君德成就责经筵"①一说。但对于朱明王朝来说，在"胡惟庸案"之后，宰相的社会治理权就被朱元璋视为其君主独裁政体的最大障碍，《明史》载：

> 十三年春正月戊戌，左丞相胡惟庸谋反，及其党御史大夫陈宁、中丞涂节等伏诛……罢中书省，废丞相等官，更定六部官秩，改大都督府为中、左、右、前、后五军都督府。②

朱元璋还同时下诏说：

> 朕罢丞相，设府、都、都察院分理庶政，事权归于朝廷。嗣君不许复立丞相。臣下敢以请者置重典……永为遵守。③

正因为朱元璋彻底废除了相权，所以《明史·职官志》说："自洪武十三年罢丞相不设，析中书省之政归六部，以尚书任天下事，侍郎贰之。而殿阁大学士只备顾问，帝方自操威柄……"④这说明，明太祖罢相权的根本目的就是要"自操威柄"，从而将一切权力都收归于至高无上的皇帝。所以，对明王朝的这一特点以及由之所形成的君主专制格局，钱穆先生评论说："自秦以来辅佐天子处理国政的相位，至是废去，遂成绝对君主独裁的局面。"⑤

在这一格局下，所谓的文武官员实际上便完全沦落为皇家的雇佣劳动者（所谓臣工）了。由于朱元璋的社会下层出身以及其早年的贫贱经历，加之元朝又是由政治松懈、威福下移以及政令废弛而走向灭亡的，明

---

① 程颐：《论经筵第三札子》，《河南程氏文集》卷六，《二程集》，第 540 页，北京：中华书局，1981 年版。
② 《明史·太祖本纪》二，《二十五史》卷十二，第 8 页。
③ 《明史·太祖本纪》二，《二十五史》卷十二，第 12 页。
④ 《明史·职官志》，《二十五史》卷十二，第 464 页。
⑤ 钱穆：《国史大纲》下册，第 666 页。

代政权也就始终以“严峻”著称。这种“严峻”，一方面固然表现为对各种所谓“谋逆案”之“株连”式的追劓，其立国之初的几个大案——从“胡惟庸案”“李善长案”一直到“蓝玉案”，每一次的“诛杀”都在万人以上。与此同时，在其政权的日常运作中，官员一句话说不好，就会受到鞭笞、廷杖乃至于系狱的惩罚——明王朝的开国功臣朱亮祖父子就被当廷鞭死，工部尚书夏祥也毙于杖下。在这种状况下，明代士人也就出现了如下选择：

> 今之为士者，以溷迹无闻为福，以受玷不录为幸，以屯田工役为必获之罪，以鞭笞捶楚为寻常之辱。其始也，朝廷取天下之士，网罗捃摭，务无余逸。有司敦迫上道，如捕重囚。比到京师，而除官多以貌选，所学或非其所用，所用或非其所学。洎乎居官，一有差跌，苟免诛戮，则必在屯田工役之科。①

这就是洪武九年朱元璋下诏求言时地方官员叶伯巨在上书中所描写的文人士大夫的生存现实，由于是对皇上的上书，因而也完全可以说是关于当时士人生存状况的一份实录。从这一状况来看，明代士人的政治生态几乎恶化到了极点，即使出仕——作为朝廷的官员也得不到任何尊重，且时时还存在着性命之忧。② 所以，当时的朝廷官员居然还出现了如下诡异的举动：“时京官每旦入朝，必与妻子诀；及暮无事，则相庆以为又活一日。”③

---

①《明史·叶伯巨传》，《二十五史》卷十二，第800页。

② 张学智先生指出：“朱元璋起自布衣，在长期戎马生涯中礼贤下士，勤学好问，卒能博通古今，能诗能文，但因用法太严，故在野文人屡次被征召至京，但多惧触文网，不愿受官而归。这增加了朱元璋对知识人的猜忌。开国元勋刘基、宋濂等以事遭遣，一代名儒徐一夔、苏伯衡、张孟兼、傅恕、徐贲等不得善终，更加强了知识人的畏避心理……加之朱元璋个人雄猜好杀的个性，独断专行的行政作风，更使文字狱不可避免。”张学智：《中国儒学史》（明代卷），第10页，北京：北京大学出版社，2011年版。

③ 赵翼：《廿二史札记》卷三二，第744页。

三、明代士人的地位

朱明王朝建立了一个高度集权的专制政体,因此不仅明代的官员不同于宋代,而且明代读书人的生存状况也绝不同于宋代。当然这种不同,又恰恰是通过其共同的思想文化背景表现出来的。

从思想文化背景来看,宋明新儒学(理学)自然是贯通宋明两代的官方意识形态。但宋明理学之所以能够成为近世中国一以贯之的官方意识形态,又首先是在孟子精神的培育下崛起的——为范仲淹所高扬的"先天下之忧而忧,后天下之乐而乐"[①],其实也就是孟子"乐以天下,忧以天下"[②]精神的活用。正是在这种精神的培育下,才能够形成两宋儒者"以天下为己任"的担当精神。但孟子精神并不仅仅有"以天下为己任"的一面,同时还有对王权之独裁专制进行批判与抗议的一面。而这后一点实际上正构成了两宋士大夫积极参与朝政并且对朝政进行批评的精神与底气,但对朱明王朝来说,它所需要的仅仅是士人"以天下为己任"的报效精神——时时处处将为皇权服务视为自己的最高天职,且时时处处想皇权之所想、思皇权之所思、急皇权之所急,却根本不需要其对专制皇权进行建议、批评与抗议的精神。在这种状况下,既然朱明王朝已经选择了宋代以来的新儒学作为其官方意识形态——因为还在元末的四处征战中,朱元璋就曾"如镇江,谒孔子庙",接着又"辟范祖干、叶仪、许元等十三人分直讲经史"[③],实际上,这也等于是已经开始了利用儒学以收揽人心的过程。在当时,朱元璋既然是以农民起义的方式打天下的,那么他也不可能在儒学之外另寻思想武器。但在夺取政权之后,朱元璋却发现,作为儒学开创者的孔子虽然并不见有其所无法容忍的言论(实际上,这主要是因为朱元璋以为自己已经拥有一切君德,因而对于孔子

---

① 范仲淹:《岳阳楼记》,《范仲淹全集》,第 169 页,南京:凤凰出版社,2004 年版。
②《孟子·梁惠王下》,吴哲楣主编:《十三经》,第 1356 页。
③《明史·太祖本纪》一,《二十五史》卷十二,第 2 页。

针对当时诸侯的批评具有"天生"的豁免权），但孟子对于诸侯——所谓专制王权的批判与抗议精神却使他根本无法接受。于是出现了如下情形：

> 帝尝览《孟子》，至"草芥""寇仇"语，谓："非臣子所宜言"，议罢其配享。诏："有谏者以大不敬论。"……然卒命儒臣修《孟子节文》云。①

而清代《续修四库全书总目提要·经部》"四书类"也提要说：

> 按明太祖览孟子，至土芥寇仇之语，谓非人臣所宜言，诏去配享。有谏者，以不敬论，且命金吾射之，其憎孟子甚矣，三吾之《孟子节文》殆为此作也。……凡所删者八十五条，科试不以命题，科举不以取士。②

关于《孟子节文》，据当时操刀者刘三吾说，其先后删去《孟子》原文中的"仁政""民本"以及批评皇权之独裁专制方面的内容共85条，甚至连后来《大学》所提到的修、齐、治、平之类的思想也一并删去了，这充分表现了朱元璋对儒家"民本"思想的仇恨与对君权绝对性的维护。③ 这时候，其所曾经拥有的民粹精神也就集中表现在其对君权绝对性的无条件维护一点上了，正像历史上所有的民粹思想最后也都必然会走向君主之绝对独裁一样。④ 刘三吾（1313—1400）之操刀及其受宠，也是明代士人想

---

① 《明史·钱唐传》，《二十五史》卷十二，第797页。
② 《续修四库全书总目提要·经部》——"四书类"，《孟子节文七卷》条，第921页。北京：中华书局，1993年版。
③ 关于朱元璋对孟子的强烈不满以及刘三吾对《孟子》一书的删节情况，请参阅余英时：《明代理学与政治文化发微》，余英时：《宋明理学与政治文化》，第158—214页。
④ 这一点应当以历史上的墨家为典型代表，比如当墨家批评儒家人伦之爱必然会陷于"亲疏尊卑之异"而以其"兼爱"作为倡导时，他是将人与人的相亲相爱作为指向的。这自然表现了一种较为彻底的也较为纯粹的民粹情怀，但是，一旦其开始设计政治理念，马上就演变为："我有天志，譬若轮人之有规、匠人之有矩，轮匠执其规矩，以度天下之方圆。曰：中者是也，不中者非也。"（《墨子·天志》上，孙诒让：《墨子闲诂》，《诸子集成》第4册，第122页，上海：上海书店，1986年版）显然，这就完全成为一种绝对的君权独裁思想了。从中国历史来看，民粹思潮与专制独裁思想看起来绝对对立，实际上却是一种随时可以相互转化的一体两极关系。

皇权之所想、思皇权之所思的典型表现。在这一背景下，如果从宋明理学的一贯精神来看，那么明代士人自然也应当具有宋代士人一样的道德理想主义精神，但如果结合明代皇权对士人的基本要求来看，就知道明代统治者所提倡的理学实际上是已经阉割了其精神的理学。

《孟子节文》固然表现了朱明王朝对于士人思想之严加控制的一面，但如果从明代的取士制度来看，朱元璋似乎又表现得格外公平。因为他不仅重视对士人的选拔，而且也非常重视不同地区的平衡，尤其注意取士面的普及，甚至，为了维护不同地区在取士人数上的均衡，朱元璋不惜拿宠臣开刀。《明史·刘三吾传》记载：

> 三十年偕纪善、白信蹈等主考会试。榜发，泰和宋琮第一，北士无预者。于是诸生言三吾等南人，私其乡。帝怒，命侍讲张信等复阅，不称旨。或言信等故以陋卷呈，三吾等实属之。帝益怒，信、蹈等论死，三吾以老戍边，琮亦遣戍。帝亲赐策问，更擢六十一人，皆北士。[1]

这说明，为了显示其科举取士制度的公平与公正以及其政权参与的广泛性，朱元璋绝对不惜重拳出击，也绝不姑息其宠臣的性命。这就真有点"执法如山"的意味了。如果从表面上看，这固然是朱元璋在刻意维护其取士制度在不同地区间的均衡，实际上则是专门以此来彰显其政权的涵盖面及其参与之广泛性的。对朱明王朝来说，所谓取士，说到底不过是拓展其政权的参与面，以多多征召、多多雇佣各地的臣工而已。

之所以如此看待明代的科举取士制度，主要是因为朱元璋要维护自己的独裁统治，他就不得不大量地吸收全国各地的士人以作为自己的臣工和帮手。对于明代士人来说，朱元璋又往往是通过"强起"的方式来征召的。比如还在洪武元年，朱元璋就下诏曰：

> 天下之治，天下之贤共理之。今贤士多隐岩穴，岂有司失于敦

---

① 《明史·刘三吾传》，《二十五史》卷十二，第789页。

劝欤,朝廷疏于礼待欤,抑朕寡昧不足致贤,将在位者壅蔽使不上达
欤? 不然,贤士大夫,幼学壮行,岂甘没世而已哉? 天下甫定,朕愿
与诸儒讲明治道。有能辅朕济民者,有司礼遣。①

如果仅从这一诏书来看,那么朱元璋似乎就真是所谓求贤若渴;但如果结
合其"寰中士夫不为君用科"的律条来看,其所谓"求贤"不仅是强行征辟,
甚至还是以士大夫的人格与身家性命为代价的。比如"贵溪儒士夏伯启叔
侄断指不仕,苏州人才姚润、王谟被征不至,皆诛而籍其家。'寰中士夫不为
君用'之科所由设也。"②由此来看,所谓"寰中士夫不为君用科"实际上也就
成为一条专门诛杀那些不服从征召之士人的律令了。在这一律令下,明代
士人只有被征辟的自由、报效的自由,却根本就没有选择的自由。

这样一来,如果明代士人不服从征辟,固然会受到"诛而籍其家"的
裁处,但即使服从皇权的征辟,也随时存在着"伏诛"的可能。比如那位
响应朱元璋下诏求言时曾上书批评"分封太侈也,用刑太繁也,求治太速
也"的叶伯巨,最后就得到了如下处置:"帝大怒曰:'小子间吾骨肉,速逮
来,吾手射之!'"③的下场。更有甚者,则是"帝大怒,命武士捽搏之,立死
阶下。"④或者是"忤旨,惧罪,投金水桥下死。"⑤或者则是"太祖大怒曰:
'竖儒与我抗邪!'械至阙下,命弃市。"⑥这样看来,专制独裁的朱元璋实
际上也就执掌了任何人的杀伐生死之权。对明代士人来说,不服从征
辟,自然要"诛而籍其家";服从征辟,则又存在着一个能否"乞赐骸骨"的
问题⑦,无怪乎当时的京官会有"及暮无事,则相庆以为又活一日"的庆幸

---

①《明史·太祖本纪》二,《二十五史》卷十二,第 5 页。

②《明史·刑法》二,《二十五史》卷十二,第 599 页。

③《明史·叶伯巨传》,《二十五史》卷十二,第 801 页。

④《明史·李仕鲁传》,《二十五史》卷十二,第 799 页。

⑤《明史·陈汶辉传》,《二十五史》卷十二,第 799 页。

⑥《明史·张孟兼传》,《二十五史》卷十三,第 1547 页,北京:中国文史出版社,2002 年版。

⑦ "朱元璋喜与文士游,而又出身微贱,文墨不深,故多怀猜忌,性复险愎,故知者畏之如虎。明
　敖英《绿雪亭杂言》记,有一诗人名邓伯言,宋濂赏爱其诗,荐之朱元璋,一日同在廷试,朱元
　璋诵一诗中佳句,忽以手拍书案,伯言误以为怒已,吓得昏死过去,内侍扶出宫门始苏醒。次
　日授官翰林院,以老疾辞归乡。"张学智:《中国儒学史》(明代卷),第 11—12 页。

心理。

第二节　明代的思潮特征

正因为明代皇权具有前所未有的专制独裁色彩,所以对于两宋以来所形成的以儒学为核心的理学思潮来说,也就不得不发生某些变化以适应于社会现实。在整个明代,从士人的命运到理学思潮的发展走向,也就都面临着一种全新的、且不得不适应的新形势。

一、三教概况

所谓三教关系是随着佛教的传入才真正成为一个问题的,其真正成为一个思想界不得不正视的问题,则又是隋唐以降,随着佛道二教对朝廷政治的渗透与干预以及儒学对自身使命的自觉,才成为儒者所不能不面对、且不能不思索的问题。至于这一问题的解决,又是随着两宋新儒学的崛起,并通过理学家"出入佛老,返于六经",从而自觉地吸取佛道二教的超越性智慧以重塑儒家的人伦现实关怀才真正得到初步解决的。这就是所谓宋明道学、宋明理学或宋明新儒学。对于两宋理学而言,正是通过"出入佛老"——自觉地借鉴佛老二教的超越追求精神与形上智慧,才能展开对儒家经典——《六经》《论》《孟》的重新解读,从而也才能对先秦儒学之基本精神展开一种创造性的诠释。所以,当朱子在出入佛老的基础上"致广大,尽精微,综罗百代"[1]时,也就表明宋明理学对于传统的三教问题达到了一个初步的统一。

但这种统一只能说是儒家式的统一,是站在儒家的立场上通过对佛老二教超越性智慧的吸取与借鉴从而对儒家原典的重新解读与重新诠释实现的,并不代表佛道二教对这一问题的解决。实际上,作为传统文化中的三教问题,不仅儒家有其解决问题的基本思路,而且佛道二教也

---

[1] 全祖望:《宋元学案·晦翁学案》,《黄宗羲全集》第四册,第816页。

同样有其三教合一的基本思路。比如对佛教来说，从小乘到大乘、又从空宗到有宗以至于最后禅宗的出现，既代表着佛教中国化的过程，同时也表现着佛教所代表的超越性智慧与儒学所代表的人伦世教关怀的一个融合过程；禅宗则代表着其将佛教的超越追求融合于儒家的人伦世教关怀——所谓人伦世俗生活之中的具体表现。至于道家与道教，则从所谓"迹本"到"重玄"之思辨探讨、从外丹到内丹的实践修炼，也就同样代表着道家、道教对三教合一问题的一种探索与解决。所以，如果从三教融合的角度看，那么宋明理学所代表的儒学对于三教融合问题的探索与解决，实际上反倒是传统文化（儒释道）三教合一思潮中的后来者。也就是说，宋明理学作为儒学对于三教合一问题的探索与解决，一定程度上反倒是落后于佛道二教的。

不过，到了两宋时代，儒学已经成功地实现了其超越追求与现实关怀的统一，因而对于秦汉以来以儒学为主流、以士人为主体的中国文化而言，传统的三教合一问题也就等于已经初步完成了；至于佛道二教的三教合一走向，如果其要继续和儒学进行三教关系的讨论并追求其不同的合一走向，那就必须进入儒学已经成功实现的融超越追求于其中的现实生活的层面。就是说，必须以更切近人伦生活的方式来表现其三教合一走向。这样一来，如果从三教各自的理论发展逻辑来看，那么这一方向可能又是两宋以降三教不同的合一走向中的一种共同趋势。

另一方面，北宋以降，由于中国北方长期经受辽、夏的武力冲击与女真和蒙古人的接踵统治，构成了所谓少数民族入主中原的金元时期。在金元时期，由于少数民族铁骑的冲击与对中原财富的掠夺，老百姓流离失所，出现了大量的以宗教形式表现出来的民间组织。由于蒙古上层嗜信藏传喇嘛教，老百姓就不得不以各种宗教组织的形式来图存活命，在当时，这些民间的宗教组织也恰恰是以扶危济困、救民活命为宗旨的，诸如活动于北方的"真大道""太一道"等等。由陕西人王重阳（1112—1170）所创立的"全真道"，则带有道教中的上层特色。但即使是道教中的上层，也仍然要以三教合一为指向，以更切近现实生活为特色。实际上,在社会的战乱分裂时期,所有这些道派、组织,也都带有自发维护人伦秩序的特色。所以,当时作为全真巨子并被成吉思汗(1162—1227,1206 年即汗位)呼为"神仙"、封为总领天下教事的丘处机,其奉元太祖之诏——西行雪山的答问,就直接以"清心寡欲""不嗜杀人"为对。而在总领天下教事之后,丘处机又广发度牒,以救人活命为要,实际上,这也等于是以道教的形式担负起了救民活命并维护人伦世教的责任。在当时,由于北方长期陷于战乱格局,加之金元统治者的民族压迫政策,这种民间的结社与宗教组织可能也就成为老百姓求生存求自保的一种主要形式了。一直到元末的农民起义,其实都是在民间宗教的旗帜下进行的。比如作为明政权开创者的朱元璋,其早年所参加的农民起义就是在"明教"的旗帜下进行的。也许正是这一原因,所以余英时分析说:"当时元末群雄大都接受'弥勒降生,明王出世'的信仰,其实是明教(摩尼教)、白莲社、弥勒教等民间宗教的混合品。所以韩氏(韩山童、韩林儿——引者注)父子先后曾用大小'明王'的称号……所以明朝之'明'与明教、'明王出世'密切相应,这是毫无可疑的,因为非以此为号召,便不足以争取诸将与士卒的向心力。"①这说明,不仅蒙古人的统治是在民间宗教及其武装力量的打击下灭亡的,而且明王朝也是借助民间宗教的形式与军事力量崛起的。

虽然如此,但在明王朝完成其统一后,朱元璋却必须迅速切断其与民间宗教的联系,并实现向儒学的归宗,以显示自己的出身更为正统、统治也更为合法;另一方面,他也必须迅速禁绝各种民间宗教,以防止其政权重蹈元代统治者的覆辙。所以,洪武元年,"明太祖在宗教活动方面有两件大事:一是二月举行祭孔子之礼,一是闰七月下诏禁白莲社、明教等'淫祠'。前者是为政权取得合法性,后者则是为了防止别人继续利用'明王'的名号与他争天下。"②这样一来,仅从形式上看,明王朝的思想格

---

① 余英时:《宋明理学与政治文化》,第 168 页。
② 同上书,第 169 页。

局也就重新回到了传统儒佛道三教并存的基础上。

但由于元代统治者过分崇信喇嘛教,以至于教团弊病丛生,而元廷放任的宗教政策,更是导致元帝国覆灭的重要原因之一。有鉴于此,朱元璋在建立明王朝后,就对所有的宗教展开了一系列大规模的整顿举措。他一方面加强对宗教团体的控制,以防止其扩张;同时,又大力肯定宗教在教化人心方面的功能,对各种宗教团体制定一些怀柔与礼遇的措施。从这些方面来看,朱元璋在选定以儒学(教)作为官方意识形态之后,一方面禁绝"淫祠",打击民间宗教,同时也对传统的佛道二教采取了一种恩威并施、宽猛并济的宗教政策。

因此,在传统的三教中,除了儒(理)学一如既往地被提升为官方意识形态之外,明代的佛道二教总体上却在走下坡路了——已经失去了与儒教并驾齐驱的资格。即使如此,佛道二教仍然坚持着其继续切入现实社会与世俗生活的大方向。总的来讲,明代的佛教基本上信守其天台、华严、净土以及禅宗的原有规模。道教则一改其在金元时代遍地开花的现象,从而形成了南方正一道、北方全真教分占统治地位的格局;在全真教的内部,又有南方先命后性的"命宗"与北方先性后命的"性宗"之不同的修行宗旨,以表现其性命合一的修行指向。这说明,无论是佛教还是道教,实际上也都是将继续向世俗社会与伦常生活的渗透与落实作为自己的发展方向的。至于佛道二教的这种三教合一走向,典型地体现在当时作为明代四大高僧之一的憨山德清(1546—1623)的一段名言中:

> 为学有三要,所谓不知《春秋》,不能涉世;不精《老》《庄》,不能忘世;不参禅,不能出世。此三者,经世、出世之学备矣,缺一则偏,缺二则隘,三者无一而称人者,则肖之而已。[①]

从憨山德清对《春秋》《老》《庄》与"参禅"并举,经世(儒)、忘世(道)与出世(佛)的共尊来看,这就不仅是以三教合一来表达佛教的发展走向,而

①　憨山德清:《学要》,《憨山老人梦游集》下,第 101 页,河北柏林禅寺,2005 年版。

且也是以此来表达其对人伦所以为人伦之基本特征的认识的。这说明，在憨山德清看来，合一不仅代表着三教的一种共同走向，而且已经成为人之所以为人——所谓人之入世、忘世与出世的三面统一与具体表现了。这样一来，从总体精神而言，虽然儒学与佛道二教仍然存在着入世与忘世、出世之别，但无论是佛教还是道教，却都已经在自觉地将入世、忘世与出世，《春秋》《老》《庄》和参禅等修行行为统一起来了。这正是传统三教在明代大一统集权政治下继续走向合一的表现。

二、科举制的完善

作为中国传统的选举制度，科举制形成于隋，初盛于唐，到了宋代，就已经成为专制王朝吸取民间士人以从政、参政的主要形式了。所谓两宋温和而又宽松的文治社会，其实也就与其通过科举制以广泛吸纳民间士人从政的特点分不开。元代蒙古人最后之所以为中原文化所同化，最典型的一点也就表现在其对以儒学为核心之科举制的认同上。由于元廷已经于仁宗皇庆二年(1313)明确规定以朱著各书作为国子监的主要教材与科举考试的法定教科书，因而继起的明王朝也就主要是沿袭而已。还在元至正十六年(1356)，朱元璋当时还处在四处征战之中，但他就已经开始关注儒学了，"九月戊寅，如镇江，谒孔子庙。遣儒士告谕父老，劝农桑"[1]。由此之后，每攻下一城，朱元璋都会有所谓"谒孔庙，告父老"之举。至正二十五年(1365)，明王朝还没有建立，朱元璋便下诏"建国子学"。到了洪武元年(1368)，朱元璋一方面"始设文武科取士"，同时又明确宣布："衍圣公袭封及授曲阜知县，并如前代制"；第二年，又"诏天下郡县立学"[2]。洪武四年(1371)，"诏设科取士，连举三年，嗣后三年一举"；七年，"修曲阜孔子庙，设孔、颜、孟三氏学"[3]。洪武十五年(1382)，

---

[1]《明史·太祖本纪》一，《二十五史》卷十二，第2页。
[2]《明史·太祖本纪》一，《二十五史》卷十二，第5页。
[3]《明史·太祖本纪》二，《二十五史》卷十二，第6页。

"五月乙丑,太学成,释奠于先师孔子……八月丁丑,复设科取士,三年一行,为定制"①。明太祖的这一系列举措,一方面表现了其向传统意识形态的归宗,另一方面,也表明他已经明确地继承了传统的选举制度与取士方式。由此之后,通过科举取士制度所表现的儒学也就成为明代的官方意识形态了。既然是以儒学为指导思想的选士制度,那就必然要通过政治体制与选举制度的方式明确表示明代统治者对儒家价值观的肯定和认同。

实际上,早在洪武二年(1369),当国子学刚建成时,明太祖就在给中书省的诏书中说:

> 学校之教,至元其弊极矣。上下之间,波颓风靡,学校虽设,名存实亡。兵变以来,人习战争,惟知干戈,莫识俎豆。朕惟治国以教化为先,教化以学校为本。京师虽有太学,而天下学校未兴。宜令郡县皆立学校,延师儒,授生徒,讲论圣道,使人日渐月化,以复先王之旧。②

与此同时,其取士的标准也以选举制度的方式一并形成了:

> 科目者,沿唐宋之旧,而稍变其试士之法,专取四子书及《易》《书》《诗》《春秋》《礼记》五经命题试士。盖太祖与刘基所定。其文略仿宋经义,然代古人语气为之,体用排偶,谓之八股,通谓之制义。三年大比,以诸生试之直省,曰乡试。中式者为举人。次年,以举人试之京师,曰会试。中式者,天子亲策于廷,曰廷试,亦曰殿试。分一、二、三甲以为名第之次……后颁科举定式,初场试《四书》义三道,经义四道。《四书》主朱子《集注》,《易》主程《传》、朱子《本义》,《书》主蔡氏传及古注疏,《诗》主朱子《集注》,《春秋》主左氏、公羊、谷梁三传及胡安国、张洽传,《礼记》主古注疏。③

---

① 《明史·太祖本纪》三,《二十五史》卷十二,第9页。
② 《明史·选举志》一,《二十五史》卷十二,第455页。
③ 《明史·选举志》二,《二十五史》卷十二,第456页。

自此以后,以朱子学为主要内容、以科举考试为主要方式的取士制度也就通过皇帝诏书与国家政策的方式而变为定制了。所谓八股文,也就由科举制之行文通义的方式而形成。从当时的情况看,所谓"八股文"之"略仿宋经义,然代古人语气为之,体用排偶"的表现形式并非就是后世所谓言之无物的迂腐套括之论,反倒可能是一种通俗入理、便于诵读的作文共法,只有在阉割其精神、且政治体制与科举取士制一并腐败的情况下,所谓"八股文"才成为一种迂腐套括、言之无物的空洞形式。

关于明代的科举制,《明史·儒林传》评价说:

> 明太祖起布衣,定天下,当干戈抢攘之时,所至征召者儒,讲论道德,修明治术,兴起教化,焕乎成一代之宏规。虽天亶英姿,而诸儒之功不为无助也。制科取士,一以经义为先,网罗硕学。嗣世承平,文教特盛,大臣以文学登用者,林立朝右。而英宗之世,河东薛瑄以醇儒预机政,虽弗究于用,其清修笃学,海内宗焉。吴与弼以名儒被荐,天子修币聘之殊礼,前席延见,想望风采,而誉隆于实,诟谇丛滋。自是积重甲科,儒风少替。白沙而后,旷典缺如。①

应当承认,这确实是对明代科考制度之一种较为客观的评价。因为对明政权而言,在"吴与弼以名儒被荐"而又存在着"誉隆于实,诟谇丛滋"之后,科考制度也就成为明王朝取士的唯一方式了,在这种状况下,所谓"文教特盛"也就不能不归功于科举制。但另一方面,明代的人才是否都为科举制所塑造呢?——当科举制成为明代士人从政的唯一通道时,似乎确实存在着这种现象,因为所有的人才似乎也只有通过科举考试才能表现出来,从而也才能为世人所知、为皇权所用。实际上,人才自有其成长的特殊机缘。从一定程度上说,明代专制独裁的政治体制才是其人才的真正塑造者与发展方向的决定性因素,科举制的普及以及其对出仕途径的独占与垄断就使人才不得不通过科举考试的方式表现出来。因为

---

① 《明史·选举志》二,《二十五史》卷十二,第 1525 页。

历史不能假设,所以我们也无法设想在没有科举制的条件下人才究竟如何成长的特殊机制,但科举制、八股文以及其所表现出来的独裁专制与思想控制却无疑压抑了人才的成长,所以史家才有所谓"科举盛而儒术微"①一说。应当承认,这不失为一个较为公允的评价。至于明代科举制的贡献,可能主要也就在于其对士人参政途径的独占与垄断性的拓展上。

就对科举制的发展而言,明代与两宋一样都是科举取士制度最为普及的朝代,也是朝廷政治吸纳民间士人参政最多的朝代。但由于宋明两代在基本国策上的差别,其科举制的普及方式及其侧重也有所不同。简而言之,由于两宋是以"与士大夫共治天下"为基本国策的,因而其取士制度主要是由传统的世家大族向着普通士人阶层普及;明代的取士制度虽然也是面向民间的,但明王朝却更注重其取士面的普及以及其在不同地区间的均衡。这样一来,宋明两代在科举取士的普及面上就有着完全不同的侧重:

> 宋代进士科则主要为"寒士"而设,雍熙二年(985)三月,宰相、参知政事等大臣的子弟,有四人及第,太宗便以"势家"不应"与孤寒竞进"为理由而"皆罢之"。②

> 三十年偕纪善、白信蹈等主考会试。榜发,泰和宋琮第一,北士无预者。于是诸生言三吾等南人,私其乡。帝怒,命侍讲张信等复阅,不称旨。或言信等故以陋卷呈,三吾等实属之。帝益怒,信、蹈等论死,三吾以老戍边,琮亦遣戍。帝亲赐策问,更擢六十一人,皆北士。③

上述两段固然都表现了皇权对于取士制度的干预,但宋太宗的干预主要

---

① 《明史·儒林传》一,《二十五史》卷十三,第 1525 页。
② 该事件原载于李焘:《续资治通鉴长编》卷二六,第 595 页,北京:中华书局,1992 年版。
③ 《明史·刘三吾传》,《二十五史》卷十二,第 789 页。

在于"'势家'不应'与孤寒竞进'"一点上,所以说其科举取士"主要为'寒士'而设";明太祖则更强调其取士面的普及以及其在不同地区间的均衡,所以他就一定要给文化落后的北方士人留有足够的名额。在宋太宗看来,"'势家'不应'与孤寒竞进'",所以应当吸收大量的民间"寒士"来参政;至于这"寒士"究竟是北方人还是南方人,只能根据其科考情况来决定。而在明太祖看来,朝廷固然需要大量的"寒士"参政,但仅仅"寒士"参政还是远远不够的,还必须将这种"寒士"参政的形式普及于所有的文化落后地区,以保证取士面在不同地区间的均衡。这样一来,虽然宋、明两代不同的倾斜侧重也都可以说是科举制进一步发展、普及与完善的表现,但宋代的普及与倾斜政策则是刚开始从贵族子弟向平民阶层延伸,明代的普及与倾斜则主要在于其普及面必须从文化发达地区向文化落后地区拓展,因而也就必须注意不同地区间的平衡。这当然可以说是对宋代"寒士"参政的一种发展,是将"寒士"参政的形式尽可能地普及于不同地区之间。

但是,一当士人真正为皇权所选——进入朝廷官员的系列,由于宋明两代根本不同的基本国策,因而所谓的官员士大夫也就面临着不同的命运了。由于两宋是以"与士大夫共治天下"为基本国策的,所以其士大夫也拥有较高的政治主体意识。从一定程度上说,这一点也直接促成了两宋理学的形成;但明代政权基本上是皇家通过武力与权谋的方式来直接掌控的,因而其官员士大夫也就始终无法摆脱"臣工"——雇佣劳动者的地位,而在冒犯逆鳞的情况下,能够全尸以归也就应当算是一种幸运了。请先看宋代士大夫的自我定位:

> 若夫道隆而德骏者,又不止此。虽天子北面而问焉,而与之迭为宾主。此舜所谓"承"之者也。[1]
> 帝王之道也,以择任贤俊为本,得人而后与之同治天下。[2]

---

[1] 王安石:《虔州学记》,《临川文集》卷八十二,第 858 页。
[2] 程颢、程颐:《河南程氏经说》卷二,《二程集》第 1035 页,北京:中华书局 1981 年版。

> 天下重任,唯宰相与经筵:天下治乱系宰相,君德成就责经筵。①

> 熹时急于致君,知无不言,言无不切,亦颇见严惮……②

再来看明代士大夫的上书及其遭遇:

> 帝大怒曰:"小子间吾骨肉,速逮来,吾手射之!"③
> 帝览书,大怒,下丞相御史杂问,究使者。④
> 帝大怒,命武士捽搏之,立死阶下。⑤
> 忤旨,惧罪,投金水桥下死。⑥
> 太祖大怒曰:"竖儒与我抗邪!"械至阙下,命弃市。⑦

在这种状况下,所谓明代士人"以溷迹无闻为福,以受玷不录为幸,以屯田工役为必获之罪,以鞭笞捶楚为寻常之辱"⑧,也就是再自然不过的表现了。至于所谓"京官每旦入朝,必与妻子诀;及暮无事,则相庆以为又活一日"⑨,也就真是值得庆幸的一天了。

这样一来,虽然明王朝的举荐制与科举制都是以所谓"天下之治,天下之贤共理之"为号召的;其举荐之目的,也是要"与诸儒讲明治道";甚至,其科考制度也可以说是历史上最普及、最顾及不同地区均衡的时代,但对明代士人来讲,其出仕的结果却往往是"一有差跌,苟免诛戮,则必在屯田工役之科。⑩ 至于从其推行科举制以繁荣文化来看,其结果也就成为"经学非汉、唐之精专,性理袭宋、元之糟粕,论者谓科举盛而儒术

---

① 程颢、程颐:《河南程氏文集》卷六,《二程集》第540页。
② 束景南:《朱熹年谱长编》,第1163页,上海:华东师范大学出版社,2001年版。
③《明史·叶伯巨传》,《二十五史》卷十二,第801页。
④《明史·郑士利传》,《二十五史》卷十二,第801页。
⑤《明史·李仕鲁传》,《二十五史》卷十二,第799页。
⑥《明史·陈汶辉传》,《二十五史》卷十二,第799页。
⑦《明史·张孟兼传》,《二十五史》卷十三,第1547页。
⑧《明史·叶伯巨传》,《二十五史》卷十二,第800页。
⑨ 赵翼:《廿二史札记》卷三二,第744页。
⑩《明史·叶伯巨传》,《二十五史》卷十二,第800页。

衰,殆其然乎。"①这样看来,明代的科举取士制度虽然在广泛吸取民间士人参政这一点上也许是最为普及的,但在真正维护统治、繁荣文化这一点上,却又根本无法与两宋相比。②

三、朱学定于一尊

作为两宋理学集大成,朱子(1130—1200)哲学形成于南宋。虽然从总体上说,两宋社会是一个温和而又宽松的文治社会,但这并不意味着朱子一生就较为顺适,可以平步青云,其实恰恰相反,朱子一生的仕途走得格外艰难。当然反过来看,也正由于其一生艰难的仕途,才成就了朱子集两宋理学之大成的理论贡献。由于南宋政坛道学集团与世俗官僚集团的斗争,朱子又一直被视为道学集团的精神领袖,因而也就饱受世俗官僚集团的防范和打击。朱子的一生,也正如其弟子黄榦所概括的,"自筮仕以至于属纩,五十年间,历事四朝,仕于外者仅九考,立于朝者四十日,道之难行也如此"③。不仅如此,由于南宋的朝廷政治一直是通过"党争"来运作的,朱子本人不仅是在"庆元党禁"的打击下去世的,甚至还是在朝廷的"监管"下下葬的。这说明,作为南宋理学之精神领袖,朱子的一生实际上反而是郁郁不得志的一生。

但另一方面,朱子一生上承"北宋五子"的理论规模,旁参佛道之超越追求,"致广大,尽精微,综罗百代",因而其哲学不仅代表着两宋理学的理论高峰,而且其人也可以说是两宋理学的人格化代表。正是这一原因,朱子去世不久,南宋官方就在朝野的巨大压力下不得不为朱子平反;朱子哲学也就由此开始了其从理学家之个体探讨逐步走向朝廷表彰、民间颂扬之官方意识形态的过程。

---

① 《明史·儒林传》一,《二十五史》卷十三,第 1525 页。
② 南宋的最后一位小皇帝赵昺是由宰相陆秀夫背负着跳海的,而明代的最后一位帝王崇祯则是在杀宫之后孤独地自缢于煤山,这也可以说是宋明两代不同取士制度与士人政策的一种历史性回报。
③ 黄榦:《朱先生行状》,载束景南:《朱熹年谱长编》,第 1487 页。《宋史·朱熹传》中也有相同的记载。

　　大体说来,这一过程经历了如下步骤:首先是嘉定四年(1211),南宋朝廷"雪赵汝愚之冤,乞褒赠赐谥,厘正诬史,一时伪学党人朱熹、彭龟年、杨万里、吕祖俭虽已殁,或褒赠易名,或录用其后,召还正人故老于外"①。第二年,又将朱著的《论语集注》与《孟子集注》立于学官,由此开始了从理学家之个体思想向国家意识形态的过渡。待到宋理宗亲政后,北宋五子、东南三贤连同江西的陆象山(1139—1193)心学也都一并得到赐谥;作为朱子一生心血之所寄的《四书章句集注》也得以在全国颁行。由此之后,程朱理学不仅得到了历史的平反,而且也确立了其在理学中的宗主地位与官方意识形态的双重身份。

　　到了元代,虽然元世祖忽必烈在至元(1264—1294)初年就准备实行科举制,但又因为种种原因而未能真正落实。直到元仁宗皇庆二年(1313)中书省再次上奏,才终于得到了仁宗的许可,这才以皇帝诏书的方式颁布天下:

> 　　惟我祖宗以神武定天下,世祖皇帝设官分职,征用儒雅,崇学校为育才之地,议科举为取士之方,规模宏远矣。朕以眇躬,获承丕祚,继志述事,祖训是式。若稽三代以来,取士各有科目,要其本末,举人宜以德行为首,试艺则以经术为先,词章次之……其以皇庆三年八月,天下郡县,兴其贤者能者,充赋有司,次年二月会试京师,中选者朕将亲策焉。具合行事宜于后:科场,每三岁一次开试……考试程式:蒙古、色目人,第一场经问五条,《大学》《论语》《孟子》《中庸》内设问,用朱氏章句集注。其义理精明,文词典雅者为中选。第二场策一道,以时务出题,限五百字以上。汉人、南人,第一场明经经疑二问,《大学》《论语》《孟子》《中庸》内出题,并用朱氏章句集注,复以己意结之,限三百字以上;经义一道,各治一经,《诗》以朱氏为主,《尚书》以蔡氏为主,《周易》以程氏、朱氏为主,以上三经,兼用古注疏,《春秋》许用《三传》及胡氏《传》,《礼记》用古注疏,限五百字以

---

① 《宋史·史弥远传》,《二十五史》卷十,第 2225 页。

　　上,不拘格律……①

　　元仁宗的这一诏书,意味着程朱理学从此登上了国家意识形态的舞台,因为它已经成为科举考试之法定教科书了。由此之后,尊信程朱理学,就不再是儒者个人的私淑之好,而是可以拜相封侯,从而成为国家社稷之臣的门径了。朱子一生颇为坎坷的仕途命运,终于在其去世百年后得到了历史的回报。

　　正由于元儒的努力及其奠基,到了明代,思想文化界也就成为朱子学的天下了。由此之后,就形成了《明史·选举志》中的如下规定:"专取四子书及《易》《书》《诗》《春秋》《礼记》五经命题试士……后颁科举定式,初场试《四书》义三道,经义四道。《四书》主朱子《集注》,《易》主程《传》、朱子《本义》,《书》主蔡氏传及古注疏,《诗》主朱子《集注》……"②而《明史·儒林传》所概括的"原夫明初诸儒,皆朱子门人之支流余裔,师承有自,矩矱秩然"③,以及"河东薛瑄以醇儒预机政,虽弗究于用,其清修笃学,海内宗焉。吴与弼以名儒被荐,天子修币聘之殊礼,前席延见,想望风采"④,等等,实际上也都是就明代朱子学在思想文化界的影响而言的;至于黄宗羲在《明儒学案》中所概括的"此亦一述朱,彼亦一述朱"⑤,当然也是指当时朱子学之盛而言的。由此来看,明代的学术基本上可以说是朱子学的一统天下。所谓朱学定于一尊,也就首先是指"明初诸儒,皆朱子门人之支流余裔"以及其对朱子学的研究传习而言的。

　　实际上,这种现象只是明代开国之初及其中叶以前的情形,当明王朝真正实现了其科举制与程朱理学的有机统一之后,朱子学也就盛极而衰了。《明史·儒林传》生动地记载了这一过程:

　　　　原夫明初诸儒,皆朱子门人之支流余裔,师承有自,矩矱秩然。

────────────

① 《元史·选举志》一,《二十五史》卷十一,第457页。
② 《明史·选举志》二,《二十五史》卷十二,第456页。
③④《明史·儒林传》一,《二十五史》卷十三,第1525页。
⑤ 黄宗羲:《明儒学案·姚江学案》,《黄宗羲全集》第七册,第197页。

曹端、胡居仁笃践履,谨绳墨,守儒先之正传,无敢改错。学术之分,则自陈献章、王守仁始。宗献章者曰江门之学,孤行独诣,其传不远。宗守仁者曰姚江之学,别立宗旨,显与朱子背驰,门徒遍天下,流传逾百年,其教大行,其弊滋甚。嘉、隆而后,笃信程朱,不迁异说者,无复几人矣。要之,有明诸儒,衍伊洛之绪言,探性命之奥旨,锱铢或爽,遂启歧趋,袭谬承讹,指归弥远……经学非汉、唐之精专,性理袭宋、元之糟粕,论者谓科举盛而儒术微,殆其然乎。①

整个这一过程,主要是就明代儒学的发展走向或总体趋势而言的,所谓"科举盛而儒术微"当然也并不是说仅仅是科举制导致了儒学的衰微、朱子学的衰微,实际上,所谓"儒术微"的根本原因还在于明代政治体制的专制独裁与科举制的腐败。正是政治体制的极度专制,才导致了科举制的腐败与士大夫的离心离德。科举制本来是为国家、为民族选拔英才的制度,但在集权专制的高压之下,明代的士人不仅逃避科举,在科举考试之中也尽可能地逃避思想,这就迫使真正有价值的思想必然要在科举制之外生成。所谓"学术之分,则自陈献章、王守仁始"以及其"显与朱子背驰"的方向,其实也并不是说陈白沙、王守仁就真正背驰于朱子学,而是背驰于那种被科举化、意识形态化了的朱子学;至于其所开创的心性之学,并且能够"门徒遍天下,流传逾百年",也同样要从明代士人的精神状况及其追求指向来说明。

所以,无论是儒学的衰微还是朱子学的衰微,实际上都是明代朱子学与科举制联姻的结果,当然也可以说是其曾经繁盛的表现。"原夫明初诸儒,皆朱子门人之支流余裔,师承有自,矩矱秩然",起码说明继承朱子学正是明儒理论探索的基本出发点。但在遭到专制皇权与科举制的双重打压与扭曲之后,明儒一方面表现出"特从古册中翻出古人公案,深有悟于造化之理"②的志向;另一方面,又不得不更为深入地探索"吾此心

---

① 《明史·儒林传》一,《二十五史》卷十三,第 1525 页。
② 黄宗羲:《明儒学案·师说》,《黄宗羲全集》第七册,第 9 页。

与此理"的"凑泊吻合处"①。自然,这就形成了明儒的分化;而这一分化的走向,也仍然是沿着其对朱子学不同的继承侧重展开的,也是由其不同的继承侧重从而形成不同的分化流向的。所以说,从明儒的分化及其不同流向的角度,也能清楚地看出其以朱子学为基本出发点与分化母体的性质。

四、明代士人的追求

对于明代士人来说,他们一方面要面对集权专制下高压的政治生态,另一方面,就其进入国家政治体制的主渠道来看,又必须通过在集权专制与意识形态双重控制下的科举制。实际上,这两个方面都在震慑、打压并扭曲着士人精神。作为读书人,毕竟要以思想探索与精神追求为志向。在如此高压的社会环境与政治生态下,明代士人又将如何展现其思想探索以释放其精神能量呢?

在这里,首先一个问题就是宋明儒学之间的"同"与"异"及其具体形成。当我们把宋明时代的儒学统称为宋明理学时,也就明确地肯认其相互之间存在着某种不言而喻的一致性,但在我们的上述分析中,宋与明之间又被明确地划分为两种不同的皇权体制及其统治类型。那么,在其"同"与"异"之间,明代士人的政治生态与学术探讨究竟是怎样一种关系呢?

当我们将宋明时代的儒学统称为宋明理学时,首先是指他们在学术上具有一种共同的思想文化背景或学术发展谱系而言,也具有大体相同的思想主体(这是由其共同的思想文化背景与孕育母体决定的)。就是说,从思想文化背景来看,宋明儒学确实具有一种共同的理论谱系与追求志向。但是,当我们说宋明时代具有完全不同的皇权政治时,又主要是指他们所面临的不同的皇权政治并具有不同的政治生态环境而言的。如果他们之间根本不存在共同的文化背景与思想发展谱系,那么所谓宋明理学的说法自然无法成立;但如果他们的政治环境与政治生态大体相近,

---

① 陈献章:《复赵提学金宪》,《陈献章集》,第 145 页,北京:中华书局,1987 年版。

那么宋明理学之间也就不应当出现很大的分歧,起码不应当出现史家对明代学术之"经学非汉、唐之精专,性理袭宋、元之糟粕,论者谓科举盛而儒术衰,殆其然乎"之类的评价了。如果说宋明之间确实存在着思想文化背景与理论发展谱系包括其思想主体与精神指向上的"同",那么其相互之间的"异"也就恰恰需要通过其不同的政治环境与政治生态来说明了。在这里,所谓思想谱系不仅构成了人们思考问题的具体背景,而且也塑造并决定着其主体的追求指向,如此一来,所谓政治生态实际上也就成为促使其思想发展与学术变异的生存性条件了。

让我们先从宋明理学之间的"异"来反观其"同"。

关于宋明理学之"异",日人冈田武彦曾有一段精彩的分析,他指出:

> 宋代的精神文化是适应官僚知识阶级的情趣的,而明代的精神文化则是适应平民阶级的情趣的……①
>
> 宋代的精神文化,如前所述,是理性的,其中充满着静深严肃的风气。实质上,这是因为宋人具有在人的生命中树立高远理想的强烈愿望,因此坚持了纯粹性和客观性。以朱子学为枢轴的所谓宋学,就是从这种风潮中发生、成长的……
>
> 明人认为,这种理想主义的东西不但与生生不息的人类的生命相游离,而且与人类在自然性情中追求充满生机的生命的愿望相背离,因此,明人去追求那情感丰富的、生意盎然的感情的东西就成为很自然的事情了。以王学(阳明学)为轴心的明学,就在这样的风潮中发生、成长起来……②

在冈田武彦先生的上述分析中,所谓理性主义与抒情主义、官僚知识阶级情趣与平民阶级情趣以及理想主义与现实主义的差别也就被视为宋明理学之间的主要差别。实际上,这些差别也完全可以余英时先生关于宋代理学家之"得君行道"追求与明代理学家之"觉民行道"追求的"异

---

① 冈田武彦:《王阳明与明末儒学》,第3页。
② 同上书,第3页。

趣"来说明。从这个角度看,那么宋明理学在基调与指向上的差别也可以说是学术界的一种基本共识。

但如何说明其差别及其具体形成呢? 如果说这就是宋明理学自身理论发展的必然结果,那么冈田武彦所谓"一言以蔽之,由二元论到一元论、由理性主义到抒情主义,从思想史中看就是从宋代到明代的展开"①,其实也就是从理论发展角度对这一演变的一个总体说明。但既然二者之间存在着共同的思想文化背景与学术发展谱系,那为什么又会发生这样的"变异"呢? 显然,这种"变异"是学理本身无法说明的。实际上,对于这一问题,余英时先生通过宋明时代不同政治生态的比较以及明儒如何放弃宋代儒者"得君行道"的努力,然后又如何将宋儒的"得君行道"追求转化为一种"觉民行道"追求,反倒较为合理地说明了宋明理学在不同政治生态下的演变。他以逐层递进的方式比较说:

> 吴与弼在"省、郡交荐"之下坚决"不赴",太息曰:"宦官、释氏不除,而欲天下之治,难矣!"(《明儒学案》卷一《吴康斋先生语》)他在十九岁时已决心"弃举子业",后来门人中胡居仁(1434—1484)、陈献章(1428—1500)、谢复等,也都因为受了他的影响而决(绝)意科第(见《明史·儒林一》及《明儒学案》卷一、卷五)。这是他们有意切断与权力世界的关联;宋代理学家"得君行道"的抱负,在他们身上是找不到任何痕迹的。②

> (王阳明——引者注)在上封事之前,由于程、朱的影响,他多少还抱有"内圣外王"或"得君行道"的意识,到龙场以后,这个意识已彻底破碎了。③

> 阳明"致良知"之教和他所构想的"觉民行道"是绝对分不开的;这是他在绝望于"得君行道"之后所杀出的一条血路。"行道"而完

---

① 冈田武彦:《王阳明与明末儒学》,第3页。
② 余英时:《宋明理学与政治文化》,第175页。
③ 同上书,第179页。

全撇开君主与朝廷,转而单向地诉诸社会大众,这是两千年来儒者所未到之境,不仅明代前期的理学家而已。①

在这一过程中,从吴与弼"有意切断与权力世界的关联",到王阳明"得君行道"意识的"彻底破碎",再到其在抛弃"得君行道"梦想之后杀出一条"觉民行道"的"血路",所有这些变化或变异,都只能从明儒对"君主与朝廷"的彻底"绝望"来说明;所有这些现象,同时也是明儒政治生态极度恶化的表现。至于所谓"觉民行道",则既是其对"得君行道"追求彻底绝望的表现,同时也是其学术思想发生转向的结果。这样看来,余英时通过宋明不同政治生态的比较来说明明儒学术思想之转向与演变不仅更接近于其发生学实际,而且宋明两代不同的政治生态对于学术思想的影响也得到了明确的揭示。

这样一来,冈田武彦先生通过不同学术思潮来说明其学术思想演变的结论也就必须再辨析——起码存在着再辨析的可能。比如其所谓"由二元论到一元论、由理性主义到抒情主义,从思想史中看就是从宋代到明代的展开"之类的说法也就存在着再辨析的可能。当然在这里,所谓二元论、一元论之类的说法,不仅宋明儒之间根本不存在这方面的分歧,就是传统的儒道两家之间也同样不存在这样的差别。因为老子虽然也说过"天得一以清,地得一以宁,神得一以灵,谷得一以盈,万物得一以生,侯王得一以为天下贞"②之类的话,似乎表明道家非常注重对"一"的追求,但孔子也同样坚持"吾道一以贯之"③的基本立场;差别仅仅在于,其所追求的"一"究竟是什么。这说明,整个中国文化实际上都是以彻底的一元论为追求指向的,区别仅仅在于其所谓的"一"究竟指什么;至于所谓二元论、一元论之类的说法不仅不足以区别宋明儒,甚至连儒道都无法区别——先秦所谓的儒道互绌、南

---

① 余英时:《宋明理学与政治文化》,第 195—196 页。
② 楼宇烈:《老子道德经校释》,第 106 页,北京:中华书局,2008 年版。
③ 孔子曰:"参乎! 吾道一以贯之。""子曰:'赐也,女以予为多学而识之者与?'对曰:'然,非与?'曰:'非也,予一以贯之。'"《论语·里仁》,吴哲楣主编:《论语·卫灵公》,《十三经》,第 1302 页。

宋所谓的朱陆之争,实际上也都是以彻底的一元论为共同背景与追求指向的。不然的话,就无所谓分歧,也就谈不上争论了。

但冈田武彦先生以一元论、抒情主义来揭示明代理学之不同于宋代理学的特殊走向则是准确的。这是因为,两宋理学所高扬的道德理性主义精神正具体表现为宋儒所谓的"道体"追求,"以天下为己任""为天地立心"之类的主张,正是两宋理学所高扬的超越追求精神的具体表现。所有这些,当然都是宋代皇权"与士大夫共治天下"之政治理念涵育培养的结果。但明儒不仅没有这样的环境,而且似乎也只有"廷杖""系狱"与"远谪"(或所谓"屯田工役")的三部曲,搞不好的话,能够"乞赐骸骨"以归,也就算是一个值得庆幸的结局了。这样一来,宋代理学家所谓"得君行道"的志向在经历了明代皇权之专制独裁的一系列打击之后,也就不得不转化为明儒的一种"觉民行道"尝试了,因为明儒根本就没有"共治天下"的参与权,他们不过是皇家通过科举考试所选拔出来的雇佣劳动者已。如此一来,两宋儒者的道德理想与超越追求精神也就只能内化为明儒之"觉民行道"努力了,或者进一步内缩为明儒完全个体化的内在信仰追求。所以说,超越性追求与内在化追求,正是宋明儒之相互区别的一个基本特征;这一区别,又主要是由宋明两代不同的政治环境、不同的士人政策以及不同的政治生态促成的。①

明儒将两宋理学的道德理想凝结、转化为一种内在性追求,因而虽然他们都是"朱子门人之支流余裔",而且"师承有自,矩矱秩然",但在明代高压的政治生态下,他们却不得不依据其所继承的朱子学,从而也就不得不形成一种共同的内在化转向。在这里,由于他们对朱子学本来就

---

① 在从宋儒的道德理想与超越追求到明儒的"觉民行道"之内在化追求的演变中,是否自觉到来自佛老超越性追求的外在压力也是明儒内在化转向的一个非常重要的条件。因为宋儒本身对这一压力有着非常清醒的自觉,但由于从北宋五子到东南三贤的继起努力,尤其是朱子"致广大,尽精微,综罗百代"的努力,因而在明儒看来,儒学所面临的这种压力已经从根本上解除了,所以明儒常常会以"绝口不言佛老"相标榜。这也是促成明儒内在化转向的一个外在条件,但与当时的政治生态相比,其作用较为次要而已,但又不能忽视,所以这里特以注释的方式来补充说明。

因为不同的入手而存在着不同的继承侧重,所谓共同的内在化转向也就必然会表现出一定的分歧。比如后来发展为气学与心学的不同学派,其实最初也都是由对朱子学的不同继承侧重决定的。再比如作为明儒殿军的刘宗周(1578—1645),就曾对当时作为明儒道统之传"绝而复续者"的曹端(1376—1434)评价说:"先生之学,不由师传,特从古册中翻出古人公案,深有悟于造化之理……"①曹端之所以要"从古册中翻出古人公案",其实正是对朱子理气关系继承、演绎与推进的表现;他之所以要将理学引向"造化之理"的方向,也是因为只有对"造化之理"的探讨才不会触犯现实政治之忌讳。这正代表着明儒探讨理气关系的一系走向。另一方面,从陈献章(1428—1500)到王阳明(1472—1529),则又从主体担当的角度苦苦寻觅"吾此心与此理"的"凑泊吻合处"②,但由于这一探讨不得不面对朱子"物理吾心终若判而为二"③的难题,最后也就只能走向"求理于吾心"④之路。显然,这又是从主体性的角度对朱子格物致知说继承、推进的表现。

在这两系不同的探索走向中,虽然他们对朱子学有不同的继承侧重,也形成了各自不同的关注侧重,但他们之间仍然存在着一种共同的趋势。这种共同趋势表现为一种内在化的探索方向;这种内在化的方向,又确实是超越于明代理学各派之上的一种共同趋势。比如刘宗周在评点罗钦顺(1465—1547)哲学时曾反问说:

> 谓"理即是气之理",是矣。独不曰"性即是心之性"乎? 心即气之聚于人者,而性即理之聚于人者,理气是一,则心性不得是二;心性是一,性情又不得是二。⑤

---

① 黄宗羲:《明儒学案·师说》,《黄宗羲全集》第七册,第9页。
② 陈献章:《复赵提学金宪》,《陈献章集》卷二,第145页,北京:中华书局,1987年版。
③ 钱德洪:《王阳明年谱》一,《王阳明全集》,第1224页。
④ 王守仁说:"不可外心以求仁,不可外心以求义,独可外心以求理乎? 外心以求理,此知行之所以二也。求理于吾心,此圣门知行合一之教,吾子又何疑乎?"——《答顾东桥书》,《王阳明全集》,第43页。
⑤ 黄宗羲:《明儒学案·师说》,《黄宗羲全集》第七册,第18页。

罗钦顺既是明代的"朱学后劲",同时也是明代气学的开创者,从其气学立场出发,他自然能够坚持"理即是气之理",但是在这里,罗钦顺却一定要坚持心性分判,从而将心学一系全然推向禅学一边,所以遭到刘蕺山"独不曰性即是心之性乎"的反驳。作为明代儒学的殿军,刘蕺山所坚持的正是"理气是一,则心性不得是二;心性是一,性情又不得是二"的方向。实际上,这一点正是跨越明代理学各派之上的一种基本共识。

关于明代理学的这一总体趋势,当代学者李泽厚先生也有一段精彩的点评。他指出:

> 逻辑的游戏不会凭空产生,它的真实基础是历史。为什么陆象山的心学"未百年其说已泯然无闻",而王阳明登高一呼则四方响应,如洪波急流,泛滥天下? 为什么李卓吾人被囚、书被焚却使当时"大江南北如醉如狂"? 这一切难道与明中叶以来的经济、政治、文化、社会氛围和心理状态的整个巨大变迁发展没有关系吗? 与资本主义的萌芽没有关系吗?[1]

作为思想文化现象,这确实是对明代理学思潮走向的一段恰切描述。但问题在于,李泽厚先生是试图用所谓"资本主义萌芽"来说明这一切的,意即所有这些都是在资本主义萌芽的推动下产生的。社会生活的复杂性、交错性当然并不排除这种可能,但必须看到,如果没有明代集权专制的强化与士人政治生态的极度恶化,就不会形成明代士人的内在化转向以及其自谋生路的商业化经营,自然也就不会有明代心学与气学对朱子学的双向裂解,当然更不会有以主体之内在性取胜的心学以及士人自谋生路之工商业的崛起了;而内在化走向所表现出来的主体心性之学与自谋生路之工商业经营,其实正是明代士人在集权专制的高压之下从朝野两个向度另辟生存空间的具体表现。所以说,明代的集权专制才是其学术思想与士人精神的直接塑造者,也是明代儒学内在化转向的真正促成者。

---

[1] 李泽厚:《中国古代思想史论》,第 249 页,北京:人民出版社,1985 年版。

第二章 理学的顺承与演变——理气哲学的发展（上）

　　总体而言，明代直承宋元以来的思想传统，而以程朱理学为国家意识形态。一方面，元代自许衡以后，士人就已经形成了所谓"非程朱之书不读，非程朱之学不讲"①的传统；另一方面，自政权建基，明太祖朱元璋又与刘基共同制定了以程朱理学为主要内容的科考制义。这样一来，程朱理学也就等于得到了朝野、官民双方的共同尊奉，《明史·儒林传》所概括的"原夫明初诸儒，皆朱子门人之支流余裔，师承有自，矩矱秩然"②的现象，正是对明初学界格局的一种准确描述。

　　在明初的朱子学中，曹端、薛瑄以及吴与弼、胡居仁占有极为重要的地位。这一方面是因为，他们本来就属于朱子学之"支流余裔"；另一方面，也正是他们的坚持与努力，才体现出明代朱子学的"师承"与"矩矱"，从而撑起了明代朱子学的格局。但是，就在他们对朱子学的一意"顺承"中，理学的演变也悄然发生了；这一演变，恰恰是从明初肩负"道统之传"的曹端开始的。

---

① 欧阳玄：《许文正公神道碑》，《圭斋文集》卷九，第6页。
② 《明史·儒林传》一，《二十五史》卷十三，第1525页。

第一节　曹端的理学思想

曹端(1376—1434),字正夫,号月川,河南渑池人。曹端永乐六年
(1408)乡试中举,翌年会试南宫,登乙榜第一,授山西霍州学正,以后又
转任蒲州学正,最后卒于任上,享年五十九岁。据说曹端自幼即好性理
之学,"五岁见《河图》《洛书》,即画地以质诸父。及长,专心性理。其学
务躬行实践,而以静存为要。读宋儒《太极图》《通书》《西铭》,叹曰:'道
在是矣。'笃志研究,坐下著足处,两砖皆穿"①。与此同时,曹端也继承了
两宋理学以来的辟佛排老精神,批判佛老不遗余力。比如,其"父初好释
氏,端为《夜行烛》一书进之,谓:'佛氏以空为性,非天命之性。老氏以虚
为道,非率性之道。'父欣然从之"②。不仅如此,在主持地方教育时,曹
端又明确坚持:"一切浮屠、巫觋、风水、时日之说屏不用。上书邑宰,毁
淫祠百余,为设里社、里谷坛,使民祈报。年荒劝振,存活甚众。为霍州
学正,修明圣学。诸生服从其教,郡人皆化之,耻争讼。"③从这些举措来
看,曹端自然可以说是两宋理学的正宗传人。

曹端一生的政界经历仅限于主持地方教育,但他能够从教育的角度
对地方行政长官发挥很大的影响。比如当时一位知府曾向他请教为政
的问题,他就提出"公"与"廉"两个字作为为政的核心,并解释说:"公则
民不敢谩,廉则吏不敢欺。"④"公"与"廉"充分表现出儒家的为政理念及
其特色。

关于曹端在明代理学中的作用,《明史·儒林传》总论说:"初,伊、洛
诸儒,自明道、伊川后,刘绚、李吁辈身及二程之门,至河南许衡、洛阳姚
枢讲道苏门,北方之学者翕然宗之。"⑤显然,这主要是就宋元以来的理
学传承而言。对于曹端在明代理学中的作用,《明史·儒林传》则有如下
评论:

①②③④⑤《明史·儒林传》一,《二十五史》卷十三,第1529页。

　　洎明兴三十余载,而端起崤、渑间,倡明绝学,论者推为明初理学之冠。①

所谓"理学之冠"的说法,同时也体现在刘宗周关于明初学界的另一种概括中。关于明初理学的格局,刘蕺山概括说:"我朝一代文明之盛、经济之学,莫盛于刘诚意、宋学士,至道统之传,则断自渑池曹先生始……斯道之绝而复续者,实赖有先生一人,薛文清亦闻先生之风而起者。"②从这些概括来看,曹端在明代理学中的开创性地位,应当说是官民双方所公认的。

一、太极的属性

　　作为程朱理学的正宗传人,曹端一生的理论探讨也像朱子一样,始终聚焦在作为道体之太极以及其基本涵义的澄清与阐发上。不过,由于朱子哲学中的"太极"本身就是通过对周敦颐《太极图说》的诠释和阐发实现的,所以在他的哲学中,太极的涵义与周敦颐的原意并不一致。在周敦颐哲学中,太极是从宇宙开创的角度而言的,仅从其"太极动而生阳,动极而静;静而生阴,静极复动",以及其"一动一静,互为其根。分阴分阳,两仪立焉。阳变阴合,而生水火木金土。五气顺布,四时行焉"③的这一生化过程来看,就知道其太极的涵义基本上是一仍汉儒之旧,主要是一个指谓"生"与"源"的概念,也是就天地万物所以生成演变之本始或根源的角度而言的。实际上,也只有从这个角度出发,才可以说"太极动而生阳,动极而静;静而生阴,静极复动"的。在这一背景下,由于太极本身就具有"分阴分阳"的作用,因而其所谓的"动而生阳""静而生阴",实际上也都是就太极使阴阳成为阴阳而言的。从这一点来看,周敦颐的太极完全可以说是一个阴阳之本始或者说是天地万物所以生成之始源性

---

① 《明史·儒林传》一,《二十五史》卷十三,第 1529 页。
② 刘宗周:《明儒学案·师说》,《刘宗周全集》第五册,第 515—516 页。
③ 周敦颐:《太极图说》,《周子通书》,第 48 页,上海:上海古籍出版社,2000 年版。

的概念。

但在朱子的诠释中,由于他要对峙于佛老超越的形上本体意识与超越追求精神,也就不得不处处强化太极之无形无象的形上本体特色;另一方面,又由于周敦颐的太极本来就具有使万物所以生成演化之始源、根源性的涵义,朱子也不得不承认这一涵义。这样一来,经过朱子的一番诠释之后,周敦颐的太极也就成为天地万物所以存在的形上本体与宇宙天道所以生成演化之根源双重涵义的直接统一了。所以,在朱子哲学中,他既要强调太极作为宇宙万物超越的形上本体方面的涵义,同时又不得不承认太极对于天地万物生成演化之根源性的功能与推动性的作用。所以他说:

> "动而生阳,静而生阴"。动即太极之动,静即太极之静。动而后生阳,静而后生阴,生此阴阳之气。谓之"动而生"、"静而生",则有渐次也。"一动一静,互为其根",动而静,静而动,辟阖往来,更无休息。①

这说明,仅就太极之"生阴""生阳"而言,朱子的"动而后生阳,静而后生阴,生此阴阳之气"一说确实继承了周敦颐的原意。但在朱子看来,如果太极就仅仅是一个生成论之始源性的概念,那就不足以充当决定天地万物所以存在的形上本体了。正因为这一原因,所以在朱子的诠释中,太极又有了如下一层含义:

> "无极者无形,太极者有理也。周子恐人把作一物看,故云无极。"曰:"太极既无气,气象如何?"曰:"只是理。"②
>
> 太极只是天地万物之理。在天地言,则天地中有太极;在万物言,则万物中各有太极。③
>
> 太极只是个极好至善底道理。人人有一太极,物物有一太极。

---

① 黎靖德编:《朱子语类》卷九四,第 2367 页,北京:中华书局,1986 年版。
② 黎靖德编:《朱子语类》卷九四,第 2366 页。
③ 黎靖德编:《朱子语类》卷一,第 1 页。

　　周子所谓太极,是天地人物万善至好底表德。①

　　　　圣人谓之"太极"者,所以指夫天地万物之根也;周子因之而又谓之"无极"者,所以著夫"无声无臭"之妙也。②

从朱子这些论述来看,太极既是宇宙天道所以生成演化的根源,又是天地万物所以存在的形上本体,是二者的有机统一。但是,由于当时儒佛对峙的思想背景,朱子总体上就更要强调太极作为天地万物之超越的形上本体方面的涵义,这就使其哲学成为一种本体宇宙论——以太极本体作为形上依据的宇宙生化论哲学。在朱子的上述诠释中,其关键也就在于太极与动静的关系,如果一味坚持太极作为万化根源的涵义,从而认为太极具有"生阴""生阳"或"分阴分阳"的功能,那势必要消解其作为天地万物所以存在之形上本体方面的涵义。按照朱子对天理之"净洁空阔"的形上规定,天理本体固然可以内在于阴阳、内在于动静,包括内在于天地万物,但其自身却必须是"净洁空阔"而绝无动静相的。这一点不仅可以证之于朱子对天理之"不会造作"③的规定,而且其理气人马关系之喻也同样反证了这一点。反之,如果朱子要坚持太极的形上本体涵义,认为"阳动阴静,非太极动静,只是理有动静"④,那么太极与阴阳的关系就必然会走到所谓"太极犹人,动静犹马;马所以载人,人所以乘马"⑤的地步去,这又必然会与周敦颐的"太极动而生阳,动极而静;静而生阴,静极复动"一说发生刺谬。

　　正是在这种状况下,曹端明确地表现出对周敦颐原意的某种复归倾向,自然,这势必会对朱子关于太极的诠释表现出某种明确的修正意向。这种修正,同时也就开启了明代理学的一种新方向。

　　在曹端看来,"太极,理之别名耳。天道之立,实理所为。理学之源,

---

① 黎靖德编:《朱子语类》卷一,第 2371 页。
② 黎靖德编:《朱子语类》卷一,第 2366 页。
③ 黎靖德编:《朱子语类》卷一,第 3 页。
④ 黎靖德编:《朱子语类》卷九四,第 2374 页。
⑤ 黎靖德编:《朱子语类》卷九四,第 2376 页。

实天所出。是故河出图，天之所以授羲也；洛出书，天之所以锡禹也。……曰先天者，以太极为本，而生出运用无穷，虽欲绍天明前民用，然实理学之一初焉。"①又说："太极者，象数未形而其理已具之称，形器已具而其理无朕之目。是生两仪，则太极固太极。两仪生四象，则两仪为太极。四象生八卦，则四象为太极。"②从曹端的这些论述来看，虽然他也承认太极是"理之别名"，但他对这一形上本体之理却完全是从生化根源的角度来理解的，比如"以太极为本，而生出运用无穷"以及从"象数未形"到"形器已具"，也全然是从生成演化的角度展开的；而且，随着宇宙生化过程的展开，太极也就不断地表现出"两仪为太极""四象为太极"这样一种随着宇宙生化之发展而不断地内在化、生成化的相状。这样一种理解，对于周敦颐来说，也许更符合其《太极图说》之原意；但对于朱子关于太极之形上本体的诠释与定位而言，却又难免会形成一定的刺谬。

所以，在关于《太极图说》的诠释中，曹端就一定要坚持"太极之有动静，是天命之流行也，所谓一阴一阳之谓道。诚者，圣人之本，物之终始，而命之道也"③。从曹端的这一诠释就可以看出，他也许并不否认朱子加于太极的形上本体地位，但他一定要使太极更加内在于阴阳之气，或者说要使太极直接向其原本作为阴阳未判之元气的角度复归；至于太极的作用，自然也就必须通过阴阳生化之气的动静功能才能表现出来。这样一来，太极自身究竟有没有动静的功能也就成为曹端与朱子的一个重大分歧了。

在朱子看来，"太极只是天地万物之理"，所谓"阳动阴静"只是阴阳二气的功能，所以说太极不会动静其实正是它的形上本体属性的表现；但在曹端看来，如果太极不会动静，那就只能使所谓天理成为一种"死理"了。在这种状况下，反而会导致"理何足尚，而人何足贵"的悖谬。所以，曹端专门作了《辨戾》一文以"告夫同志君子"：

①② 曹端：《太极图说述解序》，《曹端集》，第1页，北京：中华书局2003年版。
③ 曹端：《太极图说》，《曹端集》，第11页。

……周子谓"太极动而生阳,静而生阴",则阴阳之生,由乎太极之动静。而朱子之解极明备矣。其曰"有太极,则一动一静而两仪分。有阴阳,则一变一合而五行具",犹不异焉。及观《语录》,却谓"太极不自会动静,乘阴阳之动静而动静"耳,遂谓"理之乘气,犹人之乘马,马之一出一入,而人亦与之一出一入",以喻气之一动一静,而理亦与之一动一静。若然,则人为死人,而不足以为万物之灵;理为死理,而不足以为万化之原,理何足尚而人何足贵哉?今使活人乘马,则其出入、行止、疾徐,一由乎人驭之何如耳。活理亦然。不之察者,信此则疑彼矣,信彼则疑此矣,经年累岁,无所折中,故为《辨戾》,以告夫同志君子云。①

在曹端的这一质疑中,他不仅同样遥尊周敦颐道学开山的地位,而且对朱子加于太极之天理本体的形上地位也是一并承认的,比如所谓"太极,理之别名耳。天道之立,实理所为。理学之源,实天所出。"②又说:"微周子启千载不传之秘,则孰知太极之为理而非气也哉?且理语不能显,默不能隐,固非图之可形,说之可状,只心会之何如耳。二程得周子之图之说,而终身不以示人,非秘之,无可传之人也。……亦惟朱子克究厥旨,遂尊以为经而注解之,真至当归一说也。"③从这些评价来看,曹端不仅认为"周子启千载不传之秘",而且对朱子加于太极之天理本体的地位无疑也是积极肯认的,但曹端既然承认"太极之为理而非气也",为什么他一定要扭转朱子"太极不自会动静,乘阴阳之动静而动静"而为"活人乘马,则其出入、行止、疾徐,一由乎人驭之何如"呢?这就涉及曹端对太极之形上本体地位及其基本属性的理解问题了。

在《太极图说述解》中,曹端曾不止一次地谈到太极的形上本体地位,比如他说:"无谓无形象、无声气、无方所,极谓至极,理之别名也。太

① 曹端:《辨戾》,《曹端集》,第23—24页。
② 曹端:《太极图说述解序》,《曹端集》,第1页。
③ 曹端:《太极图说述解序》,《曹端集》,第2—3页。

者,大无以加之称。天地间凡有形象、声气、方所者,皆不甚大……惟理,则无形象之可见,无声气之可闻,无方所之可指,而实充塞天地,贯彻古今,大孰加焉?"①这说明,对于朱子加于太极之形上木体地位的诠释,曹端无疑是承认的,并且也承认"太极之为理而非气也"。但他为什么又会在动静的问题上与朱子发生刺谬呢? 这就涉及他对太极本体之形上属性的理解问题。

在《太极图说述解序》中,曹端写道:

> 太极,理之别名耳。天道之立,实理所为。理学之源,实天所出。……曰先天者,以太极为本,而生出运用无穷,虽欲绍天明前民用,然实理学之一初焉。②

> 太极者,象数未形而其理已具之称,形器已具而其理无朕之目。③

从这些论述来看,曹端似乎始终是以从"无"到"有"之"生"的角度来理解所谓"先天""后天"之说的,所以其对太极就有"生出运用无穷,虽欲绍天明前民用,然实理学之一初"的定位。这样一来,太极也就只能成为所谓"象数未形而其理已具之称"了。这就使太极从朱子的天地万物所以存在之形上本体一变而成为宇宙万物的生化之源了;虽然从其源头的角度看,太极仍然是所谓"无形象之可见,无声气之可闻,无方所之可指"的,但也正因为这一无形无象的形上特征,才构成了天下万事万物之貌相形色所以生成的根源与基础。在这一基础上,当曹端一改朱子"太极不自会动静,乘阴阳之动静而动静"而为"活人乘马,则其出入、行止、疾徐,一由乎人驭之何如"时,也就明确地将朱子超越的本体论视角改变为沿着实然生化所以形成的宇宙论视角了。由此以往,明代理学就形成了一种有别于朱子天理本体论之形上视角,而成为道家、汉儒所运用之"有生于无"的宇宙生化论视角了;明代理学的内在化转向,实际上就是通过这种

---

① 曹端:《太极图说》,《曹端集》,第11页。
②③ 曹端:《太极图说述解序》,《曹端集》,第1页。

实然的宇宙生化论视角实现的。

二、理气关系

正因为曹端已经明确地将朱子"太极不自会动静,乘阴阳之动静而动静"修正为"活人乘马,则其出入、行止、疾徐,一由乎人驭之何如",因而太极也就具有了能动、创生的功能,在这一基础上,才可能形成所谓"活人乘马"以及"一由乎人驭之何如"的结论。这样一来,太极从"不自会动静"到能够动静以至于创生天地万物也就必然包含着其自身性质的某种改变,这种改变,说到底也就是从决定天地万物所以存在的形上本体一变而成为宇宙天道的生化之源。这样,作为朱子"生物之本"与"生物之具"、"其性"与"其形"之不同性质及其借以区别的理气关系也就必然要发生某种改变。

在朱子哲学中,理气关系不仅是"生物之本"与"生物之具"的关系,而且还存在着"形而上之道"与"形而下之器"的区别。朱子说:

> 天地之间,有理有气。理也者,形而上之道也,生物之本也。气也者,形而下之器也,生物之具也。是以人物之生,必禀此理然后有性,必禀此气然后有形。其性其形虽不外乎一身,然其道器之间,分际甚明,不可乱也。[1]

在这一基础上,朱子的理气关系便不仅存在着实然生化层面的不可分割一层("必禀此理然后有性,必禀此气然后有形"以及"其性其形虽不外乎一身")关系,而且还存在着价值逻辑层面的理先气后一层("然其道器之间,分际甚明,不可乱也")关系。那么,曹端又将如何处理朱子理与气的这种双重关系呢?

对于朱子理气关系中的形上形下之别,曹端确实做了忠实的继承,比如他就处处强调理与气的形上形下之别:

---

[1] 朱熹:《答黄道夫》,《朱熹集》,卷五十八,第 2947 页。

> 阴、阳,气也,形而下者也。所以一阴一阳者,理也,形而上者
> 也。道即理之谓也。①

> 物谓万物,而人在其中也。惟其有形,则滞于一偏,是谓形而下
> 之器也。形而下者,则不能通。故方其动时则无了那静,方其静时
> 则无了那动……②

> 神则即此理耳,所谓形而上之道也,则不离于形,而不囿于形,
> 故神而莫测。方其动时,未尝不静,故曰无动。方其静时,未尝不
> 动,故曰无静。③

在曹端这一继承性的诠释中,理与气的形上形下之别以及理之贯通动
静、不拘方所的性质也都得到了很好的表现。但这种贯通究竟是一种什
么样的贯通呢? 实际上,这主要是一种理与气之不可分割式的贯通,就
是说,曹端主要是通过理与气的形上形下之别来区别二者的基本属性,
同时又以理与气的不可分割性来表现二者之间的贯通关系;因而这种贯
通,说到底也只能是一种形下落实之实然存在式的贯通。就是说,从实
存的角度看,理与气必然保持一种相互贯通而又不可分割的关系。但这
样一来,朱子理与气之"不离不杂"的双重关系,实际上只剩下了不可分
割一层了。

为什么这样说呢? 这主要是由其理之内在于气的方式与途径决定
的。让我们先从宇宙天道的角度来看曹端的天理如何内在于天地万物:

> 宇宙之间,一理而已,天得之而为天,地得之而为地,人物得之
> 而为人物,鬼神得之而为鬼神。吾圣人之道,则合高厚而为一,通幽
> 明而无间,语其目之大者,则曰三纲、五常,而其大要,不曰中则曰
> 敬,不曰仁则曰诚,言不同,而理则一。④

很明显,这主要是通过理内在于气之生化、禀赋的方式来直接贯通天地

---

① 曹端:《通书述解》,《曹端集》,第 29 页。
②③ 曹端:《通书述解》,《曹端集》,第 62 页。
④ 曹端:《通书述解》,《曹端集》,第 102 页。

万物的,并进一步落实为人伦的三纲五常。就具体的人生禀赋而言,则天理又必须通过禀气赋形的方式落实为人性,尤其落实并内在于人的气质之性。所以,曹端又对周敦颐的"性者,刚、柔、善、恶、中而已"注解说:

> 此所谓性,以气禀而言也。太极之数,自一而二,刚柔也;自一而四,刚善、刚恶、柔善、柔恶也,遂加其一中也,以为五行。濂溪说性,只是此五者,他又自有说仁、义、礼、智底性时。若论气禀之性,则不出五者。然气禀底性,只是那四端底性,非别有一种性也,所谓刚、柔、善、恶之中者。天下之性,固不出此五者,然细推之极,多般样,千般百种,不可穷究,但不离此五者尔。性只是理,然无那天气、地质,则此理没安顿处,但得气之清明,则不蔽固。此理顺发出来,蔽固少者发出来,天理胜,蔽固多者则私欲胜,便见得本源之性无有不善,只被气质昏浊则隔了,学以反之,则天地之性存矣。故说性须兼气质方备。①

在上述关于理气关系的论述中,曹端只是一味地强调天理必须内在于气、天地之性必须内在于气质之性,却从未像朱子那样强调"未有天地之先,毕竟也只是理。有此理,便有此天地;若无此理,便亦无天地,无人无物,都无该载了! 有理,便有气流行,发育万物"②,以及"万一山河大地都陷了,毕竟理却只在这里。"③这说明,朱子哲学中理与气之"不离不杂"的双重关系,实际上已经被曹端以实存化、内在化的方式彻底归一于气了。所以,在曹端的哲学中,虽然他也强调理与气在存在属性上的形上形下之别,但其理与气的关系成为"无那天气、地质,则此理没安顿处",正像所谓天地之性、四端之性,离开了刚、柔、善、恶、中的具体气质也就无从存在一样。这样一来,对于朱子理与气之"不离不杂"的双重关系,曹端其实只承认理与气的不可分割一层,并不承认理先气后一层,实际上,这

---

① 曹端:《通书述解》,《曹端集》,第42—43页。
② 黎靖德编:《朱子语类》卷一,第1页。
③ 黎靖德编:《朱子语类》卷一,第4页。

就在一定程度上取消了天理对于气、天地之性对于气质之性的超越性。

在朱子哲学中,太极与阴阳是从宇宙生化论的角度而言的,理与气则是从万物存在之相状表现及其本体依据的角度而言的。但朱子通过"太极只是天地万物之理"一句,从而使其哲学从根本上成为一种本体宇宙论;其之所以要规定"太极不自会动静,乘阴阳之动静而动静",也正是为了突出太极(天理)的形上本体地位。在曹端的诠释中,他虽然并不否认太极、天理的形上本体地位,但当他为太极加上启动发用的属性,并从理与气之不可分割的角度来理解天理的形上本体地位时,朱子从本体论角度所展开的理先气后关系也就无从落实了;作为天地万物形上本体的天理也就只能存在于宇宙天道之生成演化的过程中。当然,从宇宙生化的过程来看,太极(天理)确实只能存在于宇宙生化的过程中,这无疑是正确的,但朱子关于太极(天理)的超越性涵义,亦即其所谓"在理上看"①之超越的形上本体一层涵义也就无从表现了,只能落实、转化为一种实然宇宙论的生化视角。

三、《夜行烛》及其对佛老的批评

"辟佛排老"既是宋明理学的职志,同时也是其崛起的表现,因而作为理学家,是否辟佛排老以及如何辟佛老就成为其自身理论自觉的一种表现。在这方面,曹端不愧为程朱理学的忠实继承者,他不仅明确坚持着两宋理学的辟佛排老精神,而且还以其父亲为对象,专门写下了《夜行烛》与《家规辑略》两书,既辟佛老之失,同时也借以阐明儒家积极入世的人伦世教精神。在现行的《曹端集》中,除了对周敦颐的《太极图说》《通书》与张载的《西铭》进行述解外,其余大部分篇幅也就以《夜行烛》与《家规辑略》为主要内容了;后二者甚至占到其全书近一半的分量,由此也可

---

① 朱子云:"所谓理与气,此决是二物。但在物上看,则二物浑沦,不可分开各在一处,然不害二物之各为一物也。若在理上看,则虽未有物,而已有物之理,然亦但有其理而已,未尝实有是物也。"朱熹:《答刘叔文》,《朱熹集》卷四十六,第2243页。

以看出其在曹端思想中所占的比重。

实际上,这两本书都是曹端在科举出仕以前所作,《家规辑略》成于永乐三年(1405),其时正是他乡试下第的那一年,故其"取《义门郑氏家规》九十余条,自撰六十余条,编为十有四篇,命曰《家规辑略》,白其父,令子弟诵习而守之"①,这正表现着曹端躬行践履之儒的特色。《夜行烛》则成书于永乐六年(1408),其时正是他"会试南宫,登乙榜第一"的前一年,而其大旨,则"首陈善恶祸福之由,继以保身正家之要,其间明礼却俗,阐道辟邪,训子孙,友兄弟,睦宗族,和邻里,嘉言善行,无所不备"②,表明曹端已经将儒家的人伦世教精神以劝告父老的方式推及父子、兄弟、宗族和邻里之间了。总体来看,前者自然是以儒家积极入世的精神来立身、居家,后者则可以说是以儒家的精神"夜行",包括其辟佛排老以及在人伦社会层面阐明儒家正道的工作。

在其晚年所自编的《存疑录》一书的"序"中,曹端曾概述自己一生的思想经历,并反复阐明其一生以儒家正道为归的志向。他写道:

> 端自幼业农,弱而学儒,苦为流俗异端所困。后数年,方渐脱之放之,而至于一正之归,然尚为科举之学靡之。自强以来,潜心理学,初若驾孤舟而泛烟海,渺茫弥漫,顽洞浩瀚,莫知涯涘,恍忽艰甚者。久之,逮知命而后方闻天下无性外之物,而性无不在焉。性即理也。理之别名,曰太极,又曰太乙,曰至诚,曰至善,曰大德,曰大中,随意取名不同而道则一而已。《六经》《四书》之后,阐明开示,至当归一之论,惟濂、洛、关、建大儒,真得孔、孟宗旨,传帝王之心法,发天地之精蕴。③

显然,这既是他一生探索的精神履历,也是其向理学归宗的过程。第二年,曹端又编成《儒家宗统谱》,并在该书的"序"中说:"《儒家宗统谱》,是

---

① 张信民:《曹月川先生年谱》,《曹端集》,第 268 页。
② 张信民:《曹月川先生年谱》,《曹端集》,第 270 页。
③ 曹端:《曹月川先生录粹》,《曹端集》,第 249 页。

儒家之真源正派也。盖真源乃天、地、人之所自出，正派乃皇、帝、王之所相承，所以参天地而立人极者焉。然其大目，则曰三纲，曰五常。而其大要，则曰一中而已。三皇儒而皇，五帝儒而帝，三王儒而王，皋、夔、稷、契、伊、傅、周、召儒而相，孔子儒而师，然则孔门一帝王之教耳，帝王一天地之道耳，儒家者所以相天地、祖帝王、师圣贤，心公天下（，）万世之心也，道公天下（，）万世之道也。"①这说明，曹端是试图通过个体之立身处世、居家睦族一直到将历史上的三皇五帝、裁成辅相之道统统收摄到儒家的三才之道与三纲五常的做人原则上来。仅从这一点来看，曹端作为明初道统之传的主要担当者，也确实是当之无愧的。

在这一志向的引导下，曹端一生都在与民间的崇佛佞老现象作斗争，作为其儒者志向典型表现的《夜行烛》一书也首先是在他与其父亲的乡间习惯之间展开的。他在《夜行烛》一书的"序"中说："洎端读书于邑庠，幸闻师友之谈，颇知圣贤之道，乃告家严曰：'《易》云：'受兹介福，惟以中正。'《诗》云：'思无邪，思马斯徂。'是则福在正道，不在邪术，况圣门之教，敬鬼神而远之，彼佛、老以清净而废天地生生之理，致令绝祀覆宗，祸且不免，福何有焉？'家严悔恨，因执端手而谕之曰：'我不读书，为流俗所惑，昏迷至此，可胜痛哉！今而后，由尔引我上去，我便随着尔行。'端拜曰：'古之孝子，先意承志，谕父母于道，端既奉命，敢不拜教？'"②这说明，曹端的辟佛排老首先是在他自己的儒学信仰与其父亲的乡间习惯之间展开的；至于其所谓的"夜行"之"烛"一说，也恰恰是来自其父亲的反思与感慨。③

因此，在《夜行烛》一书中，曹端处处从儒佛对比的角度展开对佛老的批评：

愚谓儒家之礼，原出于天地，而制成于圣人，故自周公而上，作

---

① 曹端：《曹月川先生录粹》，《曹端集》，第250页。
② 曹端：《夜行烛序》，《曹端集》，第128—129页。
③ 曹端云："既而家严喜曰：'昔我愚冥，如夜行。然自端开明之后，虽未到高明远见地步，然常若有明烛照引于前者。'"《夜行烛序》，《曹端集》，第129页。

之者非一人,自孔子而下,明之者亦非一人矣,其在《五经》《四书》,详且备焉。彼释迦、老聃之书,本无斋醮之论,而梁武、宋徽之君,乃妄为斋醮之说,故武饿死台城,而徽流落金虏,将求冥福,俱遭显祸,诚万世之明鉴也,奈何人不知戒,踵谬成俗流至于今,可胜痛哉! 然出俗超凡,何代无人? 宋程伊川先生家治丧,不用浮屠,在洛亦有一二家化之。元许鲁斋先生居乡里,凡丧葬,一遵古制,不用释、老二氏,士大夫家因以为俗,四方闻风亦有效之者。今欲明其礼而却其俗焉,以二先生为法,毋曰"我下愚也,岂敢效大贤之所为哉!"孟子有曰"人皆可以为尧、舜",况程、许乎?①

很明显,这就是以儒家的丧葬之礼来反衬佛老的斋醮之说。在曹端看来,儒家之礼"源出于天地,而制成于圣人",既有"作之者非一人"的开创,又有"明之者亦非一人"的递相发明,同时还有"《五经》《四书》"的继起阐发,相反,佛老的斋醮之说不过是出于梁武帝、宋徽宗之一时"妄为"而已;而其结果,则不是"饿死台城"就是沦落为"金虏"。两相比较,究竟应当如何安排自己的人生,难道还不清楚吗?

但由于当时信奉佛老者甚众,并已成为一种普遍的社会风气了,所以即使曹端以伊川、鲁斋为榜样,也难免会面临"触日之牛,吠云之犬,所在成群"一样的讥讽。在这种状况下,曹端不得不引入现实的人生,并以现实人生中的实情实例来澄清崇信佛老之荒谬:

> 愚初请家严除淫祀,祭祖先之时,触日之牛,吠云之犬,所在成群。愚闻之曰:"或有一人将父母不养,以致流落在外,寻觅过日,其子在家,杀羊造酒,吹弹歌舞,请宴外来宾客,醉饱连日,其父母悲泣而归,探墙而望,不得其门而入,又复悲泣而去,此子何如?"众曰:"自家父母不养,却养外人,正孔子所谓'不爱敬其亲,而爱敬他人'者也,岂非悖德悖礼,忤逆不孝之甚者乎?"端曰:"今人把自家祖宗、

① 曹端:《夜行烛》,《曹端集》,第142—143页。

父母都不祭祀,却将外神、他鬼画影图形在家祭献,又去外面享赛某庙某神,与此人何异?"众人皆惭服,自是不复非议。①

以此为契机,曹端继续上升到人伦社会所以存在的高度来批评崇信佛老的悖谬,他一面支持其父亲禁罢淫祀的正确行为,同时又以天地生生之理来批评崇信佛老的荒谬。他写道:

> 释、老之流,本无父无君,而世人咸以为善门之人,其于君臣、父子、夫妇之伦,人则以臭肉凡胎目之,噫! 视我周公以上列圣之所行,孔子以下列圣之所明者,为何物哉? 此正我家严所欲行、所欲止者也。②

> 或曰:"佛、老之道,清净如此,固非凡俗之所及,今子不恶凡俗而恶佛老,何也?"端应之曰:"《易》云:'天地感而万物化生'。佛、老以不夫妇为清净,则天地亦不佛、老之清净矣! 然使天地如佛、老之清净,则阳自阳而阴自阴,上下肃然,常如隆寒之时矣,万物何自而生哉? 万物不生,则吾族固无矣,彼佛、老之徒亦能自有乎? 是万物生于天地,而各具一天地生生之理,故有胎者焉,有卵者焉,有勾者焉,有甲者焉。原其所以,莫非阴阳造化之道也。是故圣人顺天地之理,制夫妇之义,使生生而不穷,此所谓参天地而赞化育也"。③

在曹端对崇信佛老的诸多批评中,主要是从引导社会大众的层面上着眼的,充其量也只是指出佛老在人生理论上背弃儒家人伦世教精神的悖谬而已。比如"异端之教,遂至禁杀茹蔬,殒身饲兽,甚于天性之亲、人伦之爱,反恝然其无情,又岂得为天理之公?"④或者直接征引前人的语录进行批评,比如"释氏出于自私之厌,老子出于自私之巧"⑤等等。这一方

---

① 曹端:《夜行烛序》,《曹端集》,第 144 页。
② 曹端:《夜行烛》,《曹端集》,第 171 页。
③ 曹端:《夜行烛》,《曹端集》,第 179 页。
④ 曹端:《曹月川先生录粹》,《曹端集》,第 248 页。
⑤ 曹端:《曹月川先生录粹》,《曹端集》,第 250 页。

面说明,明代理学的辟佛排老已经进入到伦常生活的层面,同时也说明,由于两宋理学家的继起努力,北宋早期儒学与佛老在形上理论层面"较是非,计得失"①的情形已经不再是时代的重大任务了。

在曹端一生的理论探讨中,他一方面通过太极之辩,修正了朱子的理气人马之喻,同时,也正是通过这一修正,将理学引向了"阐造化之源"的方向。在这方面,曹端确有发前人之所未发的探讨。比如他分析说:"月本无光,受日之光则光。日食不在晦,则在朔,以其交也。月食在望。盖晦朔而日月合东西同度,南北同道,月掩日则日为之食,望则日月之对同度、同道,月上地中,日居地下,地影既隔日光,不照而月食,其隔或多、或寡,所食有浅、有深。盖地居天内,如鸡子中黄,其形不过与月同,大地与月相当则食既矣。"②如果从自然科学对天象认知的角度看,这样的看法也许并没有多少先进性;但如果从明代理学的探索走向来看,这样的认识正体现着一种"深有悟于造化之理"的方向。如果再结合其"特从古册中翻出古人公案"③一点,这就正好表现出明代理学之一种新的探索走向。

第二节　薛瑄的河东之学

曹端之后,明代理学的主要代表就要算薛瑄了;薛瑄也恰恰属于"闻先生(曹端)之风而起者"④。仅从这一点来看,明代理学似乎是先从北方开始崛起的。当曹端开始从事理学探讨时,多少还带有一定的孤明先发的意味,曹端一生的仕途主要限于地方的教育官员,也培养了不少的弟子,但就当时理学的总体格局而言,毕竟还带有一定的草创性质。待到薛瑄致力于理学探讨时,就已经不再限于一种个体的兴趣或私淑之好,而是同时带起了一个具有众多追随者的地方性学派,这就是河东学

---

① 张载:《正蒙·乾称》,《张载集》,第65页。
② 曹端:《曹月川先生语录》,《曹端集》,第233页。
③④ 黄宗羲:《明儒学案·师说》,《黄宗羲全集》第七册,第9页。

派,薛瑄也等于是明代理学学派的开创者。除此之外,就学风来看,薛瑄虽然继曹端而起,但他已经不再是像曹端那样仅仅集中于对前人著作的注释、述解,而是通过"读书录"的方式来发挥自己对于前人思想的系统理解,这就使其探讨更明确地集中于朱子的理气关系上,从而展开对朱子理气关系之一种较为系统的探讨。

薛瑄(1389—1467),字德温,号敬轩,山西河津人。薛瑄自幼即随父读书,《诗》《书》过目成诵,日记千百言,后随父任补鄢陵生员。永乐十八年(1420),举河南乡试第一,翌年进士及第。曾历任广东、云南监察御史、山东提学金事、大理寺少卿、南京大理寺卿、礼部右侍郎、翰林院学士等职。晚年致仕归乡,并以"七十六年无一事,此心始觉性天通"来概括其一生的探索,成化三年殁于家,享年七十九岁,谥文清。隆庆六年(1572),从祀孔庙。

薛瑄是继曹端而起的北方大儒,所到之处无不讲学,因而从学之流蔚为大观,遂成河东学派的开创者。史载其讲学往往"首揭白鹿洞学规,开示学者。延见诸生,亲为讲授。才者乐其宽,而不才者惮其严,皆呼为薛夫子"①。至于其所讲的内容,则一本程朱修己正人之教,以复性为宗。尝曰:"自考亭以还,斯道已大明,无烦著作,直须躬行耳。"②从这一学旨来看,薛瑄自然可以说是程朱理学的光大者;但从其具体探讨来看,薛瑄也可以说是程朱理学理论体系的发展者与修正者。

一、无极而太极

关于薛瑄之学,明儒殿军刘宗周尝评论说:"前辈论一代理学之儒,惟先生无间言,非以实践之儒与?"③至于其学旨,刘宗周又说:"阅先生《读书录》,多兢兢检点言行间,所谓'学贵践履',意盖如此。"④黄宗羲也

---

① 《明史·儒林传》一,《二十五史》卷十三,第 1526 页。
② 《明史·儒林传》一,《二十五史》卷十三,第 1527 页。
③④ 刘宗周:《明儒学案师说》,《刘宗周全集》第五册,第 516 页。

评论说:"河东之学,恫幅无华,恪守宋人矩矱,故数传之后,其议论设施,不问而可知其出于河东也。"①实际上,从刘宗周的"实践之儒""兢兢检点言行间"到黄宗羲"恫幅无华,恪守宋人矩矱"的评价或多或少还是带有一丝贬损之意的,意即薛瑄的《读书录》中并没有多少学理性的探讨,不过"检点言行间"而已,此刘宗周"实践之儒"的实际指谓;至于黄宗羲的评价,可能也就如同高攀龙所谓的"薛敬轩、吕泾野语录中,皆无甚透悟"②的评价一样。实际上,对于明代理学,薛瑄是确有其推进作用的,无论是"兢兢检点言行间"还是对理学理论探讨的推进,都体现在其《读书录》一书中。这一点又首先表现在其对周敦颐"无极而太极"一说的理解与诠释中。

关于周敦颐"无极而太极"一说的理解,薛瑄总体上是以朱子之说为旨归的。比如他解释说:

> 无极而太极,非有二也。以无声无臭而言,谓之无极;以极至之理而言,谓之太极。无声无臭而至理存焉,故曰无极而太极。③

在宋明理学的氛围中,所谓"无极而太极"首先涉及"无极"与"太极"的关系问题;"无极"与"太极"同时又涉及儒家传统中的"形而上"与"形而下"以及"道"与"器"的关系。如果将薛瑄的上述理解与朱子在《答陆子静》一书中对"无极而太极"一说的阐发稍加比较,就可以清楚地看出薛瑄的全部说法实际上都来自朱子。在朱子看来,周敦颐之所以要用"无极"来修饰"太极",关键也就在于他是要"令后之学者晓然见得太极之妙不属有无,不落方所"④的特点,他明确指出:"故语道体之至极,则谓之太极;语太极之流行,则谓之道。虽有二名,初无两体。周子所以谓之'无极',正以其无方所,无形状,以为在无物之前,而未尝不立于有物之后;以为

①　黄宗羲:《明儒学案·河东学案》,《黄宗羲全集》第七册,第117页。
②　黄宗羲:《明儒学案·姚江学案》,《黄宗羲全集》第七册,第197页。
③　薛瑄:《读书录》卷一,《薛瑄全集》,第1017页,太原:山西人民出版社,1990年版。
④　朱熹:《答陆子静》五,《朱熹集》卷三十六,第1575页。

在阴阳之外,而未尝不行乎阴阳之中;以为通贯全体,无乎不在,则又初无声臭影响之可及也。"①显然,在朱子的这一诠释中,"无极"全然是一个修饰语,主要用来指谓"太极"本身之"无方所,无形状"的性质,所以说二者全然是所谓"虽有二名,初无两体"的关系。而在薛瑄的理解中,"无极而太极"这种"有形"与"无形"、"形而上"与"形而下"相统一的特征也得到了很好的把握,所以他强调"无极而太极,非有二也"。因为其所谓"无极"一面,主要是指"无声无臭"而言,亦即朱子所谓的"初无声臭影响之可及也";但即使是"无声无臭",却仍然有"至理存焉",所以又说"以无声无臭而言,谓之无极;以极至之理而言,谓之太极",二者都是对天地万物之形上本体依据的一种概括性表达。就这一点而言,应当说薛瑄确实比较准确地把握并继承了朱子的思想。

像朱子一样,薛瑄也处处以太极作为"天下之大本"与"天下之达道"的具体统一来表达,并试图以之贯通整个《中庸》。他说:

> 大本者,太极之全体;达道者,太极之流行。②

又说:

> 语大,天下莫能载焉,语小,天下莫能破焉,即太极也。太极即性也,即天下无性外之物,而性无不在也。③

从这一诠释来看,薛瑄不仅继承了朱子"有形"与"无形"、"形而上之道"与"形而下之器"相统一的思想,而且也继承了周敦颐《通书》之融《易传》与《中庸》为一体的进路。不仅如此,更重要的一点还在于,在薛瑄的思想中,他还试图将上述几个方面的统一落实到人性上来,就有了"太极即性也"一说。"性"当然首先指人性,在周敦颐与朱子的思想中,所谓人性首先也是指太极流行并落实于人生中的表现。而在薛瑄看来,既然"太

---

① 朱熹:《答陆子静》五,《朱熹集》卷三十六,第 1575—1576 页。
② 薛瑄:《读书录》卷六,《薛瑄全集》,第 1169 页。
③ 薛瑄:《读书续录》卷二,《薛瑄全集》,第 1354 页。

极即性也",因而也就可以说是"天下无性外之物,而性无不在也"。那么,这究竟是将"性"提升到作为天地万物本体的"太极"高度呢,还是将"太极"直接落实为人生中的形上本体——人性呢?在薛瑄的思想中,这两层含义实际上是兼而有之的。

　　说薛瑄是将"性"提升到"太极"本体的高度,主要是因为他通过对张载"性者万物之一源"的解读,认为"性"也就是天地万物所以存在的本体依据,在他看来,"性"也就可以等同于周敦颐的"无极而太极"。他说:"张子曰:'性者万物之一源',即周子所谓无极而太极也。"①显然,通过张载"性者万物之一源"的说法,薛瑄也就直接将"性"提升为天地万物所以存在的本体依据了。但是,"性"毕竟是从人生的角度而言的,为什么人性就能直接等同于天地万物所以存在的形上本体依据呢?对于这一问题,薛瑄又主要是通过对小程"性即理"思想的诠释来实现的。"性即理"曾是一个得到朱子高度表彰的命题,两宋理学也正是通过这一命题才展开了其存有论与宇宙天道论相统一的关注面向。薛瑄继承了两宋理学的这一思路,在他看来,"程子言'性即理也'。故满天地间皆理,即满天地间皆性矣。此合内外之道也。"②又说:"太极者,性理之尊号。道为太极,理为太极,性为太极,心为太极,其实一也。"③很明显,薛瑄这里主要是通过"性"与"太极"、"性"与"理"之对等式的互诠,从而完成了其对"性"之本体化提升;至于其所谓的"合内外之道",也同样是通过"性"与"理"之互诠式的等同,并通过"理"之存在的遍在性加以实现的。

　　在这一基础上,薛瑄所谓的"性"实际就成为"理"之别名了。比如他说:

　　　　性非特具于心者为是,凡耳目口鼻手足动静之理皆是也。非特耳目口鼻手足动静之理为是,凡天地万物之理皆是也。故曰"天下

---

① 薛瑄:《读书续录》卷二,《薛瑄全集》,第 1340 页。
② 薛瑄:《读书续录》卷十二,《薛瑄全集》,第 1488—1489 页。
③ 薛瑄:《读书续录》卷一,《薛瑄全集》,第 1296 页。

无性外之物,而性无不在。"①

有气即有性,有性即有气。性虽不杂乎气,亦不离乎气。②

在这一诠释中,"性"与"理"在内涵上是完全等同的关系,因而"气"之存在的遍在性也就成为"性"与"理"之遍在性的具体表现了。通过这样一种论证,薛瑄就实现了其"性"与"理"之普遍性落实与遍在化拓展。如果说曹端是通过"特从古册中翻出古人公案"的方式开启了"深有悟于造化之理"的方向,那么薛瑄则是通过"性"与"太极"、"性"与"理"之互诠式的等同,将理学探讨进一步推向了万物所以存在的"造化之理"的方向。

至于薛瑄如何将"太极"从宇宙生化论的角度直接落实为人性,这又是通过其对朱子理气关系以及其"理一分殊"命题的解读与诠释实现的。

二、理一分殊

理气关系是朱子哲学的核心,而"理一分殊"则是其哲学之宇宙论规模得以展开的理论桥梁。因此,要理解朱子哲学,首先就要理解其理气关系,然后才能通过其理气关系之具体展开来理解其"理一分殊"的说法。对薛瑄来说,也只有先梳理其对理气关系的理解,然后才能进一步分析其对"理一分殊"的诠释。

在朱子哲学中,理气关系总体上是一种"不离不杂"的关系。所谓"不离",是指理与气的不可分割性;所谓"不杂",是指理先气后以及理对于气的超越性。对应于朱子的相关论述,这两种关系实际上也就是其所谓"在理上看"与"在物上看"。朱子说得很清楚:"所谓理与气,此决是二物。但在物上看,则二物浑沦,不可分开各在一处,然不害二物之各为一物也。若在理上看,则虽未有物,而已有物之理,然亦但有其理而已,未尝实有是物也。"③又说:"理形而上者,气形而下者。自形而上下言,岂无

---

① 薛瑄:《读书续录》卷一,《薛瑄全集》,第 1023 页。
② 薛瑄:《读书续录》卷七,《薛瑄全集》,第 1447 页。
③ 朱熹:《答刘叔文》,《朱熹集》卷四十六,第 2243 页。

先后!"①朱子的这些说法表明,所谓理先气后并不是从实然存在的角度言说的,而是从价值系列与存在层级的角度对于理之超越性的一种确认,所以才说"若在理上看,则虽未有物,而已有物之理,然亦但有其理而已,未尝实有是物也"。为什么在"虽未有物"的条件下仍然要强调"已有物之理"呢? 这就是因为理对于气包括各种具体存在之器的超越性——理是超越于气之聚散存亡与生化流变之上的存在,这也是两宋理学超越性视角的典型表现;程朱理学之所以被称为理本论,也正是从其理先气后角度所得出的结论。

但在薛瑄的理解与诠释中,朱子理与气"不离不杂"的双重关系却被仅仅理解为实然存在一维之不可分割关系,这就包含着理之超越性被消解的可能。仅从字面及其表达形式上看,薛瑄似乎仍然坚持着朱子理与气"不离不杂"的说法,比如"盖理气虽不相杂,亦不相离。天下无无气之理,亦无无理之气"②,但是,他只是从实然存在的角度来理解并讨论二者之不离不杂关系的,因而也就存在着理之超越性及其形上本体维度遭到消解的可能。不仅如此,薛瑄还明确利用朱子对理与气之不可分割关系的论证来批判其关于理之超越于气的理先气后论说。比如他说:

> 理气间不容发,如何分孰为先,孰为后?③

> 四方上下,往来古今,实理实气,无丝毫之空隙,无一息之间断。④

> 理只在气中,决不可分先后,如太极动而生阳,动前便是静,静便是气,岂可说理先而气后也。⑤

很明显,当薛瑄言之凿凿地反问"岂可说理先而气后也"时,分明是在对朱子进行"以子之矛,攻子之盾"式的反驳。问题当然不在于朱子究竟可

---

① 黎靖德编:《朱子语类》卷一,第 3 页。
② 薛瑄:《读书续录》卷十二,《薛瑄全集》,第 1491 页。
③ 薛瑄:《读书录》卷三,《薛瑄全集》,第 1097 页。
④ 薛瑄:《读书录》卷十,《薛瑄全集》,第 1261 页。
⑤ 薛瑄:《读书录》卷四,《薛瑄全集》,第 1120 页。

不可以反驳薛瑄,而在于薛瑄的这一反驳角度,即薛瑄的反驳与批评究竟是从哪个角度发出的。在朱子哲学中,理与气的双重关系其实正对应着他的"形而上之道"与"形而下之器"以及其所谓的"在理上看"与"在物上看";"形而上之道"与"形而下之器"自然是指其存在上的层级及其属性,所谓"在理上看"与"在物上看"则是指人对这一存在层级的认识与自觉。显然,这两点正构成了朱子理先气后说的基础;后者之所以必要,又正好对应着两宋理学所以崛起之实然存在与超越追求这一双重视角。在这一基础上,当薛瑄立足于理与气之不可分割关系来对朱子的理先气后说进行反驳与批评时,实际上也就等于他只继承了朱子理气关系中的不可分割一层,而对其理先气后说所表达的理之超越于气的形上本体维度及其价值蕴涵则进行了坚决的否弃。这样一来,我们也就只能说薛瑄是偏取或者说是明确地修正了朱子的理气关系。

那么,薛瑄又将如何处理自己哲学中的理气关系呢?既然二者的关系只有不可分割一层,那其相互间究竟还有没有区别呢?在薛瑄看来,虽然理与气只有不可分割一层关系,但其相互之间还是存在着明显区别的。他说:

> 理气虽不可分先后,然气之所以如是者则理之所为也。[1]
> 理气本不可分先后,但语其微显,则若理在气先,其实有则具有,不可以先后论也。[2]
> 气有形,理无迹;气载理,理乘气,二者浑浑乎无毫忽之间也。[3]

从这一系列说法也可以看出,薛瑄之所以反对朱子的理先气后说,关键在于他是从一种反对任何超越(或从薛瑄实然存在的角度也可以说是脱离)于实然存在的一维视角(薛瑄往往将超越理解为脱离,这正说明他的视角实际上也只有实然存在一维),但他确实不反对理气分言,不反对

---

① 薛瑄:《读书录》卷四,《薛瑄全集》,第 1119 页。
② 薛瑄:《读书录》卷二,《薛瑄全集》,第 1070 页。
③ 薛瑄:《读书录》卷三,《薛瑄全集》,第 1099 页。

"气之所以如是者则是理之所为也",因而对于理与气的存在属性之别以及理对于气的决定作用他仍然是承认的。但这种承认也就仅仅停留于存在属性之所谓"微""显"之间,根本缺乏超越的形上本体维度的依据。在这一基础上,薛瑄的理也就不再是朱子超越的天理,只能是表征实然存在并存于气化流行过程中的"气之条理",或者说也就是气化生生过程中的物理或定则之理。

正因为理之内涵的这一改变,薛瑄对于理气之别以及其关系就有了新的表达,这就是所谓日光飞鸟之喻。他说:

> 理如日光,气如飞鸟,理乘气机而动,如日光载鸟背而飞。鸟飞而日光虽不离其背,实未尝与之俱往而有间断之处。亦犹气动而理虽未尝与之暂离,实未尝与之俱尽而有灭息之时。气有聚散,理无聚散,于此可见。①

在这一比喻性的说明中,薛瑄实际上是在强调理与气虽然有别,但其关系却是永远不可分割的,所以才有所谓"鸟飞而日光虽不离其背,实未尝与之俱往而有间断之处";至于"气有聚散,理无聚散",则是指无论是"气聚"还是"气散"状态,理都无不内在于气中,这等于说理的存在形式是超越于气之聚散两态——不以气之聚散为转移的。由于理与气既不可分割,理又永远存在于气化流行的过程中,因而这种永远内在于气的理,也就必然要通过"理一分殊"的方式表现出来。

"理一分殊"是朱子直接从其师李延平继承过来的一个非常重要的理论命题(该命题首发于程颐的《答杨时论西铭书》),延平曾教导朱子说:"吾儒之学所以异于异端者,理一分殊也。理不患其不一,所难者分殊耳。"②李延平用"理一分殊"来作为儒佛区别的标志,是因为在他看来,儒佛之别的关键就在于是否承认"分殊"、是否能够坚持"分殊"一点上。

---

① 薛瑄:《读书录》卷五,《薛瑄全集》,第 1145 页。
② 赵师夏:《延平答问跋》,《朱子全书》第十三册,第 354 页。

所谓"理一"可以说是儒与佛所共同具有的对本体的共识,但是否承认"分殊",则是是否具有人伦现实关怀(从理论上看也可以表现为是否承认宇宙生化的价值与意义)的表现。也许正是这一原因,朱子才一定要建立一个无所不包的宇宙论体系。朱子的这一思想确实得到了其后学的继承与坚持,曹端就有"理一分殊"的思想,他说:"天地之间,人物之众,其理本一,而分未尝不殊。以其理一,故推己可以及人;以其分殊,故立爱必自亲始。"①仅从曹端的这一诠释来看,明儒显然是将"理一分殊"从人伦世教的角度加以认识的,这样一种认识,也就必然包含着对宇宙生化的充分肯定。

到了薛瑄,就更加重视对"理一分殊"思想的阐发。他说:

> 统天地万物为一理,所谓"理一"也;在天有天之理,在地有地之理,在万物有万物之理,所谓"分殊"也。"理一"所以统乎"分殊","分殊"所以行乎"理一",非有二也。②

> 统体一太极,即万殊之一本;各具一太极,即一本之万殊。统体者,即大德之敦化;各具者,即小德之川流。③

> "理一"所以统夫"分殊","分殊"所以分夫"理一",其实一而已矣。④

从"统天地万物为一理"之所谓"理一"出发,以达到"在天有天之理,在地有地之理,在万物有万物之理",这显然是一个宇宙生化论的展开过程;而从"统体一太极"到所谓"各具一太极",又显然是从宇宙万物之实存层面来展开其具体的生化过程与天理之内在化的过程。自然,这样一种规模无疑是一种宇宙论的规模。比如薛瑄就明确地指出:"理虽微妙难知,实不外乎天地、阴阳、五行、万物,与夫人伦日用之常,善观理者于此默识

---

① 曹端:《曹月川先生语录》,《曹端集》,第213页。
② 薛瑄:《读书录》卷七,《薛瑄全集》,第1208页。
③ 薛瑄:《读书录》卷一,《薛瑄全集》,第1017页。
④ 薛瑄:《读书录》卷一,《薛瑄全集》,第1039页。

焉,则其体洞然矣。"①这种由天地、阴阳、五行、万物所构成的世界,显然是一个宇宙生化论的世界。如果再结合其对理气关系的论述,那么,所谓"理一分殊"的展开过程,也就成为其理气宇宙论的一种实现过程了。

不过,薛瑄在一定程度上改变了朱子天理的内涵,否定了其在价值理性层面及其存在层级上的超越性,因而无论是其"理"之内在于"气"的过程还是所谓"理一分殊"的过程,实际上也就更为明确地走向客观的物理世界了。请看薛瑄的如下论述:

> 此理真实无妄,如天地日月,风云雨露,草木昆虫,阴阳五行,万物万事,皆有常行定则,亘古今而不易,若非实理为之主,则岁改而月不同矣。②

> 天地之间,物各有理。理者,其中脉络条理合当是如此者是也。大而天之所以健而不息,地之所以顺而有常,皆理之合当如此也;若天有息而地不宁,即非天地合当之理矣。③

> 当如是者即是理。如春当温,夏当热,秋当凉,冬当寒,皆理也;不如是,则非理矣……推之万物,莫不皆然。④

很明显,这无疑是一种客观实存的宇宙论规模;在这一宇宙论的展开过程中,其理也就完全成为所谓"定则"式的物理了,所以就有"天地日月,风云雨露,草木昆虫,阴阳五行"之类的论证。在这一对"理"之内在于"气"的论证中,薛瑄虽然并没有否定物理世界的道德性(在薛瑄看来,他正是要以客观的"定则"之理来支撑儒家的人伦道德并以之论证其恒常性与绝对性),但只要沿着这一方向发展,那么对道德理性超越性的扬弃也就会成为一种必然的趋势。

---

① 薛瑄:《读书录》卷四,《薛瑄全集》,第1123页。
② 薛瑄:《读书录》卷六,《薛瑄全集》,第1165页。
③ 薛瑄:《读书录》卷一,《薛瑄全集》,第1022页。
④ 薛瑄:《读书录》卷六,《薛瑄全集》,第1166页。

三、格物与居敬

在理学从宋到明的发展中,始终盘桓着一个非常重大的问题,这就是人伦道德与自然物理的关系问题。两宋理学从朱子起,也非常自觉地坚持着这样一种基本思路,这就是以自然的物理来支撑人伦之道德,以物理世界中的"所以然"来论证人伦世界中之"所当然"。到了明代,虽然其后学在具体理论方面对朱子学有许多修正,但这种以自然物理来支撑人伦道德、并以物理世界中的"所以然"来论证人伦世界中之"所当然"的思路仍然得到了其后学始终如一的坚持。不过,虽然明代的朱子后学始终坚持这一大方向,但由于理学在从宋到明的发展中所形成的视角转变,其同一的大方向也必然会形成不同的思想蕴涵。这种不同的思想蕴涵,也就从薛瑄开始萌生了。

在薛瑄对朱子思想的继承与发展中,他已经通过"性"与"太极"、"性"与"理"之对等式的互诠,将"性"提升到了"太极"本体的高度,认为"天下无性外之物,而性无不在"。在此基础上,薛瑄又进一步从"性"出发将天下万事万物之理统一起来。他说:

> 仁义礼智即是性,非四者之外别有一理为性也。道只是循此性而行,非性之外别有一理为道也。德即是行此道而有得于心,非性之外别有一理为德也。诚即是性之真实无妄,非性之外别有一理为诚也。命即是性之所从出,非性之外别有一理为命也。忠即尽是性于心,非性之外别有一理为忠也。恕即推是性于人,非性之外别有一理为恕也。然则性者万理之统宗欤! 理之名虽有万殊,其实不过一性。①

从这一统摄性的论述来看,薛瑄不仅把仁义礼智收摄于性,而且人伦社会中所有的德目,诸如"道""德""诚""命""忠""恕"等等,也都全然收摄

①薛瑄:《读书录》卷五,《薛瑄全集》,第 1151 页。

于性——所谓"万理之统宗"一说,正是就"性"之统摄作用而言的。从这一意义上看,也可以将薛瑄视为性本论者。他不仅将"太极"等同于"性",而且"理之名虽有万殊,其实不过一性"的说法也就使其"性"从一定程度上成为比"理"更为根本的概念。

薛瑄同时又认为"性非特具于心者为是,凡耳目口鼻手足动静之理皆是也。非特耳目口鼻手足动静为是,凡天地万物之理皆是也",因而其所谓的"性"实际上也就成为"太极"之别称、"天理"之别名。就其落实于人生中的具体面向来看,其所谓人性说到底也就不过是北宋五子以来的双重人性;具体来看,又不过是所谓仁义礼智落实到气质之中而已。所以,说到具体人性,薛瑄实际上仍然坚持着朱子的双重人性统一说。比如"就气质中指出仁义礼智,不杂气质而言,谓之天地之性;以仁义礼智杂气质而言,故谓气质之性。非有二也"①。又说:"以不杂者言之,谓之'本然之性';以不离者言之,谓之'气质之性',非有二也。"②"性一也,本然之性纯以理言,气质之性兼理气言,其实则一也。"③显然,所谓"以仁义礼智杂气质"而言,实际上也就是指天地之性落实于具体气质中的表现。所以他又说:"'廓然而大公'者,性也;'物来而顺应'者,情也。性者,情之体,情者,性之用。此性所以无内外也。"④实际上,这也等于是通过"理一分殊"之体用关系模式,将性落实于伦常之情中了。

薛瑄从"太极""理""性"一直到"心""情",实际上都是通过"理"之内在于"气"的方式——所谓宇宙生化论的进路展开的,但这种"内在"只能代表其客观的存在属性,并不能代表人对其理其性的认识与自觉。也就是说,决定事物存在的定则之理实际上只是一种客观性的存在,并不代表作为主体的人在主观上的自觉。这样一来,要从客观的存在属性走向主体的道德自觉,就必然要通过一套主体的追求工夫,这就是格物穷理;

---

① 薛瑄:《读书续录》卷七,《薛瑄全集》,第 1447 页。
② 薛瑄:《读书录》卷七,《薛瑄全集》,第 1208 页。
③ 薛瑄:《读书录》卷五,《薛瑄全集》,第 1151 页。
④ 薛瑄:《读书续录》卷八,《薛瑄全集》,第 1460 页。

格物穷理的过程,也就是通过对存在于万事万物中的"定则之理"的认知,以达到主体道德自觉的目的。

先从格物来看。薛瑄认为"大而六合,小而一尘,气无不贯而理无不寓"①,所谓"六合之内"包括人自身的耳目口鼻,也都是格物的对象。正因为这一点,薛瑄的格物说也就具有无所不包、无所不贯的特点。他说:

> 格物所包者广,自一身言之,耳目口鼻身心皆物也。如耳则当格其聪之理,目则当格其明之理,口鼻四肢则当格其止肃恭重之理,身心则当格其动静性情之理。推而至于天地万物,皆然也。天地则当格其健顺之理,人伦则当格其慈孝仁敬智信之理,鬼神则当格其屈伸变化之理。以至草木鸟兽昆虫,则当格其各具之理。又推而至于圣贤之书、六艺之文,历代之政治,皆所谓物也,又当各求其义理,精粗本末,是非得失皆所谓格物也。然天下物众矣,岂能遍格而尽识哉?惟因其所接者,量力循序以格之,不疏以略,不密以穷,澄心精意,以徐察其极。②

在这一段对格物的总论中,薛瑄所谓的"物"显然是从两个方面展开的:一方面是从"气无不贯而理无不寓"——所谓存有论的角度展开的,也就相当于一种从对象角度所展开的存在论解析;另一方面,则是从主体道德自觉与实践追求的角度展开的,"如耳则当格其聪之理,目则当格其明之理,口鼻四肢则当格其止肃恭重之理,身心则当格其动静性情之理。推而至于天地万物,皆然也。"前者的依据,在于从"理"与"气"之不可分割性出发所展开的一种客观的宇宙生化论;后者则主要立基于朱子"众物之表里精粗无不到,而吾心之全体大用无不明"③的基础上,是一种指向人伦社会的道德践行之物。

从理论逻辑的角度看,这种从"众物之表里精粗无不到"包括所谓

---

① 薛瑄:《读书录》卷一,《薛瑄全集》,第 1018 页。
② 薛瑄:《读书录》卷二,《薛瑄全集》,第 1066—1067 页。
③ 朱熹:《大学章句》,《四书集注》,第 9 页,长沙:岳麓书社,1985 年版。

"无心之全体大用无不明"的认识与自觉未必就能导致道德行为的真正发生。所以,薛瑄又试图从格物穷理的角度将其格物对象分为"人之理"与"物之理"。他说:"穷理者,穷人物理也,人之理则有降衷秉彝之性,物之理则有水火木金土之性,以致万物万事皆有当然之理。于众理莫不穷究其极而无一毫之疑,所谓穷理也。"①在这里,虽然薛瑄已经形成了对"物之理"与"人之理"之不同存在领域的自觉,但对二者的不同性质及其作用仍然缺乏起码的自觉。大概在他看来,只要能够认识"物之理",也就必然能对"人之理"进行践履,或者说起码也就具有了践行的基础。

不过这种理论逻辑上的缺环却是可以通过人生实践的方式加以弥补的。对薛瑄来讲,其格物穷理说包括其穷究所谓"人之理"与"物之理"未必就能促使道德实践的发生,但在实践生活中,他同时又以朱子的"主敬"作为其格物穷理说的"头脑",因而其格物穷理就不致流为一种泛观博览之途。请看薛瑄对"主敬"的论说:

> 千古为学要法,无过于敬,敬则心有主而诸事可为。②
>
> 居敬以立本,穷理以达用。③
>
> 居敬有力,则穷理愈精;穷理有得,则居敬愈固。④
>
> 一于居敬而不穷理,则有枯寂之病;一于穷理而不居敬,则有纷扰之患。⑤

从这些论述来看,"居敬"实际上也就是其格物穷理说的内在主宰与内在动力;或者说正是从内在的居敬出发,才会有格物穷理之类的外在追求活动。如果将薛瑄的这一为学进路与朱子加以比照,就正好成为对朱子"穷理以致其知,反躬以践其实,居敬者所以成始成终"⑥一说的实践和落实了。也许正因为这样,薛瑄对"不敬"的现象就有许多批评,如"不敬,

---

① 薛瑄:《读书续录》卷一,《薛瑄全集》,第 1305 页。
② 薛瑄:《读书录》卷六,《薛瑄全集》,第 1163 页。
③④⑤ 薛瑄:《读书录》卷三,《薛瑄全集》,第 1083 页。
⑥ 黄榦:《朱先生行状》,束景南:《朱熹年谱长编》,第 1487 页。

则志气昏逸,四体放肆,虽粗浅之事,尚茫然而不能察,况精微之理乎?以是知居敬穷理二者不可偏废,而居敬又穷理之本也"①。又说:"或有不敬,则心君放逸而天德亡,百体懈弛而物则废。虽曰有人之形,其实块然血气之躯,与物无以异矣。此敬之一字,乃聚德之本,而为践形尽性之要也与!"②从这些论述可以看出,薛瑄的修养致知完全是以"居敬"为主宰的;"居敬"又是以"复性"为指向的。所以他又说:"千古圣贤教人之法只欲人复其性而已。圣人千言万语,虽有精粗本末不同,皆说从性上来……"③也许只有在这一背景下,我们才能理解其"七十六年无一事,此心始觉性天通"的深意。

四、践履之儒及其学派学风

在刘宗周对薛瑄的评价中,曾有所谓"前辈论一代理学之儒,惟先生无间言,非以实践之儒与?"其实从刘宗周的本意来看,与其说这是对薛瑄的表彰,毋宁说是一种批评。因为在他看来,"先生(薛瑄)为御史,在宣、正两朝,未尝铮铮一论事,景皇易储,先生时为大理,亦无言"④,其所谓的"实践之儒"恰恰是指薛瑄当言而未言、当建议而未能建议一点立说的。对于明代朝政中"当言""当建议"的情形,刘宗周无疑比现代人知道得更为清楚,他不仅曾经激烈地上言,而且也因此遭到了三次"削职为民"的惩处;在明中叶,王阳明也因为上书言事而受到"廷杖""系狱"与"远谪"的打击。在中国历史上,明代可能是士大夫因为上言而遭到打击最多最重的一个朝代。我们固然可以激赏那些刚正不阿的仗义执言者,但毕竟不能仅仅以是否上言论事作为评价古人的标准。

但从《明史》的记载来看,薛瑄又确实无愧于其"实践之儒"的称谓。比如当他刚入仕途,就得到了几次机遇性的提升;面对提拔的机遇,薛瑄

---

① 薛瑄:《读书录》卷六,《薛瑄全集》,第 1172 页。
② 薛瑄:《读书录》卷四,《薛瑄全集》,第 1121 页。
③ 薛瑄:《读书续录》卷五,《薛瑄全集》,第 1423 页。
④ 刘宗周:《明儒学案师说》,《刘宗周全集》第五册,第 516 页。

居然在与他的几位提携者之间有如下表现:

> 宣德中服除,擢授御史。三杨当国,欲见之,谢不往。出监湖广银场,日探性理诸书,学益进……王振语三杨:"吾乡谁可为京卿者?"以瑄对,召为大理左少卿。三杨以用瑄出振意,欲瑄一往见,李贤语之。瑄正色曰:"拜爵公朝,谢恩私室,吾不为也。"其后议事东阁,公卿见振多趋拜,瑄独屹立。振趋揖之,瑄亦无加礼,自是衔瑄。①

很明显,仅从其一句"拜爵公朝,谢恩私室,吾不为也"的表态,就知道薛瑄绝不是那种不懂人情世故的书呆子,恰恰是临大节不可夺的士君子,所以他当时可能是非常自觉地坚持其"不为也"的立场。至于其"出监湖广银场,日探性理诸书,学益进"之类,也正表现了儒家士大夫的本色。

在日常生活中,薛瑄又有另一种表现,真所谓"兢兢检点言行间"。比如:

> 余每夜就枕,必思一日所行之事。所行合理,则恬然安寝;或有不合,即辗转不能寐,思有以更其失。又虑始勤终怠也,因笔录以自警。②

> 余每呼此心曰:"主人翁在室否?"至夕必自省曰:"一日所为之事合理否?"③

从这些表现来看,薛瑄似乎真有点迂腐之嫌! 正是这种"迂腐",才表现了儒家士君子严于自警自察的克己工夫。虽然刘宗周曾以"实践之儒"来嘲讽薛瑄之当言而不言、当建议而不建议,但薛瑄确实无愧于其"实践之儒"的称谓。即使刘宗周曾对薛瑄深致其不满,但他也不得不承认,"其始终进退之节,有足称者"④。从这个角度看,薛瑄的立身行事也可以

---

① 《明史·儒林传》一,《二十五史》卷十三,第 1526 页。
② 薛瑄:《读书录》卷一,《薛瑄全集》,第 1024 页。
③ 薛瑄:《读书录》卷四,《薛瑄全集》,第 1118 页。
④ 刘宗周:《明儒学案师说》,《刘宗周全集》第五册,第 516 页。

说是明代践履之儒的一种典型表现。

但薛瑄又不是那种一味独善其身的清修之学,从其任山东提学佥事的情形来看,"首揭白鹿洞学规,开示学者。延见诸生,亲为讲授。才者乐其宽,而不才者惮其严,皆呼为薛夫子。"这又说明,薛瑄确实带出了大批的弟子,仅从《明儒学案》的记载来看,其弟子遍及山西、河南以及关陇大地,几乎涵盖了整个北方地区。比较著名的弟子就有河南阎禹锡(洛阳)、陕西张鼎(咸宁)、甘肃段坚(兰州)、陕西张杰(凤翔)、河南王鸿儒(南阳)、甘肃周蕙(山丹)、陕西薛敬之(渭南)、陕西李锦(咸宁)、陕西吕潜(泾阳)等等。不仅如此,薛瑄处处不忘讲学,也带起了一个地方学派,这就是三原学派,黄宗羲曾就明代关学与河东学派、三原学派的关系评论说:"关学大概宗薛氏,三原又其别派也。其门下多以气节著,风土之厚,而又加之学问者也。"①

但黄宗羲在总论河东学派时,既批评了其"悃愊无华,恪守宋人矩矱"的一面,同时也将其与南方的阳明学派加以比较,认为其既存在着"恪守宋人矩矱"之所谓保守的一面,同时也有"数传之后,其议论设施,不问而可知其出于河东"的优点。他说:

> 河东之学,悃愊无华,恪守宋人矩矱,故数传之后,其议论设施,不问而可知其出于河东也。若阳明门下亲炙弟子,已往往背其师说,亦以其言之过高也。然河东有未见性之讥,所谓"此心始觉性天通"者,定非欺人语,可见无事乎张皇耳。②

在此之前,东林党人高攀龙也评价说:

> 薛文清、吕泾野二先生语录中,无甚透悟语。后人或浅视之,岂知其大正在此。③

---

① 黄宗羲:《明儒学案·三原学案》,《黄宗羲全集》第七册,第 172 页。
② 黄宗羲:《明儒学案·河东学案》,《黄宗羲全集》第七册,第 117 页。
③ 高攀龙:《高子遗书》卷五,第 21 页,清文渊阁四库全书补配清文津阁四库全书本。

从高攀龙、黄宗羲的这些评价来看,河东学派作为一个北方学派,虽然"悃愊无华""皆无甚透悟",看起来似乎最为保守,但也有其扎实、厚重的一面。尤其是从黄宗羲所谓"数传之后,其议论设施,不问而可知其出于河东"一点来看,恰恰表现出了北方学派学风的稳定性与思想传承的一贯性一面;相反,南方的阳明学派固然可以说是新见迭出,却"往往背其师说",而且也确实存在着"其教大行,其弊滋甚"以至于"经学非汉唐之精专,性理袭宋元之糟粕"①的诸多毛病。由此看来,一方水土一方人,一个地方一种学风。也许只有在各种学风的切磋与互动中,才能获得学术的真正繁荣。

第三节　吴与弼的力行与胡居仁的主敬

在薛瑄在北方开创河东学派的同时稍晚,吴与弼也在江西创立了崇仁学派。两位大师分别从南北两地招收弟子、传播理学。受不同地域、不同学风的影响,薛瑄可以说主要是在为政的间隙讲学;吴与弼则由于其特殊的机缘,从而走出了一条个体的清修授徒之路。当然,在广招弟子、传播理学这一点上两位大师又是完全一致的。所不同的是,不同的地域、不同的学风也使他们的学派呈现出不同的风貌,并对明代社会形成了不同的影响。如果说河东学派主要代表着朱子学在北方的崛起,那么崇仁学派就可以看作是朱子学在南方的复苏了。这一南一北两个不同学派之间的遥相呼应,就撑开了明代朱子学的基本格局。

作为地方学派,他们的讲学要受制于其不同地域与不同学风的影响,因而也就有了不同的命运。河东学派可以说是寓学于政,其学派的盛衰往往具有随其人之政治命运而起伏的特点;崇仁学派则由于中国自宋代以来经济、文化重心的再次南移,加之其地域学风对学理探讨的重视,与北方的河东学派相比,就较早地表现出一种学术独立的倾向,从而

---

① 《明史·儒林传》一,《二十五史》卷十三,第 1525 页。

使其成为纵贯整个明代的理学思潮之源。黄宗羲在编《明儒学案》时,之所以完全不顾时序上先后,将明显晚于薛瑄河东学派的崇仁学派置于篇首,正是从其对明代理学整体格局的影响与作用上着眼的。他深深地感叹说:"椎轮为大辂之始,增冰为积水所成,微康斋,焉得有后时之盛哉!"①这说明,对于纵贯整个明代的朱子学,吴与弼及其崇仁学派确实起到了发凡起例与积水增冰的作用。

一、吴与弼的"自治"与"力行"

吴与弼(1391—1469),字子傅,号康斋,江西崇仁人。吴与弼早年曾从杨溥学,年十九,赴南京省亲(其父曾为国子司业、翰林修撰),得《伊洛渊源录》读之,"睹道统一脉之传,不觉心醉……于是思自奋励,窃慕向焉,既而尽焚旧时举子文字,誓必至乎圣贤而后已"②。从其这一经历来看,读《伊洛渊源录》就是吴与弼窃慕圣贤之学的起始,接着就形成了如下选择:"谢人事,独处小楼,玩《四书》《五经》、诸儒语录,体贴于身心,不下楼者二年。"③成学后,"中岁家益贫,躬亲耕稼,非其义,一介不取。四方来学者,约己分少,饮食、教诲不倦"④。由此形成了明代理学中的耕读传统。

吴与弼的为人气质偏于刚忿,一生未曾涉足官场。这倒不是因为他缺乏出仕的机会,主要是因为他很早就确立了读书学圣贤的志向;除此之外,可能也与他对自己狷介性格的自觉有关。正因为其自觉偏于刚忿,也总是有意地拉开其与官场的距离;对于地方官的各种举荐,他也总是在刻意回避。比如,"正统十一年,山西佥事何自学荐于朝,请授以文学高职。后御史涂谦、抚州知府王宇复荐之,俱不出。尝叹

① 黄宗羲:《明儒学案·崇仁学案》,《黄宗羲全集》第七册,第1页。
② 吴与弼:《跋伊洛渊源录》,《康斋集》卷十二,第587页,《四库全书·集部》第1251册,台北:商务印书馆,1986年版。
③ 黄宗羲:《明儒学案·崇仁学案》一,《黄宗羲全集》第七册,第3页。
④ 《明史·儒林传》一,《二十五史》卷十三,第1529页。

曰:'宦官、释氏不除,而欲天下治平,难矣。'景泰七年,御史陈述又请礼聘与弼,俾侍经筵,或用之成均,教育胄子。诏江西巡抚韩雍备礼敦遣,竟不至"①。从这些经历来看,吴与弼确实是"有意切断与权力世界的关联"②。

至于其为学,黄宗羲总论说:"康斋倡道小陂,一禀宋人成说,言心则以知觉而与理为二,言工夫则静时存养,动时省察。故必敬义夹持,明诚两进,而后为学之全功。"③这当然是黄宗羲站在心学立场上的评论,难免会以自家理论为标准,但其所概括的"一禀宋人成说"在揭示吴与弼不大重视理论著述这一点上倒是极为准确的。比如其弟子娄谅也曾以如下语言概括吴与弼的为学风格:

> 宋末以来笺注之繁,率皆支离之说,眩目惑心,非徒无益,而反有害焉。故不轻于著述。④

从娄谅的这一概括来看,吴与弼与薛瑄似乎还存在着一定的相似之处,这也许与元末以来的战乱兵祸以及明代学术的初始恢复有关。比如薛瑄一生中也不曾著书,只有研读宋人理学著作的《读书录》行世,吴与弼似乎表现得更为内向,他不仅"不轻于著述",还念念以前人的教导作为标准"兢兢检点"自家言行,这就形成了其专门记载自己在日用事为间如何克己用功的《日录》。关于《日录》,黄宗羲曾引章衮的话评价说:"其《日录》为一人之史,皆自言己事,非若他人以己意附成说,以成说附己意,泛言广论者比。"⑤这样看来,其所谓《日录》实际上也就是他自己心路历程包括如何克己"自治"的"日记"了。

关于为何要作《日录》,吴与弼曾说:"日夜痛自点检且不暇,岂有工

①《明史·儒林传》一,《二十五史》卷十三,第1529页。
② 余英时:《宋明理学与政治文化》,第175页。
③ 黄宗羲:《明儒学案·崇仁学案》,《黄宗羲全集》第七册,第1页。
④ 娄谅:《吴康斋先生与弼行状》,《国朝献徵录》第114卷,第457页,《续修四库全书》第531册,上海:上海古籍出版社,1995年版。
⑤ 黄宗羲:《明儒学案·崇仁学案》一,《黄宗羲全集》第七册,第5页。

夫点检他人耶。责人密,自治疏矣,可不戒哉!"①显然,所谓"日录"也就是他自己克己自治的日记,从其"责人密,自治疏"的自我警戒也可以看出,其《日录》实际上是完全针对自己的。所以,其内容也几乎都是围绕着如何"自治"展开的。比如:

> 昨晚以贫病交攻,不得专一于书,未免心中不宁。熟思之,须于此处做工夫,教心中泰然一味随分进学方是。不然,则有打不过处矣。②

> 夜坐,思一身一家苟得平安,深以为幸,虽贫窭大甚,亦得随分耳。夫子曰:"不知命,无以为君子也。"③

> 枕上思家计窘甚,不堪其处,反覆思之,不得其方。日晏未起,久方得之,盖亦别无巧法,只随分、节用、安贫而已。誓虽寒饥死,不敢易初心也,于是欣然而起。又悟若要熟,也须从这里过。④

从这些记载来看,吴与弼的"日录"完全是围绕着自己的克己工夫展开的,也全然是以如何"自治"为主要内容的。所以刘宗周评论说:"先生之学,刻苦奋励,多从五更枕上汗流泪下得来。及夫得之而有以自乐,则又不知足之蹈之、手之舞之。盖七十年如一日,愤乐相生,可谓独得圣贤之心精者。至于学之之道,大要在涵养性情,而以克己安贫为实地。此正孔、颜寻向上工夫,故不事著述,而契道真,言动之间,悉归平澹。"⑤刘宗周的这一评价,准确地揭示了吴与弼的为学进路及其思想形成之真谛。

正因为以克己工夫为基础,刘宗周也曾以"淡如秋水贫中味,和似春风静后功"来形容吴与弼的安贫乐道气象;黄宗羲则以如下行事来表达吴与弼的耕读传统及其力行精神:

---

① 吴与弼:《日录》,《康斋集》卷十一,第 567 页,景印文渊阁《四库全书·集部》,第 1251 页。

② 吴与弼:《日录》,《康斋集》卷十一,第 567 页,景印文渊阁《四库全书·集部》,第 577 页。

③ 吴与弼:《日录》,《康斋集》卷十一,第 567 页,景印文渊阁《四库全书·集部》,第 27 页。

④ 吴与弼:《日录》,《康斋集》卷十一,第 567 页,景印文渊阁《四库全书·集部》,第 577 页。

⑤ 刘宗周:《明儒学案师说》,《刘宗周全集》第五册,第 517 页。

> 居乡躬耕食力,弟子从游者甚众。先生谓娄谅确实,杨杰淳雅,周文勇迈。雨中被蓑笠、负耒耜,与诸生并耕,谈乾坤及坎、离、艮、震、兑、巽于所耕之耒耜可见。归则解犁,饭粝蔬豆共食。陈白沙自广来学,晨光才辨,先生手自簸谷,白沙未起,先生大声曰:"秀才若为懒惰,即他日何从到伊川门下?又何从到孟子门下?"

> 一日刈禾,镰伤厥指,先生负痛曰:"何可为物所胜!"竟刈如初。①

凡此,都表现了吴与弼的耕读传统及其过人的力行精神。

至于其学说,说到底也不过是"一禀宋人成说"而以圣贤为法而已,其文集中也总是充满了如何做人、如何以圣贤为法之类的"大白话"。比如:

> 仆闻天下之至美者,莫如圣人之道昭明易见,简易易行。然世鲜能之者,不学故耳。原其故有二焉:懵然无知而不事夫学者,庸人也;学焉而弗克者,未诚也。惟其未诚也,是以事物交前,理欲互战。②

> 圣贤教人,必先格物致知以明其心,诚意正心以修其身。修身以及家而国、而天下,不难矣。故君子之心,必兢兢于日用常行之间,何者为天理而当存,何者为人欲而当去。③

> 人之大伦五,曰君臣、父子、夫妇、长幼、朋友是已。五伦各有其理,而理具于吾心,与生俱生,人之所以为人,以其有此理也。必不失乎此心之理,而各尽乎五伦之道,庶无忝于所生。④

对于这样的为学,如果我们要进行一番学理化的解剖,势必显得过于残忍。实际上,这样的为学也就是所谓"布帛之言,稻菽之味",也确实分析

---

① 黄宗羲:《明儒学案·崇仁学案》一,《黄宗羲全集》第七册,第3—4页。
② 吴与弼:《与徐希仁训导书》,《康斋集》卷八,第515页。
③ 吴与弼:《厉志斋记》,《康斋集》卷十,第1页。
④ 吴与弼:《吴节妇传》,《康斋集》卷八,第528页。

不出多少理论来。对于儒学而言,如果说其最高指向就是一种精深的理论,那么吴与弼的这种"自治"与"力行"确实没有多少可以深究的价值;但如果说儒学的终极关怀就落实于现实的人生,那么吴与弼的"自治"与"力行"也就有其不尽的价值。

正因为这一点,刘宗周才给了吴与弼以明代诸儒中最高的评价,并认为"充其所诣,庶几'依乎中庸,遁世不见知而不悔'气象。余尝僭评一时诸公……惟先生醇乎醇云。"①也许正因为这样,黄宗羲的《明儒学案》才将吴与弼所开创的崇仁学派置于标志整个明代理学开篇的卷首位置。

二、胡居仁的"主敬"

吴与弼开创崇仁学派,当时从游者甚众,如其当时所点评的"娄谅确实,杨杰淳雅,周文勇迈"等等,也都是他对弟子不同为人气象的评点。如果就对其学派的发展而言,又不能不首推胡居仁与陈献章二位。陈献章近于狂,故开创有余,持守不足;胡居仁则近于狷,因而持守有余,创新不足。如果就对崇仁学派以及明代理学的整体格局而言,从吴与弼到胡居仁,也就明显地表现出了一种向朱子复归的走向;陈白沙则另开心学一系。明初诸儒皆朱子学之支流余裔,这里主要叙述胡居仁的理学思想。

胡居仁(1434—1484),字叔心,号敬斋,江西余干人。关于胡居仁的成学经历,黄宗羲概括说:"弱冠时,奋志圣贤之学,往游康斋吴先生之门,遂绝意科举,筑室于梅溪山中,事亲讲学之外,不干人事……先生严毅清苦,左绳右矩,每日必立课程,详书得失以自考。虽器物之微,区别精审,没齿不乱。"②很明显,从这一经历与学行就可以看出,胡居仁从为人性格到为学进路都是吴与弼的真正继承者。

胡居仁虽然继承了吴与弼的"自治"与"力行"精神,但他并非一味重

---

① 刘宗周:《明儒学案师说》,《刘宗周全集》第五册,第 517 页。
② 黄宗羲:《明儒学案·崇仁学案》二,《黄宗羲全集》第七册,第 21 页。

复吴与弼的教法,而是以更彻底地向朱子学复归的方式将这两种教法凝结为一种"主敬"精神,并以"主敬"为核心,从而将格物穷理、应事接物之类的工夫次第完全统一起来。他说:

> 圣贤工夫虽多,莫切要如敬字,敬有戒自畏慎底意思,敬有肃然自整顿底意思,敬有卓然精明底意思,敬有湛然纯一底意思,故圣学就此作根本,凡事都靠着此做去,存养省察皆由此。①
>
> 程朱开圣学门庭,只主敬穷理,便教学者有入处。②
>
> 儒者工夫自小学洒扫应对、周旋进退、诗书礼乐、爱亲敬长、必恭必敬,无非存心养性之法,非僻之心在这里已无。及长,则主敬穷理并进交养,戒谨恐惧,诚恐一事有差,则心无不存,理无不在。③
>
> 心精明是敬之效,才主一则精明,二三则昏乱矣。④

这里所论,显然都是从"主敬"角度展开的,从"圣贤工夫"到"程朱开圣学门庭"以至于童子之"洒扫应对"、儒者之"戒谨恐惧""主一""精明"等等,无一不是"主敬"的表现,也无一不表现着"主敬"的精神。在胡居仁看来,"主敬"就是最大最根本的工夫,也是囊括人生一切追求的工夫。正因为胡居仁是以"主敬"囊括人生所有的工夫追求的,黄宗羲评价说:"先生一生得力于敬,故其持守可观。"⑤

那么,胡居仁囊括一切追求的"主敬"工夫与陈白沙"静中坐养出个端倪"的"主静"工夫有没有区别呢? 他们不仅同出于吴与弼之门,而且年岁也比较相近,意即他们之间是否存在着相互借鉴的可能呢? 对于这一问题,胡居仁是这样回答的:

> 敬赅动静,静坐端严,敬也;随事检点致谨,亦敬也。敬兼内外,

---

① ② 胡居仁:《学问工夫》,《居业录》卷二,第 9 页,北京:中华书局,1985 年版(据正谊堂本排印)。

③ 胡居仁:《老佛归宿》,《居业录》卷七,第 80 页。

④ 胡居仁:《心性渊源》,《居业录》卷一,第 4 页。

⑤ 黄宗羲:《明儒学案·崇仁学案》二,《黄宗羲全集》第七册,第 22 页。

容貌庄正,敬也;心地湛然纯一,敬也。①

　　端庄整肃,严威俨恪,是敬之入头处;提撕唤醒,是敬之接续处;主一无适、湛然纯一,是敬之无间断处;惺惺不昧,精明不乱,敬之效验处。②

　　人之一心,动静无端,体用全备,不可偏废也。动而无静,则体不立;静而无动,则用不行,二者工夫,皆以敬为主乎! 居处恭,俨若思,不愧屋漏,此静时存养之敬也;执事敬,事思敬,修己以敬,此动时省察之敬也。若不主于敬,而专欲习静,未有不入空虚者。③

显然,正因为胡居仁与陈白沙同出于吴与弼之门,他也就刻意与之划清界限,不仅要使自己的“主敬”工夫“兼内外”“含动静”,而且要使其包括“入内处”“接续处”“无间断处”以及“静时存养”与“动时省察”等一切工夫进境;否则的话,“专欲习静,未有不入空虚者”。这最后一句,几乎就是直接针对陈白沙的“主静”而言的。

　　我们这里当然无须辨析其与陈白沙之间的同门公案,但胡居仁对其“主敬”工夫之这一刻意的辨析与阐发,却极有可能使其学走向一种理论思辨之路。对胡居仁而言,他的思辨自有其维护师门的“义务”,但这种过分精致的辨析也同样远离了吴与弼“绝无矫饰”的“不事著述,而契道真”④之路。对于“主敬”究竟需要不需要“著意”的问题,胡居仁的回答就相当精彩、也相当思辨。他说:“主敬是有意,以心言也;行其所无事,以理言也。心有所存主,故有意;循其理之当然,故无事。此有中未尝有,无中未尝无,心与理一也。”⑤这样一种精致的思辨,不仅包含着以后王阳明对“有心”“无心”问题的准确把握与精彩发挥,而且其“心与理一”的指向也涵括了日后心学主体与本体同一的基本原则。

---

① 胡居仁:《学问工夫》,《居业录》卷二,第12页。
② 胡居仁:《学问工夫》,《居业录》卷二,第11页。
③ 胡居仁:《游西湖记》,《胡文敬文集》卷二,第41页,景印文渊阁《四库全书·集部》第1260册。
④ 刘宗周:《明儒学案师说》,《刘宗周全集》第五册,第517页。
⑤ 黄宗羲:《明儒学案·崇仁学案》二,《黄宗羲全集》第七册,第29页。

但对胡居仁而言,他对"主敬"的高调阐发并不是要走向心学,而是要复归并涵括朱子的格物穷理说,因为只有涵括了朱子格物穷理方面的内容,才表明其学真正接上了朱子学的谱系——所谓认知涵养论。因而,在《居业录》中,胡居仁就立足于其"主敬"的基础,展开了对格物穷理的精彩论说:

> 穷理格物,先从性情上穷究,则见得仁义礼智,浑然全具于吾心,恻隐、羞恶、辞让、是非,随感而发,就从此力加操存省察,推广扩充,此便是源头工夫,根本学问。又与日用事物人伦、天地山川、禽兽草木,莫不究极其所以然;明而礼乐,幽而鬼神,日月之更迭、寒暑之往来、岁月之交运,古今风气盛衰、国家治乱兴亡、民之安危、兵之胜败,无不穷究,方为穷理致知之学。
>
> 穷理非一端,所得非一处,或在读书上得之;或在讲论上得之;或在思虑上得之;或在行事上得之。读书得之虽多,讲论得之尤速,思虑得之最深,行事得之最实。①

看到胡居仁关于格物穷理的这一通论说,就知道他不仅接上了朱子以格物穷理为基础的认知修养论,而且还纠偏并且也弥补了朱子格物致知说之流于泛观博览的毛病。这一纠偏首先就表现在其对朱子格物穷理说之不同入手的规定上。在朱子哲学中,他是根据其存有论的解析思路,从而直下断定"盖人心之灵,莫不有知,而天下之物,莫不有理;惟于理有未穷,故其知有不尽也。是以大学始教,必使学者即凡天下之物,莫不因其已知之理而益穷之,以求至乎其极"②,由此将格物规定为大学之不可移易的入手;胡居仁这里则是明确地坚持"穷理格物,先从性情上穷究,则见得仁义礼智,浑然全具于吾心",这就有效地避免了朱子那种"随事物精察此心之天理"之茫然格物或一味泛观博览的毛病。其次,在确立了"仁义礼智,浑然全具于吾心"的基础上,即使可以将格物推广扩充于

---

① 胡居仁:《学问工夫》,《居业录》卷二,第16页。
② 朱熹:《大学章句》,《四书集注》,第9页。

"天地山川、禽兽草木"以及"日月之更迭、寒暑之往来、岁月之交运,古今风气盛衰"之间,也仍然是以"仁义礼智,浑然全具于吾心"为基本前提的,并且始终是在道德主体精神指导下的格物致知,所以并不会发生所谓泛观博览、游骑无归的毛病。在此基础上,所谓"读书""讲论""思虑""行事"等等,也就全然成为格物穷理之具体的表现形式了;其对"读书得之虽多,讲论得之尤速,思虑得之最深,行事得之最实"的划分,也充分说明胡居仁对这些格物途径的划分绝不是泛泛而论,而是以其深入的体察为基础的。这样一来,胡居仁也就等于是以其道德主体性的原则,并通过"主敬"工夫,既接上了朱子的格物穷理之学,又有效地避免了其各种毛病。

三、胡居仁的理气关系及其对佛老的批评

当胡居仁以其"主敬"工夫指向朱子的格物穷理之学时,一方面接上了朱子学的基本思路,同时也有效地避免了其所存在的各种毛病。但这样一来,他的探讨也就必然要指向朱子的理气关系,并通过对理气关系的探讨,发挥其在辟佛排老方面的批判功能。

在朱子哲学中,理气关系占有极重要的地位,完全可以说是其哲学的核心;理先气后说则又是其核心中的核心。这一观点不仅直接决定着朱子哲学的本体论性质,也决定着其哲学以天理为本体之理本论的基本立场。但到了其明代的朱子后学,由于时代思潮的变化与理学关注侧重的不同,朱子的理气关系尤其是其理先气后说也就不得不面临被修正的命运了。在此之前,曹端、薛瑄已经从不同的角度进行了部分修正,但还基本维持着其理本论的规模。当胡居仁通过对"主敬"工夫的辨析并在含摄朱子格物穷理之学的基础上指向理气关系时,朱子的理先气后说也就面临被颠覆的命运了。

这里首先存在着一个视角的辨析问题。当胡居仁对其"主敬"工夫进行"兼内外""含动静"包括"入内处""接续处""无间断处"以及"静时存养"与"动时省察"等各种不同角度的分析时,其所谓"主敬"究竟是以主

体的工夫形态(境界)出现的还是以对象解析的方式出现的？显然,胡居仁之所以能对"主敬"工夫进行如此细致的分析与解剖,正说明他实际上主要是以对象解析的方式来论说的。所以,到了格物穷理,他不仅能够详细辨析"读书""讲论""思虑""行事"等不同途径之不同效应,而且也能够明确地将格物穷理推及"天地山川、禽兽草木"以及"日月之更迭、寒暑之往来、岁月之交运,古今风气盛衰"之间了。在这一基础上,所有格物穷理所涉及的事物也都必然是以对象解析的方式出现的,这些事物本来就是可以直接诉之于人之感官的实然存在,因而也就决定了其分析理气关系之实然存在的视角。

从这一视角出发,胡居仁必然要从"有形"与"无形"之不同存在属性的角度来把握理气关系,并且也必然要从理与气之不同存在方式的角度来分析其关系。所以在他看来,理气关系主要表现为如下情形:

> 理是气之主,气是理之具,二者原不相离。故曰"二之则不是"。①

这固然可以说是胡居仁在强调理与气之不可分割关系,而且"理是气之主,气是理之具"的说法也显然是对朱子"生物之本"与"生物之具"一说的活用。但是,只要一谈到理气关系,胡居仁就始终无法摆脱其对象化的实然存在视角,朱子的理气关系也就必然面临着被颠倒命运。比如:

> "有此理则有此气,气乃理之所为",是反说了。有此气则有此理,理乃气之所为。②

> "立天之道曰阴与阳",阴阳,气也,理在其中。"立地之道曰柔与刚",刚柔,质也,因气以成。"立人之道曰仁与义",仁义,理也,具于气质之内,三者分殊而理一。③

---

① 胡居仁:《经传旨趣》,《居业录》卷八,第 120 页。
② 黄宗羲:《明儒学案·崇仁学案》二,《黄宗羲全集》第七册,第 27 页。
③ 胡居仁:《经传旨趣》,《居业录》卷八,第 121 页。

在这里,我们不仅看到胡居仁确实颠倒了朱子的理气关系,而且也明确地指出朱子的理先气后"是反说了",从而也就成为朱子后学中对其观点的一种明确批评。胡居仁的这一批评绝不仅仅是表达自己一种认知性的看法,而且还存在着儒家经典的依据。当胡居仁表达其关于气先理后的看法时,就不仅搬出了《易传》,同时还以儒家传统的天地人三才之道为基础;不仅借助对《易传》的诠释来展开其宇宙生化论的背景,而且其所谓的"气也""质也"与"礼也,具于气质之中"的说法也正好对应着宇宙演化发展的几个重大关节。这样一来,其气先理后的看法不仅存在着儒家经典的依据,也存在着客观的宇宙生成演化的实在基础。所以说,当胡居仁开始颠倒朱子的理先气后关系时,不仅表现了明儒对两宋以来理学超越追求之形上视角的消解,而且也明确地从理学的本体论立场转向了汉唐儒学的宇宙生化论立场。

不过,如果仅仅从视角来看,胡居仁似乎仍然坚持着两宋理学的形上视角。比如他对理与气的比较,也就仍然坚持着理与气的形上形下之分:

> 以理论之,此理流行不息,此性禀赋有定,岂可说空说无? 以气论之,则有聚散虚实之不同,聚则为有,散则为无。若理则聚有聚之理,散有散之理,亦不可言无也。气之有形体者为实,无形体为虚,若理则无不实也。[1]

初看这一段论述,难免会觉得这就是理学的正宗观点,因为其"有形体""无形体"的说法实际上正是对两宋理学分辨形而上与形而下的一种具体表达,加之其对气之"聚则为有,散则为无"的分辨与理之"聚有聚之理,散有散之理"的说明,不正好就是理超越于气之形上特征的表现吗? 在这里,如果仅仅从聚散的角度看,则理对于气确实具有一定的超越性(超越于其具体形体之外);而从"有形体"与"无形体"之区别来看,理似

---

① 胡居仁:《老佛归宿》,《居业录》卷七,第 76 页。

乎也具有"无形体"之形而上的特征。但是,所有这些"聚散"包括"有形体""无形体"的说法其实都服从于其宇宙生成演化这一实然存在的对象视角本身;至于其通过"有形体""无形体"所表达的形上蕴涵,实际上不过是宇宙生成演化过程中的一种存在属性而已。这与朱子以天理为本体的理气论哲学是根本不同的。所以说,朱子以理为本的理气论哲学发展到胡居仁,就已经明显地走向气本论了。也许正是有鉴于此,陈来先生指出:"胡居仁认为在理气之间不能说理是第一性的,气是第二性的;不能说理是本源,气是理所派生的,他表现出这样的思想,即气是第一性的,有气则有理,理由气决定。他坚持理在气中,理具气质之内。胡居仁的这些思想,提示出他是明代理学薛瑄到罗钦顺之间的一个重要环节。"①

辟佛排老是宋明理学的职志,从一定程度上说,正是为了辟佛排老,为了与佛老在理论上"较是非,计得失",理学家才不得不从事理论创造,不得不展示儒家超越的形上追求精神。但辟佛排老不仅表现着理学家对佛老理论的认识,同时也表现着其自身的理论自觉,从这个角度说,如何辟佛排老也就成为理学家自身理论立场的一种反证了。

胡居仁的辟佛排老及其动力主要来自两个方面,一方面当然是理学传统的因素,一个自觉的理学家不能不坚持辟佛排老的立场;另一方面,则又主要决定于其自身的理论自觉——其与佛老的理论差异也使他不能不对佛老持批评态度。对胡居仁来说,这后一方面不仅表现着其自身的理论认识,同时也表现着其对理学传统的继承与坚持。在他看来,"儒者养得一身之正气,故与天地无间;释老养得一身之私气,故逆天背理。"②像这样的批评,当然还可以说主要是站在理学传统立场上的批评,正像程颢、象山批评释氏只是一种自私自利一样。胡居仁又说:"儒者养得一个道理,释老只养得一个精神。"③这里所谓的精神,其实也就像后来

---

① 陈来:《宋明理学》,第 184 页,上海:华东师范大学出版社,2004 年版。
② 黄宗羲:《明儒学案·崇仁学案》二,《黄宗羲全集》第七册,第 24—25 页。
③ 黄宗羲:《明儒学案·崇仁学案》二,《黄宗羲全集》第七册,第 24 页。

王阳明批评释氏只是"拨弄精魂"一样。从这些批评来看,当然都是儒家的一贯看法,也是理学家的共同立场。

就胡居仁对佛老理论的认识而言,同样表现在两个方面:其一就是佛老对本体的认识,即儒学与佛老在本体观、价值观上的差别;其二则是二者在工夫进路上的差别——这一差别同时又成为其不同的本体价值观的表现。关于释氏对本体的认识,胡居仁指出:

> 释氏误认神识为理,故以作用是性。殊不知神识是气之英灵,所以妙是理者。就以神识为理则不可。性是吾身之理,作用是吾身之气。认气为理,以形而下者作形而上者。①

从胡居仁对释氏的这一认识来看,他主要批评佛教的"情识为理"和"作用是性"两点。在他看来,由于佛教以"空"为本,其全部设施也就只能落实在"神识"上,也只能以"作用是性"为指向。由于"神识是气之英灵",性则是"吾身之理",因而释氏实际上也就是"认气为理,以形而下者为形而上者"了。

在宋明理学的背景下,胡居仁对佛教的这一批评当然可以说是有其相当强的理论根据的。因为在两宋时代,理学家往往是根据儒家的体用关系模式来理解佛教的性相关系,张载就曾批评佛教是以"万象为太虚中所见之物,则物与虚不相资,形自形,性自性,形性、天人不相待而有"②,也就是其所谓的"体用殊绝"。实际上,佛教的"空"并不是儒学在本体意义上的"空",而是"诸行无常,诸法无我"——所谓"万法无自性"式的"空"。③ 在这一基础上,被儒家视为具有本体意义的"性""理"就只能被归结到"作用"与"神识"的范围了。但是,如果按照佛教的学理,所谓"作用"与"神识"只能被视为作为本体之"性"与"理",即所谓"缘起"的

---

① 胡居仁:《老佛归宿》,《居业录》卷七,第78页。
② 张载:《正蒙·太和》,《张载集》,第8页。
③ 牟宗三:《佛家体用义之衡定》,《牟宗三先生全集》第5册,第600页,台北:联经出版事业公司,2003年版。

表现,却并不能直接等同于儒家所谓的本体。这样看来,胡居仁对佛教所概括的"情识为理"与"作用是性"作为对佛教学理的认识起码是超过两宋理学家的;但其"认气为理,以形而下者为形而上者"的批评却未必能够正对佛教之病,佛教并不是"认气为理",更不是"以形而下者为形而上者",所以这一批评只能视为胡居仁在儒家理论的基础上对佛教学理所进行的一种逻辑归谬而已。

至于胡居仁对佛教工夫理路的批评也同样表现着这一特点,他说:

> 禅家存心有两三样,一是要无心,空其心,一是羁制其心,一是照观其心。儒家则内存诚敬,外尽义理,而心存。故儒者心存万理,森然具备。禅家心存而寂灭无理。儒者心存而有理,禅家心存而无主。儒家心存而活,异教心存而死。然则禅家非是能存其心,乃是空其心,死其心,制其心,作弄其心也。[1]

这一段批评,如果仅仅作为修行与追求的工夫理路而言,那么儒家自然也有"空其心""羁制其心"与"照观其心"的一面,儒与佛禅的对立并不表现在工夫理路上;但从工夫理路的角度看,二者恰恰存在着极为相似的一面。在这里,胡居仁为什么批评禅宗是"空其心,死其心,制其心,作弄其心"呢? 实际上,这并不是来自纯粹的工夫理路的批评,而主要是儒学与佛禅不同的价值观在工夫理路上的投射和表现,一如其前边批评佛教是"认气为理,以形而下者为形而上者"一样,实际上也都是通过对佛之不同于儒家的价值观进行归谬在工夫理路上的表现。

至于道家,胡居仁则非常用心地澄清道家对儒学的诸多批评,比如他分析说:"学一差,便入异教,其误认圣贤之意者甚多。此言无为,是无私意造作,彼遂以为真虚净无为矣。此言心虚者,是心有主而外邪不入,故无昏塞,彼遂以为真空无物矣。此言无思,是寂然不动之中万理咸备,

---

① 胡居仁:《老佛归宿》,《居业录》卷七,第80页。

彼遂以为真无思矣。此言无适而非道,是道理无处无之,所当操存省察,不可造次颠沛之离,彼遂以为凡其所适无非是道。故任其猖狂自恣而不顾也。"①在这里,所有的"此言"都是指儒家本来的主张;所有的"彼遂以为",则是指道家对儒学的误解或污蔑而言,也包括其对自家主张的宣称。不过,由于这一切首先都发生在"学一差"的情况下出现的,即没有真正把握儒家学理的基础上,最后不仅陷于种种谬误,也只能导致自己"任其猖狂自恣而不顾也"。这说明,在胡居仁看来,凡是道家对儒学的批评,其实都是建立在误解或污蔑的基础上的,这也就是其所谓的"学一差"——没有真正把握儒家学理的表现。

那么,胡居仁又将如何反驳道家的思想观点呢?实际上,由于儒道两家同属于中国传统文化,其在工夫理路上的一致性是毋庸讳言的,所以,对于道家,与其说是批评,不如说主要是一种辩白、澄清与互诠式的证明。比如前边所征引的两段正好表现了胡居仁对道家与儒学互诠式的辩白与澄清,当然同时也就包含着其对道家的反批评:

> 主敬是有意,以心言也。行其无所事,以理言也。心有所存主,故有意。循其理之当然,故无事。此有中未尝有,无中未尝无,心与理一也。②

> 以理论之,此理流行不息,此性禀赋有定,岂可说空说无? 以气论之,则有聚散虚实之不同,聚则为有,散则为无。若理则聚有聚之理,散有散之理,亦不可言无也。气之有形体者为实,无形体为虚,若理则无不实也。③

在这里,"无"与"有"以及"无心"与"有意"的互补及其不同表现,既是对道家"无"的智慧之一定程度的吸取,同时也是对儒家本体与工夫两层世

---

① 黄宗羲:《明儒学案·崇仁学案》二,《黄宗羲全集》第七册,第 29—30 页。
② 黄宗羲:《明儒学案·崇仁学案》二,《黄宗羲全集》第五册,第 517 页,杭州:浙江古籍出版社,1985 年版。
③ 胡居仁:《老佛归宿》,《居业录》卷七,第 76 页。

界的辩白与澄清；至于"此理流行不息，此性禀赋有定，岂可说空说无？"显然既是对儒家学理的澄清，也是依据儒家体与用、本体与工夫两层世界之有机统一对于道家虚无主张的一种反击与批评。

第三章 理学的顺承与演变——理气哲学 的发展（下）

作为朱子学的进一步展开,明代理学发展到罗钦顺就算达到了它的一个高峰;罗钦顺之所以被称为"朱学后劲""紫阳功臣",也主要是就其对朱子学的坚持与捍卫而言的。另一方面,正因为罗钦顺代表着明代朱子学的高峰,也就同时意味着明代朱子学的一个更为明显的变革已经来临了——过此以往,明代理学也就成为阳明学与朱子学之中分、对垒以至于逐步取代朱子学的过程。当然,这只是就明代理学的总体格局及其发展走向而言的。从罗钦顺来看,他当时不仅是所谓"朱学后劲""紫阳功臣",同时也可以说是朱子学变革的先驱,因而其思想本身就体现着明代理学中"朱学后劲"与"变革先驱"两个方面的统一,并且也正好处于二者相互转换的关节点上。就是说,与刚刚崛起的阳明心学相比,罗钦顺固然应当算作明代理学中的"朱学后劲",但就其自身的思想走向而言,朱子学在作为其继承、捍卫对象的同时也就成为其所变革的对象了。由此往后,继之而起的王廷相、吴廷翰不仅不再以朱子后学自居,而且开始另创学派,并明确地将朱子学视为其所批判、改造的对象了。到了晚明的顾宪成、高攀龙这一代东林党人,由于其时阳明心学已经泛滥成灾,他们朱王互救其失的学旨就表现出某些向朱子复归的趋势,但就其实质而言,已经不再是纯粹的朱子学了。

第一节　罗钦顺的理气、心性与儒佛之辨

罗钦顺(1465—1547),字允升,号整庵,江西泰和人。罗钦顺出身于仕宦之家,自幼聪颖过人,弘治六年(1493),以甲榜第三的身份授翰林院编修,后升任南京国子司业。刘瑾把持朝政期间,因不肯阿附,被削职为民。刘瑾伏诛后复官,以后历任南京太常少卿、南京礼部右侍郎、南京礼部尚书、吏部尚书等职。仅就这一履历来看,罗钦顺显然属于高官显宦之列。罗钦顺与王阳明、王廷相同朝为官,三人的年龄差距不超过十岁;又曾与王阳明、湛甘泉、欧阳崇一等心学家往复论学,是明代朱子学的中坚。因为其对朱子学之坚决捍卫的立场,一时被誉为“朱学后劲”“紫阳功臣”。晚年致仕归乡,从事著述,是阳明心学最有力的批判者与抗衡者。

罗钦顺的成学经历,据其本人自述,“早尝从事章句,不过为利禄谋尔”[①],就是说,其早年所学不过是科举制艺之类,目的当然在于通过科举出仕以作用于社会。任官京师时,也曾痴迷于禅学,并一度“为之精思达旦……后官南雍,则圣贤之书,未尝一日去手,潜玩久之,渐觉就实。始知前所见者,乃此心虚灵之妙,而非性之理也。自此研磨体认,日复一日,积数十年,用心甚苦。年垂六十,始了然有见乎心性之真,而确乎有以自信”[②]。从这一成学经历来看,可以说罗钦顺是通过科举考试入学,继而通过禅学钻研以深化其所学(且不管其是否真正进入禅学),最后则是通过“圣贤之书,未尝一日去手”的方式,“研磨体认……始了然有见乎心性之真,而确乎有以自信”。从其“年几四十,始慨然有志于道”[③],到“年垂六十,始了然有见乎心性之真”来看,不仅说明心性问题一直是罗钦顺所“研磨体认”的主要问题,而且也由此决定了其一生批评心学的

---

① 罗钦顺:《困知记序》,《困知记》,第1页。
② 罗钦顺:《困知记》卷下,《困知记》,第34—35页。
③ 罗钦顺:《困知记序》,《困知记》,第1页。

使命。

一、理气之辨

从理论上看,虽然罗钦顺一直以"心性之真"为探索志向,但他的为学进路却决定其探索不能不首先从理气关系的角度展开。这主要是由两个方面的因素决定的:一方面,明代的理学家基本上都属于朱子学之支流余裔,这就形成了一种共识性的时代氛围;从对朱子学的研究来看,则又不能不从朱子哲学最基本的关系——理气关系出发。另一方面,即使罗钦顺始终以"心性之真"作为探索指向,但在其为学进路既定的条件下,他也就只能从对理气关系的探讨出发,然后才有可能定位其"心性之真"的规模,就是说,只有在理气关系得到基本澄清的前提下,才有可能展开其对心性问题的探索。

现存的《困知记》一书始刻于嘉靖七年(1528,即王阳明去世的前一年),当时只有上下两卷,以后则不断有所续补,所以其始刻版本只有"卷上、卷下",以后则陆续有"续卷上""续卷下"以及"三续""四续",包括作为其"附录"的"论学书信"以及后人所增补的"序跋"等等,说明现存《困知记》实际上是由陆续增补而成的。如果从罗钦顺嘉靖(1522—1566)初即致仕家居算起,那么其初刻版本中的"卷上、卷下"部分,也就可以代表其"年垂六十,始了然有见乎心性之真"的基本看法了,虽然在其初刻本中,列于首章的就是孔孟的"存心养性"之教,表明其探索的目的就是要彻底澄清心性问题,但说到其理论基础,仍然要从其对朱子理气关系的理解说起。

关于理气关系,罗钦顺首先是从"穷理"的角度展开的,他写道:

> 自夫子赞《易》,始以穷理为言。理果何物也哉? 盖通天地,亘古今,无非一气而已。气本一也,而一动一静,一往一来,一阖一辟,一升一降,循环无已。积微而著,由著复微,为四时之温凉寒暑,为万物之生长收藏,为斯民之日用彝伦,为人事之成败得失。千条万

绪,纷纭胶轕而卒不可乱,有莫知其所以然而然,是即所谓理也。初非别有一物,依于气而立,附于气以行也。①

如果从对朱子学的继承出发,那么罗钦顺这一段对"理"的论述自然也就可以说是其关于天地万物之所谓本始的基本看法了,但明显有别于朱子。因为朱子曾明确地指出:"未有天地之先,毕竟也只是理。有此理,便有此天地;若无此理,便亦无天地,无人无物,都无该载了。"②如果将朱子的这一论述与罗钦顺的上述说法稍加比较,就可以看出朱子无疑是以理为本的,罗钦顺这里却完全是以气为本的,其所谓"通天地,亘古今,无非一气而已"就可以说是他对"以气为本"原则的明确表达;至于其接着强调的"气本一也,而一动一静,一往一来",则无疑又是对其"气本"观点及其作用的具体说明。所以到后边其所谓的"初非别有一物,依于气而立,附于气以行也",也就完全可以说是对朱子的天理本体论及其理先气后之说的一种明确批评了。也许正是这一原因,罗钦顺一直被视为理学中的气学家。③

我们这里固然可以暂且不管罗钦顺究竟是理本论还是气本论,但他的探讨是从"理"出发这一点是确定无疑的。就此而言,他当然是朱子学的继承者——起码是明确地继承了朱子学的为学进路与探索方向的。但是,在继承朱子学的基础上,罗钦顺为什么又要明确地将朱子的"以理为本"直接演变为"以气为本"呢?这就涉及一个较为复杂的问题。因为在这里,无论是"以理为本"还是"以气为本",实际上都首先要面对同一个客观世界;只有对这个世界形成根本不同的关注视角,才会形成"以理为本"与"以气为本"的差别。因而无论是朱子还是罗钦顺,他们无疑都

---

① 罗钦顺:《困知记》卷上,《困知记》,第 4 页。
② 黎靖德编:《朱子语类》卷一,第 1 页。
③ 李书增等著的《中国明代哲学》一书中曾对罗钦顺哲学评论说:"他处于明代心学兴起的时期,首倡以气为本的唯物论,对抗理学和心学,形成气学与理学、心学鼎立的局面。"(李书增等:《中国明代哲学》,第 814 页,郑州:河南人民出版社,2002 年版)张学智先生也评价说:"罗钦顺的理气论,虽从朱熹入,已明显有张载气论的特点,而其心性论也与朱熹有一定差异。"张学智:《明代哲学史》,第 318 页,北京:北京大学出版社,2000 年版。

首先是这个世界的探索者;只有在不同探索视角的基础上,才会形成这种"以理为本"与"以气为本"的不同立场。

在这里,我们同样可以暂且不管朱子将如何面对这个世界以及其所面对世界之根本性质问题,仅就罗钦顺而言,他的"以气为本"之说也就明确地规定了他所面对的世界及其性质,并且具有某种难以避免的必然性。从上段引文来看,当他对"理"进行"为四时之温凉寒暑,为万物之生长收藏,为斯民之日用彝伦,为人事之成败得失"的定性与落实时,这种"理"也就只能存在于宇宙生化之气的"一动一静,一往一来,一阖一辟,一升一降"的过程中。因为这种性质的"理"本身就是决定事物之所以存在、所以发展变化的定则之理。

让我们再从罗钦顺所面对的世界来看其"理"的性质。他指出:

> 盈天地之间者惟万物,人固万物中一物尔。"乾道变化,各正性命",人犹物也,我犹人也,其理容有二哉?然形质既具,则其分不能不殊。分殊,故各私其身;理一,故皆备于我。夫人心虚灵之体,本无不该,惟其蔽于有我之私,是以明于近而暗于远,见其小而遗其大。凡其所遗所暗,皆不诚之本也。然则知有未至,欲意之诚,其可得乎?故《大学》之教,必始于格物,所以开其蔽也。格物之训,如程子九条,往往互相发明。其言譬如千蹊万径,皆可以适国,但得一道而入,皆可以推类而通其余,为人之意,尤为深切。①

这就是罗钦顺的世界,从其"人固万物中一物"以及"人犹物也,我犹人也"来看,这分明是一个建立在气机生化基础上万物之实然存在及其生成、演化、发展的世界;其"形质既具"一说尤其表现了这一点。在这一条件下,其所谓的理也就只能成为决定天地万物之所以存在、所以发展变化的生化之理了。从实然存在的角度探索万物所以生化发展之理,这样的理就只能存在于生化流变之气中。所以说,问题的要害并不在于罗钦

---

① 罗钦顺:《困知记》卷上,《困知记》,第2—3页。

顺颠倒了朱子的理气关系,从而使朱子的理本论演变为气本论,而在于罗钦顺所面对的世界、所探索的所以然之理已经不再是朱子既作为天地万物所以存在之本体依据同时又作为人伦世界万善之源的道德本体之理了。除此之外,罗钦顺又认为"知有未至,欲意之诚,其可得乎?"说明他也是明确地坚持通过对自然物理的认识来达到主体之诚意目的的,这说明他根本就没有注意到二者之间的不对应性。当然所有这些问题,也首先是由于朱子当时总是以决定天下万事万物之"所以然"来论证人伦道德之"所当然"的特点决定的,也就导致了其后学总是不断地从原本作为道德依据与价值根源之天理向着作为自然生化之理的方向滑转,并试图通过对自然物理的认识来达到主体诚意的目的。在天理的内涵已经演变为气之屈伸往来之理的条件下,其理气关系的演变也就成为一个非常自然的走向;而以对自然物理的认识来促进主体诚意的实现,也说明他根本没有注意到诚意本身对主体之道德性要求。

在这里,还有一点也需要提出来讨论,比如虽然朱子总是以物理世界中之"所以然"来论证人伦世界中之"所当然",但在朱子看来,二者之间存在着本质性的区别则是肯定无疑的①;其间最基本的差别,也就在于人与物、人伦与物理的区别。但在罗钦顺看来,"人犹物也,我犹人也,其理容有二哉?"又说:"人固万物中之一物尔,须灼然见得此理之在天地者与其在人心者无二,在人心者与其在鸟兽草木金石者无二,在鸟兽草木金石者与其在天地者无二,方可谓之物格知至,方可谓之知性知天,不然只是揣摸臆度而已。盖此理在天地则宰天地,在万物则宰万物,在吾心则宰吾身,其分固森然万殊,然止是一理,皆所谓纯粹精也。"②在这里,虽然罗钦顺也明确坚持"此理在天地则宰天地,在万物则宰万物,在吾心则

---

① 朱子的同代学人陈齐仲当时就以物理探索的方式来认知天理,却遭到朱子的严厉批评,他指出:"格物之论,伊川意虽谓眼前无非是物,然其格之也,亦须有缓急先后之序,岂遽以为存心于一草木器用之间而忽然悬悟也哉? 且如今为此学而不穷天理、明人伦、讲圣言、通世故,乃兀然存心于一草木、一器用之间,此是何学问? 如此而望有所得,是炊沙而欲其成饭也。"朱熹:《答陈齐仲》,《朱熹集》卷三十九,第 1792 页。
② 罗钦顺:《答欧阳少司成崇一》又,《困知记》,第 123 页。

宰吾身",但其始终坚持"在人心者与其在鸟兽草木金石者无二",而这种能够"宰天地""宰万物"同时又能够"宰吾身"的理究竟是一种什么性质的理呢?恐怕除了流行于自然界的物则之理,也就别无选择了。这样一来,当罗钦顺完全将"我"还原为"人",又将"人"还原为"物"时,其所谓的"理"也就只能成为或完全归结为客观而又自然的"物理"了。也只有在这一意义上,他才可以提出"其理容有二哉"式的反问。

在这一背景下,罗钦顺也就完全可以改写朱子的理气关系了,他对这一点也确实进行了多番论证;但其具体的思考进路与论证方法,仍然是从朱子理气关系的角度展开的。他说:

> 尝窃以为,气之聚便是聚之理,气之散便是散之理,惟其有聚有散,是乃所谓理也。推之造化之消长,事物之终始,莫不皆然。①
>
> 理只是气之理,当于气之转折处观之。往而来,来而往,便是转折处也。夫往而不能不来,来而不能不往,有莫知其所以然而然,若有一物主宰乎其间而使之然者,此理之所以名也。"易有太极",此之谓也。若于转折处看得分明,自然头头皆合。②

在这里,其前一段是从气之聚散的角度说理,因为理不仅是因着气之聚散才有所附着的,并且始终存在于气之聚散的过程中,所以说"惟其有聚有散,是乃所谓理也"。如果没有气,没有气之聚散,自然也就谈不到所谓聚散之理了。至于其后面一段,则专门谈气之转折表现,并从气之转折的角度说理——正因为有气之转折,才会有所谓转折之理。而转折之理所以存在,也就在于气之转折的过程中"若有一物主宰乎其间而使之然者"。显然,在罗钦顺看来,无论是聚散之理还是所谓转折之理,实际上都是以气之存在作为其自身所以存在之基本前提的,并且也始终立足于气之往来、转折处来认识理,因而所谓理,也就只能存在于气之聚散、往来与转折的过程中。在罗钦顺看来,这种气化流行中的聚散、转折之

---

① 罗钦顺:《困知记》卷下,《困知记》,第38页。
② 罗钦顺:《困知记》续卷上,《困知记》,第68页。

理,既是"易有太极"的表现,也是"造化之消长,事物之终始"的具体表现。这样一来,朱子理气关系中的理先气后说也就被彻底颠倒了:不是所谓理先气后,而是理只能存在于气之聚散、往来与转折的过程中,这就只能说是气先理后了。再结合明初以来朱子学的发展来看,从曹端开始怀疑朱子的理静气动到薛瑄、胡居仁开始怀疑朱子的理先气后,最后直到罗钦顺彻底颠覆朱子的理气先后说,从而也就将其从理先气后的立场转变为气先理后的立场了。从这个角度看,完全可以将罗钦顺称为气本论者。

但罗钦顺的这一转变又确实是沿着朱子学的进路前进的。正因为他是沿着朱子学的进路前进的,才被人们誉为"朱学后劲""紫阳功臣"。不过,除了对朱子学的推进,罗钦顺同时也对朱子理学深致其不满;这一不满又主要表现在其对朱子未能使理与气的关系彻底"定于一"上,也就为其后学制造了许多理论上的麻烦。这无疑是非常自然的。在罗钦顺看来,正由于朱子的理气关系未能彻底地"定于一",也就使得"理"始终存在着独立的可能;这一点同时又是一种虽然荒谬却又难以致讥的说法。所以在《困知记》中,罗钦顺就对各种理气关系之未能彻底地"定于一"的现象统统予以严厉的批判。比如他指出:

> 所谓叔子小有未合者,刘元承记其语有云:"所以阴阳者道。"又云:"所以阖辟者道。"窃详所以二字,固指言形而上者,然未免微有二物之嫌……所谓朱子小有未合者,盖其言有云:"理与气决是二物。"又云:"气强理弱。"又云:"若无此气,则此理如何顿放?"似此类颇多。[1]

> 叔子与朱子论著、答问,不为不多,往往穷深极微,两端皆竭,所可疑者,独未见其定于一尔,岂其所谓"犹隔一膜"者乎?[2]

> 周子《太极图说》篇首无极二字,如朱子之所解释,可无疑矣。

[1] 罗钦顺:《困知记》卷上,《困知记》,第5页。
[2] 罗钦顺:《困知记》卷上,《困知记》,第6页。

至于"无极之真,二五之精,妙合而凝"三语,愚则不能无疑。凡物必
两而后可以言合,太极与阴阳果二物乎? 其为物也果二,则方其未
合之先各安在耶? 朱子终身认理气为二物,其源盖出于此。愚也积
数十年潜玩之功,至今未敢以为然也。[1]

> 薛文清《读书录》甚有体认工夫,见得到处尽到。区区所见,盖
> 有不期而合者矣。然亦有未能尽合一处……至于反覆证明"气有聚
> 散,理无聚散"之说,愚则不能无疑。夫一有一无,其为缝隙也大矣,
> 安得谓之"器亦道,道亦器"耶? 盖文清之于理气,亦始终以为二物,
> 故其言未免时有窒碍也。[2]

从这些点评来看,罗钦顺几乎是用了一个"未能定于一"的标准就批评了
所有的理学家,包括所谓朱子后学,那么,其所谓"定于一"的标准果真如
此重要吗? 这主要是因为,当罗钦顺以自然物理来理解人伦道德时,他
也就必然要将人物化、将人伦道德物理化,然后再将所有的人伦物理一
概落实于气化流行的过程中,在他看来,只有这样,才能彻底解决前人关
于理气关系之"未能定于一"的问题。但是,一当罗钦顺将所有的人伦物
理完全内在于气之聚散、屈伸和往来、转折的过程中,一方面固然使"理"
取得了最大的普遍性——遍在于一切存在——所谓万事万物所以存在
发展的过程中;另一方面,就在他对"理"进行这种普遍化落实与遍在化
拓展的同时,也就彻底消解了"理"之人伦道德与价值根源方面的内涵,
从而也就仅仅成为一种纯粹自然的物理了。在这种条件下,我们固然也
可以说"理"确实彻底内在于气了,并且也已经内化为气之聚散、屈伸和
往来、转折过程中的具体条理,与此同时,"理"却不仅失去了其人伦道德
方面的内涵,同时也失去了其作为人之认知的终极指向的超越性蕴涵,
因而其所谓的形而上者,也就仅仅存在于自然物理之存在属性与存在方
式这一点上了。这样一来,罗钦顺也就在颠倒朱子的理气关系、将朱子

---

① 罗钦顺:《困知记》卷上,《困知记》,第29页。
② 罗钦顺:《困知记》卷上,《困知记》,第38页。

的理本论演变为气本论的同时,消解了朱子天理本体论之道德超越性的蕴涵,从而将其彻底等同并且也落实于自然物理的层面了。

二、心性与儒佛之辨

虽然上述探讨已经解决了理与气之如何能够彻底地"定于一"的问题,但罗钦顺的思想探讨并没有完结。由于其探讨理气关系的目的原本就不在于理气关系,当然也不是故意与朱子作对,而主要在于心性问题,在于通过对理气关系的探讨以形成其彻底澄清心性问题的理论基础。就这一点而言,心性与儒佛之辨才是罗钦顺所有探讨活动的真正目的;也正是这一原因,他才会以"年垂六十,始了然有见乎心性之真"来为自己一生的探索定位。又说:"拙《记》累千万言,紧要是发明心性二字,盖勤一生穷究之力,而成于晚年者也。"①仅从罗钦顺的这一自我定位与自我剖白来看,即使我们表彰其为气本论的开创者,也并非就是他所期待的,其所真正期待的就在于他对心性与儒佛关系的彻底澄清上。

由于罗钦顺已经将理气关系彻底归并为一,并将理全然内在于气之屈伸、往来与转折的过程中,在人性问题上,他最不能接受的观点就是两宋以来所谓双重人性的说法;甚至也可以说,他之所以要探讨理气关系并将二者彻底"定于一",本来也就是为了消解两宋以来的双重人性观点。在这一背景下,罗钦顺自然会处处发现双重人性说的缺陷与弊端。比如,他先从追溯儒家人性论之起源的角度分析说:

> 《六经》之中,言心自帝舜始,言性自成汤始……孔子言之加详,曰:"一阴一阳之谓道,继之者善也,成之者性也……"又曰:"性相近。"子思述之,则曰:"天命之谓性,率性之谓道。"孟子祖之,则曰"性善。"凡古圣贤之言性,不过如此。自告子而下,初无灼然之见,类皆想象以为言,其言益多,其合于圣贤者殊寡,卒未有能定于一

---

① 罗钦顺:《答萧一诚秀才书》,《困知记》,第163页。

者。及宋,程、张、朱子出,始别白而言之,孰为天命之性,孰为气质之性,参之孔孟,验之人情,其说于是乎大备矣。然一性而两名,虽曰"二之则不是",而一之又未能也,学者之惑,终莫之解,则纷纷之论,至今不绝于天下,亦奚怪哉![1]

从罗钦顺的这一追溯来看,他是明确地以所谓原始之"一"作为根本依据的("言性自成汤始"),同时又以所谓"定于一"为最高指向,所以在他看来,从孔子、子思到孟子对这个原始之"一"都只有"祖述之"而已,也始终没有破坏所谓"一"的传统。只有到了"告子而下,初无灼然之见,类皆想象以为言……卒未有能定于一者。"因而再到两宋,由二程、张载到朱子,其"一性而两名"规定所导致的"卒未有能定于一者",也就始终成为一个需要排除的集负面现象之大成的重大问题了。这样看来,两宋理学家的"别白而言之"以及由之所形成的"一性而两名"现象,与其说是推进了对人性问题的探讨,不如说正是导致以后"纷纷之论"与"学者之惑"的根本原因。从其这一追溯也可以看出,罗钦顺不仅根本不认同两宋理学家关于双重人性的说法,而且也必然要将二者如何能够彻底"定于一"作为自己的奋斗方向。

正是在这一方向的引导下,罗钦顺也就能够处处发现理学家关于双重人性论说的诸多毛病,比如:

> 程、张本思、孟以言性,既专主乎理,复推气质之说,则分之殊者诚亦尽之。但曰"天命之性",固已就气质而言之矣,曰"气质之性",性非天命之谓乎? 一性而两名,且以气质与天命对言,语终未莹。[2]

从这一批评来看,罗钦顺始终在追求如何使人的双重人性能够彻底"定于一",这样一种目标也许原本并不错,比如当张载提出双重人性时,同时也就明确申明说:"气质之性,君子有弗性者焉。"[3]这一说法本身就明

---

[1] 罗钦顺:《困知记》卷上,《困知记》,第6—7页。
[2] 罗钦顺:《困知记》卷上,《困知记》,第7页。
[3] 张载:《正蒙·诚明》,《张载集》,第23页。

确地预设了二者必须"定于一"的指向,但张载的"定于一"主要是通过"知礼成性变化气质"实现的,从而使人能够通过"变化气质"以彻底统一于天地之性。后来,虽然朱子也从具体的存在表现的角度提出"气质之性,便只是天地之性。只是这个天地之性却从那里过,好的性如水,气质之性如杀(撒)些酱与盐,便是一般滋味"①,但朱子对于双重人性的这种统一毕竟主要是从其存在方式(生化禀赋)与存在属性("天地之性却从那里过")的角度言说的;从现实人生的角度看,双重人性的巨大反差却恰恰是人之道德修养所以必须的必要前提。既然罗钦顺要将双重人性如何能够彻底"定于一"作为其探索方向,那么,他又将如何实现这一目标呢?

实际上,罗钦顺对于双重人性之彻底"定于一"的努力仍然是通过自然之生化与人生之禀赋的方式实现的,其论证则又主要是通过"理一分殊"的方式实现的。他说:"理一分殊四字,本程子论《西铭》之言,其言至简,而推之天下之理,无所不尽。在天固然,在人亦然……在一日亦然,在万古亦然。持此以论性,自不须立天命、气质之两名,灿然其如视诸掌矣。"②很明显,所谓"自不须立天命、气质之两名"的说法无疑是从存在方式、存在属性与禀赋之理的角度言说的,具体来看,其对双重人性的统一又主要是通过禀气赋形的方式实现的。罗钦顺说:

> "天命之谓性",自其受气之初言也;"率性之谓道",自其成形之后言也。盖形质既成,人则率其人之性,而为人之道;物则率其物之性,而为物之道。均是人也,而道又不尽同,仁者见之则谓之仁,知者见之则谓之知,百姓则日用而不知,分之殊也,于此可见。③

在这一论证中,罗钦顺实际上是通过人生"受气"之"生理",并从宇宙生化之"气一"到生成万物之"气万"的方式来实现的,所以他对孟子的人性论解释说:"盖受气之初,犬牛与人,其性未尝不一;成形之后,犬牛与人,

① 黎靖德编:《朱子语类》卷四,第68页。
②③ 罗钦顺:《困知记》卷上,《困知记》,第9页。

其性自是不同。"①为什么从受气之初的"犬牛与人,其性未尝不一"就必然会走向成形之后的"犬牛与人,其性自是不同"呢? 从其上面所谓的"盖形质既成,人则率其人之性,而为人之道;物则率其物之性,而为物之道"来看,罗钦顺显然是将这一问题交给"禀气赋形"之"生理"来解决的,也就是说,"犬牛与人"从其同到其不同,主要是由其生命中不同的"生理"基础决定的。说其同,则万物一理,都是气机生化的产物;说其异,也就成为"人则率其人之性,而为人之道;物则率其物之性,而为物之道"了。这样一来,人与动物的区别实际上也就仅仅成为一个"生理"之禀赋与具体成形的问题了。人与动物当然存在着"生理"之别,但如果将二者的区别仅仅归结为一个"生理"因素,那就确实存在着消解人对人之所以为人之精神自觉的可能。

在对人性进行"生理"与"成形"定位的基础上,罗钦顺又将如何说明人心呢? 在他看来,"夫心者,人之神明,性者,人之生理。理之所在谓之心,心之所有谓之性,不可混而为一也。"②既然"理之所在谓之心,心之所有谓之性",这就说明所谓人性其实也就是心中之理。为什么又必须坚持二者之"不可混而为一"呢? 在罗钦顺看来,心与性不仅存在着天与人、体与用之别,而且还存在着道心与人心、"生理"与"明觉"的区别。所以,罗钦顺在追求双重人性必须"定于一"的同时,又必须处处辨别心性,唯恐人们将其"混而为一也"。他指出:

> 盖人之生也,自其禀气之初,阳施阴受,而此理即具。主宰一定,生意日滋,缠绵周匝,遂成形质。此上智、下愚之所同也。③

> 天性正于受生之初,明觉发于既生之后。有体必有用,而用不可以为体也。④

> 孟子曰:"君子所性,仁义礼智根于心。"此心性之辨也。二者初

---

① 罗钦顺:《困知记》卷上,《困知记》,第21页。
② 罗钦顺:《困知记》卷上,《困知记》,第1页。
③ 罗钦顺:《再答林正郎贞孚》,《困知记》,第155页。
④ 罗钦顺:《答欧阳少司成崇一》,《困知记》,第118页。

不相离,而实不容相混。精之又精,乃见其真。其或认心以为性,真所谓"差毫厘而谬千里"者矣。①

　道心,性也。人心,情也。心一也,而两言之者,动静之分,体用之别也。②

在这一系列论述中,心性关系自然可以说既存在着天人之别,又存在着体用之别。罗钦顺的全部论证,也就集中在不可"认心以为性"这一点上,当然也可以说就是不可认"人心"为"道心"。

这样一来,罗钦顺的心性之辨就与其理气之辨呈现为一种截然相反的走向。在理气之辨中,他的全部论证就是要解决理与气如何才能够彻底"定于一"的问题;而在心与性之辨中,其全部关怀就集中在不可"认心以为性"一点上。这样,他的理气与心性关系就形成了两种完全相反的走向。关于这两种截然相反之走向所包含的错谬,刘宗周曾反问道:

　谓理即是气之理,是矣。独不曰性即是心之性乎? 心即气之聚于人者,而性即理之聚于人者,理气是一,则心性不得是二;心性是一,性情又不得是二。使三者于一分一合之间,终有二焉,则理气是何物? 心与性情又是何物? 天地间既有个合气之理,又有个离气之理;既有个离心之性,又有个离性之情,又乌在其为一本也乎?③

对于罗钦顺的这一错谬,刘宗周当然主要是从理论逻辑的角度进行反驳的。但对罗钦顺而言,这一错谬与其说是一个理论逻辑的问题,不如说首先是一个现实关怀的问题。这一关怀的重心,也就集中在他的儒佛之辨上;甚至也可以说,他之所以要倾注其全部心力于理气、心性之辨,本来就是为了解决儒佛之辨的问题,正是儒佛之辨,才促使他不得不采取这种严辨心性的立场。

为什么要通过严辨心性的方式来解决儒佛之辨的问题呢? 这又首

---

① 罗钦顺:《困知记》卷上,《困知记》,第1页。
② 罗钦顺:《困知记》卷上,《困知记》,第2页。
③ 刘宗周:《明儒学案师说》,《刘宗周全集》第五册,第526页。

先是由其对佛教的认识决定的。请先看罗钦顺对儒佛之别的认识：

> 释氏之"明心见性"与吾儒之"尽心知性"，相似而实不同。盖虚灵知觉，心之妙也。精微纯一，性之真也。释氏之学，大抵有见于心，无见于性。故其为教，始则欲人尽离诸相，而求其所谓空；空即虚也。既则欲其即相、即空，而契其所谓觉，即知觉也。觉性既得，则空相洞彻，神用无方，神即灵也。凡释氏之言性，穷其本末，要不出此三者，然此三者皆心之妙，而岂性之谓哉！①

这就是罗钦顺对儒佛之别的认识，而其最基本的划界，也就在于"虚灵知觉，心之妙也。精微纯一，性之真也"，就是说，儒与佛最基本的区别，就在于看其究竟是依赖"精微纯一"的"性之真"呢，还是凭借作为"虚灵知觉"的"心之妙也"。正由于罗钦顺是以心性之别来作为儒佛区别之基本标志的，所以其结论也就成为"释氏之学，大抵有见于心，无见于性"；而其所凭借的"觉性"（知觉）、"空相"与"神用"三者，"皆心之妙，而岂性之谓哉！"这等于说，在所谓"心之妙"的基础上发展起来的灵明知觉，就代表了释氏之学的全部家底，无怪乎他要以心性之别来作为儒佛区别的标志。

进一步看，罗钦顺一定程度上也承认释氏之学既可以言心又可以言性，但其所言的心性又全然不同于儒学所言的心性。所以，他比较说：

> ……吾儒言心，彼亦言心，吾儒言性，彼亦言性，吾儒言寂感，彼亦言寂感，岂不是句句合？然吾儒见得人心道心分明有别，彼则混然无别矣，安得同！②

> ……吾儒之有得者，固是实见，禅学之有得者，亦是实见，但所见者不同，是非得失，遂于此乎判尔。彼之所见，乃虚灵知觉之妙，亦自分明脱洒，未可以想像疑之。然其一见之余，万事皆毕，卷舒作

---

① 罗钦顺：《困知记》卷上，《困知记》，第2页。
② 罗钦顺：《困知记》续卷下，《困知记》，第88页。

用,无不自由,是以猖狂妄行,而终不可与入于尧舜之道也。愚所谓"有见于心,无见于性",当为不易之论。①

在这一比较中,儒与佛当然都可以言心言性言知觉,但其在具体内涵上又是根本不同的,所谓"吾儒见得人心道心分明有别",这自然可以说是其所谓心性之别的表现,释氏则认为心性"混然无别"。在罗钦顺看来,这就是其相互之间的一个基本区别,其相互的另一区别则在于,禅学所谓有得,说到底不过是一种"虚灵知觉之妙"而已,儒学则始终是以"性理之真"作为基础的,这是儒佛之间的又一个区别。从这两点来看,罗钦顺所谓的儒佛之辨可以从三个层面来把握:第一,即心性之别,这可以说是儒学与佛教最根本的区别;第二,所谓道心人心之别,这一区别既可以说是心性之别的自然延伸,也可以说是其作用的表现;第三,佛教所凭借的主要在于"虚灵知觉","虚灵知觉"说到底又不过是一种"心之妙"而已,儒学的一切则全然奠基于"性理之真"的基础上。正是这一原因,对罗钦顺的儒佛之辨,刘宗周评论说:"先生方断断以心性辨儒释,直以求心一路归之禅门,故宁舍置其心以言性,而判然二之。"②也就是说,当罗钦顺全然以心性之别作为儒佛之辨的基本标准时,也就将心学彻底驱赶到佛禅一边去了。

罗钦顺这一儒佛之辨的标准又是如何形成的呢?这又与其早年的一段特殊经历有关。正是他早年的一段特殊经历,使他始终坚信佛教所凭借的不过是一种"此心虚灵之妙,而非性之理也",形成了其一生对佛教的严厉批判立场。他回忆说:

> 愚自受学以来,知有圣贤之训而已,初不知所谓禅者何也。及官京师,偶逢一老僧,漫问何由成佛,渠亦漫举禅语为答云:"佛在庭前柏树子。"愚意其必有所谓,为之精思达旦。揽衣将起,则恍然而有悟,不觉汗流通体。既而得禅家证道歌一编,读之,如合符节,自

---

① 罗钦顺:《困知记》卷下,《困知记》,第40页。
② 刘宗周:《明儒学案师说》,《刘宗周全集》,第五册,第525页。

以为至奇至妙,天下之理莫或加焉。后官南雍,则圣贤之书,未尝一日去手,潜玩久之,渐觉就实。始知前所见者,乃此心虚灵之妙,而非性之理也。自此研磨体认,日复一日,积数十年,用心甚苦。年垂六十,始了然有见乎心性之真,而确乎有以自信。①

显然,正是其早年的这一段特殊经历,使罗钦顺确信佛禅所凭借的不过是一种"此心虚灵之妙"而已。由此之后,他又在其他场合回忆说:"盖佛氏以知觉为性,所以一悟便见得个虚空境界。《证道歌》所谓'了了见,无一物,亦无人,亦无佛'是也。渠千言万语,只是说这个境界。"②这里所提到的《证道歌》,其实就是其早年"恍然而有悟"之后所读的《证道歌》;至于其内容,说到底又不过是述说一个"空"的境界,这种"空"说到底又不过是人的一种心觉。所以罗钦顺又说:"佛氏之所谓性,觉而已矣。其所谓觉,不出乎见闻知觉而已矣。"③

但是,难道罗钦顺就凭借其早年对禅宗"心觉"之"空"的认识决定了其一生毫不妥协的反佛态度吗?这显然是不可能的。如果说禅宗之"空"不过是"此心虚灵之妙"所形成的一种光景,那么罗钦顺也完全可以通过自己的经历来拆穿这一光景,根本用不着对此问题一直耿耿于怀;由此之后,推动罗钦顺不断地钻研佛教经典诸如《金刚经》《楞严经》以及种种禅宗"公案"的动力其实也并不在于佛禅之学本身,而主要在于儒学内部;甚至也可以说,他完全是为了清理儒学的门户才反过来去钻研佛教经典与禅宗公案的。请看罗钦顺在与友人书信中的感慨,他在与友人讨论阳明心学时写道:

曾不自考,顾乃诬孟子以就达磨,裂冠毁冕,拔本塞源,言之可为痛恨!其自误已矣,士之有志于学而终不免为其所误者,何可胜计!非有高明特立之君子,以身障其流而扑其焰,欲求斯道大明于

---

① 罗钦顺:《困知记》卷下,《困知记》,第34—35页。
② 罗钦顺:《困知记》续卷上,《困知记》,第61页。
③ 罗钦顺:《困知记》续卷上,《困知记》,第47页。

世,其可得乎!①

在《困知记》中,罗钦顺以或明或暗的方式批评阳明心学的章节几于不可胜数,甚至也可以说,《困知记》本身就是阳明心学推动下的产物;没有阳明心学的盛行,罗钦顺可能也就不会有"勤一生穷究之力,而成于晚年"的《困知记》之作。所以,他处处暗示阳明心学实际上就是佛教渗透于儒学中的表现:

> 世顾有尊用"格此物""致此知"之绪论,以阴售其明心之说者,是成何等见识耶! 佛氏之幸,吾圣门之不幸也。②

对于罗钦顺来说,这样的感慨当然不可能是随便而发,但这些感慨却说明了一点,这就是从其心性之辨到儒佛之辨,作为标准,实际上就是为阳明心学所量身定做的。因而,与其说他是为了批评佛教才严辨心性问题,不如说他就是为了批评阳明心学才找到佛教、找到禅宗的,并且也是以之作为标准来辨析心性问题的。

但罗钦顺这种严辨心性式的批评,就将整个心学排除于理学之外了。在他看来,心学简直就是一种不应当产生的学派,因为其产生本身也就意味着佛教与禅学对儒学的渗透和污染。比如在《困知记》中,其对历代心学家的批评几乎贯穿全书:

> 象山之学,吾见得分明是禅,弟则以为"似禅"。似之为言,仿佛之谓也。以余观之,佛氏有见于心,无见于性,象山亦然。其所谓至道,皆不出乎灵觉之妙,初不见其有少异也,岂直仿佛云乎! 据象山所见,自不合攻禅,缘当时多以禅学目之,不容不自解尔。③

> 慈湖顿悟之机,实自陆象山发之。其自言"忽省此心之清明,忽省此心之无始末,忽省此心之无所不通",即释迦所谓"自觉圣智境

---

① 罗钦顺:《与林次崖金宪》,《困知记》,第154页。
② 罗钦顺:《困知记》卷上,《困知记》,第4页。
③ 罗钦顺:《答允恕弟》,《困知记》,第114页。

界"也。书中千言万语,彻头彻尾,无非此个见解,而意气之横逸,辞说之猖狂,比之象山尤甚。[1]

今观白沙之所举示,曰"无学无觉",曰"莫杖莫喝",曰"金针",曰"衣钵",曰"进出面目来",大抵皆禅语也。岂以圣经为未足,须藉此以补之耶?[2]

湛元明议论多持两端,余尝拟之扬子云矣,况渠乃象山派下真法嗣乎?[3]

在罗钦顺这一判教性的清算下,南宋以来整个心学一系就被他全然排除于理学之外而推向佛禅一边了。这样一来,作为理学,除了探索自然界的"定则之理"外,其表现于人生,也就只有随着禀气赋形而来的"生理"之学了。无怪乎刘宗周对他的性理之学评价说:"先生方断断以心性辨儒释,直以求心一路归之禅门……处理于不外不内之间,乃呈一心目之象,终是泛观物理。"[4]可以说,这就是罗钦顺以心性辨儒佛的必然结果。

至于罗钦顺何以会以如此方式来推进理学,除了其对朱子学之不同的继承侧重外,最重要的因素,一方面决定于他在朱子学上与阳明心学的抗辩关系,同时也决定于他们之间的相互补充与相互塑造关系。

三、罗钦顺与王守仁之辩

罗钦顺与王阳明生活于同一时代(罗钦顺年长王阳明七岁),都出身于仕宦之家,且先后在同一年龄段科举高中(罗钦顺弘治六年以甲榜第三中第,王阳明则在弘治十二年举南宫第二)。出仕以后,他们自然属于同朝为官的关系;在刘瑾专权时期,他们都受到过沉重的打击(罗钦顺因为不肯阿附刘瑾而被削职为民,王阳明则因为上书言事而受到廷杖、系狱与远谪的打击)。就这一点而言,应当说他们不仅有大体相同的家庭

---

[1] 罗钦顺:《困知记》续卷下,《困知记》,第78页。
[2] 罗钦顺:《答湛甘泉大司马》,《困知记》,第150页。
[3] 罗钦顺:《答允恕弟》,《困知记》,第115页。
[4] 刘宗周:《明儒学案师说》,《刘宗周全集》第五册,第525页。

背景,也处于完全相同的政治生态之中。最后,他们也都是在同一文化背景下成长起来的士君子。

稍许有所不同的是,中举之前,罗钦顺"尝从事章句,不过为利禄谋尔"①;出仕以后,罗钦顺又属于典型的循吏:"知有圣贤之训而已,初不知所谓禅者何也。"②从其这一经历上可以看出,罗钦顺显然属于那种循规蹈矩又极有原则的学者。王阳明则有所不同,始就塾师,就有"何为第一等事"之问,以后又独自摸索"宋儒格物之学";在"格竹子"、实践朱子"读书之法"失败后,又发现朱子学原来就存在着"物理吾心终若判而为二"③的弊端,一度陷入辞章与佛老之学,直到被置于生死之地的龙场,才以"大悟格物致知之旨"的方式找到了一条新的为学路径。从这些经历来看,他们二人不仅在为人性格上存在着较大的反差,而且一起始就在为学进路上存在着较大的分歧。

就其相互关系而言,当王阳明在龙场"大悟格物致知之旨"时,罗钦顺实际上已形成其"慨然有志于道"的志向了;直到中年,当他们一同任职于南京时,才开始了他们一生中最重要的一次相逢。当时,由于罗钦顺已经确立了继承朱子学的志向,王阳明则刚刚开始在南京展开其心学宣讲,于是他们就有了正式的接触。罗钦顺在致阳明的书信中曾回忆了两人的交往情况:

> 昨拜书,后一日始获奉领所惠《大学古本》《朱子晚年定论》二编。珍感,珍感。
>
> 某无似,往在南都,尝蒙诲益。第苦多病,怯于话言,未克倾吐所怀,以求归于一是,恒用为歉。去年夏,士友有以《传习录》见示者。亟读一过,则凡向日所闻,往往具在,而他所未闻者尚多。乃今又获并读二书,何其幸也!顾惟不敏,再三寻绎,终未能得其旨归,

---

① 罗钦顺:《困知记序》,《困知记》,第1页。
② 罗钦顺:《困知记》卷下,《困知记》,第34页。
③ 钱德洪:《年谱》一,《王阳明全集》,第1224页。

> 而向日有疑,尝以面请而未决者,复丛集而不可解。深为执事所以惠教之意,将不徒然。辄敢一二条陈,仰烦开示。①

从这一缘起来看,他们当年在南京时就已经有过当面的讨论,只是由于罗钦顺当时"未克倾吐所怀",因而并没有达成一致的认识。而王阳明对这一情况的记忆是:"留都时,偶因饶舌,遂致多口,攻之者环四面。"②那么,当时"环四面"的批评中包括不包括罗钦顺呢?从罗钦顺"尝以面请而未决"以及王阳明又专门递送《大学古本》与《朱子晚年定论》来看,应当说罗钦顺当时不仅是主要批评者,甚至可能还是批评阳明心学的学术领袖(从阳明专门给他递送《大学古本》与《朱子晚年定论》以及此前的专门致书也说明了这一点。当然,这同时也说明,王阳明其时也在努力弥合其与朱学学者的矛盾)。此后,王阳明赴南赣平定流民起义,因为其在南都这一段遭到围攻的经历,也促使他有了《朱子晚年定论》之刻③,而罗钦顺一直任职于南都,并从南京太常少卿、南京礼部右侍郎一直做到南京的礼部尚书、吏部尚书等职。在接到《大学古本》与《朱子晚年定论》之前,罗钦顺就已经读过王阳明的《传习录》上卷了,以往对阳明心学所留下的印象非但没有改变,反而因读《传习录》更为加深,在收到阳明新近递赠的《朱子晚年定论》与重刻的《大学古本》之后,他终于提笔写信,并试图以书札的方式完成其与阳明的学术讨论。

从罗钦顺来看,此前他已经读过王阳明的三本书,因而对其学术趋向已经有相当的了解;此番致书,就是要明确地站在捍卫朱子学的立场上对王阳明心学进行一次系统的批评。而从王阳明来看,一方面,他刚刚平定了朱宸濠的藩乱,却又因为张忠、许泰之蓄意构陷,差一点被作为朱宸濠的同党而治罪,在经历了这一系列生死攸关的危局之后,终于获

---

① 罗钦顺:《与王阳明书》,《困知记》,第 108 页。
② 王守仁:《与安之》,《王阳明全集》,第 173 页。
③ 袁庆麟在为王阳明《朱子晚年定论》所作的"跋"中说:"《朱子晚年定论》,我阳明先生在留都时所采集者也。"由此可见,王阳明的《朱子晚年定论》其实在南京遭到"围攻"时就已经开始搜集了,只是到了赣南才刊刻的。《王阳明全集》,第 142 页。

领江西巡抚之命而重返南昌。罗钦顺的书信就是在这一背景下到达的。

寒暄之后,罗钦顺就直接批评王阳明的《大学古本》之复与《朱子晚年定论》之编。由于《大学古本》的问题稍微复杂,不仅涉及对朱子《今本大学》的看法,同时也涉及他们两位不同的为学进路,我们这里先从罗钦顺对王阳明《朱子晚年定论》的批评谈起。关于《朱子晚年定论》,罗钦顺写道:

> 又详《朱子定论》之编,盖以其中岁以前所见未真,爰及晚年,始克有悟,乃于其论学书尺三数十卷之内,摘此三十余条,其意皆主于向里者,以为得于既悟之余而断其为定论。斯其所择宜亦精矣,第不知所谓晚年者,断以何年为定?羸躯病暑,未暇详考,偶考得何叔京氏卒于淳熙乙未,时朱子年方四十有六,尔后二年丁酉,而《论孟集注》《或问》始成。今有取于答何书者四通,以为晚年定论。至于《集注》《或问》,则以为中年未定之说。窃恐考之欠详,而立论之太果也。又所取《答黄直卿》一书,监本止云"此是向来差误",别无"定本"二字。今所编刻,增此二字,当别有据。而序中又变定字为旧字,却未详本字同所指否?朱子有《答吕东莱》一书,尝及定本之说,然非指《集注》《或问》也。凡此,愚皆不能无疑,顾犹未足深论。①

这就是罗钦顺对王阳明《朱子晚年定论》之编最为刚性的批评,既然认为是"朱子晚年定论",那么所搜集的文献起码必须出于朱子的晚年(虽然出于晚年者并非就一定是定论),王阳明这里却是将朱子的《答何叔京》书作为其晚年定论的,比这更晚的《集注》《或问》,则以为是中年未定之说,这是无论如何都说不过去的。至于朱子《答黄直卿》一书多出的"定本"二字,似乎可以传抄之误来理解,因为"向来差误"一说本身也就足以指谓其不赞成以往的观点了,根本不必以所谓"定本"来突出其悔悟;而

---

① 罗钦顺:《与王阳明书》,《困知记》,第110页。

王阳明在序中所提到的"旧本",由于朱子生前就已经有编其文集者①,这里除了何叔京生卒年年限未考的失误,其随便对文本增加文字,也都是不可原谅的过错。

至于阳明对这一问题的辩解,则更是不可原谅的。他辩解说:"中间年岁早晚诚有所未考,虽不必尽出于晚年,固多出于晚年者矣。"②如果说随便增加文本文字本身就已经是一个不小的过错了,那么其在这里的辩解简直就不可饶恕。因为既然是"晚年定论",那么其文本的年限以及其是否出于晚年就是一个根本"性质"的问题,王阳明在这里却试图通过所谓"多出于晚年"的"数量"问题来为自己辩解,这实在是不应该的。

但王阳明这里究竟存在不存在真正可以为自己辩解的因素呢? 这倒是一个真正值得辨析的问题。就在他刊刻《朱子晚年定论》不久,他就曾向其弟子说明了其所以编《朱子晚年定论》的原委:

> 留都时,偶因饶舌,遂致多口,攻之者环四面。取朱子晚年悔悟之说,集为定论,聊藉以解纷耳。门人辈近刻之零都,初闻甚不喜;然士夫见之,乃往往遂有开发者,无意中得此一助,亦颇省颊舌之劳……今但取朱子所自言者表章(彰)之,不加一辞,虽有褊心,将无所施其怒矣。③

再看他向罗钦顺所作的解释:

> 然大意在委曲调停以明此学为重,平生于朱子之说,如神明蓍龟,一旦与之背驰,心诚有所未忍,故不得已而为此。……盖不忍抵牾朱

---

① 参见束景南:《朱熹年谱长编》庆元四年(1198)十一月"王岵编辑朱熹文集"条,《朱熹年谱长编》,第 1335 页。

② 王守仁:《答罗整庵少宰书》,《王阳明全集》,第 78 页。

③ 王守仁:《与安之》,《王阳明全集》,第 173 页。阳明这一书信作于己卯(1519),在与罗钦顺激辩(1520)之前,故由此也可以看出,王阳明确实是在利用朱子的"悔悟"之说来为自己所受到的围攻"解纷";从罗钦顺答书中的"未足深论"一点来看,罗钦顺也并非要以这一点来猛攻阳明。

子者,其本心也;不得已而与之抵牾者,道固如是,不直则道不见也。①

王阳明的这一辩解,一方面说明他确实是要利用甚至也可以说是故意用朱子的"悔悟"之说来化解朱学学者的围攻;另一方面,其之所以要采取这样的方法,又是因为"不忍抵牾朱子者,其本心也",最后之所以又不得不与之抵牾者,则是因为"道固如是,不直则道不见也"。这就是说,王阳明承认他确有与朱子学的相异或抵牾之处,包括其《朱子晚年定论》的摘编也不合乎学术规范,但这却绝不能说凡是与朱子相异者都是错的:"夫道,天下之公道也;学,天下之公学也,非朱子可得而私也,非孔子可得而私也。天下之公也,公言之而已矣。"②这就是说,即使其学确与朱子异,也仍然有其讲学的权力;至于所谓不合规范的摘编,也完全是出于一种"以明此学为重"的"委曲调停"心理。

应当承认,对于王阳明的这一辩解,罗钦顺无话可说。因为他虽然处处以朱子为权威,并且还以所谓"决与朱子异"③来批判阳明,殊不知王阳明早就已经置孔子的权威于不顾了,因为其所谓"道,天下之公道也;学,天下之公学也,非朱子可得而私也,非孔子可得而私也",可以说是其对罗钦顺的明确回答。在这种条件下,罗钦顺所谓"决与朱子异"的归谬也就失去了批判的效力。但是,就对朱子思想的理解而言,则无论阳明这里是出于"委曲调停"的心理还是故意用朱子的晚年"悔悟"之说来化解朱学学者的围攻,实际上也都是不足取的。

然后让我们来看王阳明的《大学古本》之复。这一问题虽然是以儒家经典文本的方式展开的,仍然关涉朱子学,因为当时学界所公认的《大学今本》就是由朱子所整理出来的,王阳明的《大学古本》之复,也就不仅是"决与朱子异"的问题,而且也是以同样作为儒家经典的《大学古本》来批评朱子。这一问题又不像《朱子晚年定论》那样简单明了,而是同时涉

①② 王守仁:《答罗整庵少宰书》,《王阳明全集》,第 78 页。
③ 罗钦顺云:"如其以为未合,则是执事精明之见,决与朱子异矣。凡此三十余条者,不过姑取之以证成高论……"罗钦顺:《与王阳明书》,《困知记》,第 111 页。

及为学方向的大问题,罗钦顺就必须提高到为学方向的角度来批判。罗钦顺所重点辨析的就是这一问题:

> 切详《大学古本》之复,盖以人之为学,但当求之于内,而程朱格物之说,不免求于外,圣人之意,殆不其然。于是遂去朱子之分章,而削其所补之《传》,直以支离目之,曾无所用。夫当仁不让,可谓勇矣。窃惟圣门设教,文行兼资,"博学于文",厥有明训。颜渊称夫子善诱,亦曰"博我以文"。文果内耶,外耶? 是固无难辨者。凡程朱之所为说,有戾于此者乎? 如必以学不资于外求,但当反观内省以为务,则正心诚意四字,亦何不尽之有? 何必于入门之际,便困以格物一段工夫也? 顾经既有此文,理当尊信,又不容不有以处之,则从而为之训曰:"物者,意之用也。格者,正也,正其不正,以归于正也。"其为训如此,要使之内而不外,以会归一处。亦尝就以此训推之,如曰:"意用于事亲,即事亲之事而格之,正其事亲之事之不正者,以归于正,而必尽夫天理。"盖犹未及知字,已见其缴绕迂曲而难明矣。审如所训,兹惟《大学》之始,苟能即事即物,正其不正以归于正,而皆尽夫天理,则心亦既正矣,意亦既诚矣。继此,诚意、正心之目,无乃重复堆叠而无用乎?[1]

在这一段争辩中,罗钦顺希望能够澄清三个方面的问题,或者说他是用了三个无可辩驳的事实来反驳王阳明的为学主张:其一,为学究竟应当求之于内还是应当内外兼顾——或者说起码应当以求之于外的方式来解决内的问题? 其二,孔子的"博学于文"、颜渊的"博我以文"如何从求之于内来说明? 其三,王阳明以"正念头"为特征的格物说与《大学》的文本原意是否能够贯通吻合? 在罗钦顺看来,只要这三个问题无法解决,那么王阳明心学——从为学方向到具体进路也就被彻底驳倒了。所以,当罗钦顺提出这些质疑时,应当说他当时是相当自信的,因为他既有圣

---

[1] 罗钦顺:《与王阳明书》,《困知记》,第108—109页。

人的教导,又有经典文本的依据,同时还有两宋以来儒者为学的实践作为证明。

罗钦顺却完全没有料到王阳明根本就不会按照他的规则来出牌。也就是说,罗钦顺的思考坐标是一种内外对立而又相互补充的关系,王阳明的思考坐标根本就不是这种内外对待的关系,而是一种立体纵贯性的坐标。在这种纵贯立体的坐标面前,罗钦顺的内外对待坐标一下子就被撑破了,而且还必须重新思考自己所存在的问题。王阳明是这样破解罗钦顺之内外统一的一维坐标的:

> 夫德之不修,学之不讲,孔子以为忧。而世之学者稍能传习训诂,即皆自以为知学,不复有所谓讲学之求,可悲矣!夫道必体而后见,非已见道而后加体道之功也;道必学而后明,非外讲学而复有所谓明道之事也。然世之讲学者有二,有讲之以身心者,有讲之以口耳者。讲之以口耳,揣摸测度,求之影响者也;讲之以身心,行著习察,实有诸己者也,知此则知孔门之学矣。①

这一段其实就是王阳明整个答辩的总纲。由于罗钦顺搬出了孔子的"博学于文"与颜渊的"博我以文"为自己内外统一的一维坐标做证,王阳明也就必须通过对孔子讲学精神的重新诠释来确立新的标准;从所谓"德之不修,学之不讲,孔子以为忧"一转而为"世之学者稍能传习训诂,即皆自以为知学",则是明确地从理想转向现实、从孔子之所忧一下子转向了现实的"即皆自以为知学"。这就包括了罗钦顺,当然也包括着对罗钦顺的反击。至于"道必体而后见"与"道必学而后明"正是对孔子讲学精神的一种准确诠释,其中又渗透着王阳明所一贯坚持的知行合一精神。这样一来,世之讲学者也就分成了两种进路:一种是"讲之以身心"的"行著习察"之学,一种是"讲之以口耳"且"求之影响者"的"揣摸测度"之学,其中又正好对应着其所谓的"稍能传习训诂,即皆自以为知学"的现象。这

---

① 王守仁:《答罗整庵少宰书》,《王阳明全集》,第75页。

就不仅扭转了罗钦顺的思考坐标,还迫使罗钦顺思量:自己究竟讲的是哪一种学问?

在这一基础上,罗钦顺批评王阳明的"是内非外"之学也就遭到了激烈的反击:"夫理无内外,性无内外,故学无内外。讲习讨论,未尝非内也;反观内省,未尝遗外也。"①为什么明明是"内"、明明是"外",却又说是"未尝遗外""未尝非内"呢? 在王阳明身心纵贯、知行合一的架构中,所谓"讲习讨论"必然关涉着内;所谓的"反观内省"也就必然同时牵连着外,所以王阳明反驳说:"夫谓学必资于外求,是以己性为有外也,是义外也,用智者也;谓反观内省为求之于内,是以己性为有内也,是有我也,自私者也:是皆不知性之无内外也。"②这样一来,罗钦顺内外统一的一维坐标,也就必然会陷于一种内外对立的格局,从而也就不得不从王阳明身心纵贯、行著习察的角度来重新定位、重新思考。

辩论到这一地步,两个人的分歧就已经非常清楚了,罗钦顺无疑是一种客观性的内外对立统一的认知性坐标,王阳明则是一种纵向立体之实践性的行著习察坐标。所以在罗钦顺看来,王阳明以"正念头"为特征的格物说不仅缺乏客观性,而且还存在着一个很大的危险:这就是所谓"局于内而遗其外,禅学是已"③。但在王阳明看来,罗钦顺的内外求索之学也必然会陷入内外两失的格局,从而成为仅仅以所谓"传习训诂"为能事的"俗学"。

他们之间的这种差别与对立,必然会促使对方反省以更加凸显自身的特征,同时也推动着自己在原有的基础上进一步走向深入。比如从罗钦顺的角度看,他在与王阳明的辩论中就曾明确提出:"自我而观,物固物也,以理观之,我亦物也,浑然一致而已,夫何分于内外乎! 所贵乎格物者,正欲即其分之殊,而有见乎理之一,无彼无此,无欠无余,而实有所统会。"④这显然是从认知对象的角度来看人、看物而又看理的结果。岂

①② 王守仁:《答罗整庵少宰书》,《王阳明全集》,第 76 页。
③④ 罗钦顺:《与王阳明书》,《困知记》,第 109 页。

不知这样的角度根本就无法应对王阳明主体实践性的行著习察视角；将人伦道德全然还原于自然物理的方法也无法解释道德本身的价值特色。所以，王阳明去世后，罗钦顺又继续与王阳明的弟子欧阳崇一辨良知的问题，并提出所谓"人固万物中一物尔，须灼然见得此理之在天地者与其在人心者无二，在人心者与其在鸟兽草木金石者无二，在鸟兽草木金石者与其在天地者无二，方可谓之物格知至，方可谓之知性知天，不然只是揣摩臆度而已。"①但在这种人伦物理完全同一等值的基础上，其格物所得也就只能是纯粹的自然物理了。从这个角度看，也可以说正是与王阳明的抗辩，才推动着罗钦顺进一步走向了客观自然的物理之学。

但从王阳明来看，当他与罗钦顺展开激辩时，正是他刚刚经历了宁藩之乱、忠泰之难的时候，所以他回忆说："今经变后，始有良知之说。"②看起来，王阳明良知说的提出似乎应当归功于宁藩之乱和忠泰之难，实际上，与罗钦顺的激辩才是其良知说得以提出之最直接最根本的动因。对王阳明来说，宁藩之乱与忠泰之难固然也存在着身家性命之忧，却并不存在精神上自我否定——整个阳明精神坍塌的危险；与罗钦顺的辩论则时时关涉着其自我肯定的精神依据问题，比如他所摘编的《朱子晚年定论》就被罗钦顺彻底揭破了其不可靠性；来自儒家传统的依据也完全为罗钦顺所占领。在这种状况下，其以往的精神凭借几乎可以说是被一一粉碎，所以他才能有这样的剖白："夫学贵得之心，求之于心而非也，虽其言之出于孔子，不敢以为是也，而况其未及孔子者乎！求之于心而是也，虽其言之出于庸常，不敢以为非也，而况其出于孔子者乎！"③实际上，这就包含着一种不以孔子之是非为是非的精神；这种精神，也正是在来自孔子、颜子与朱子的依据都一一为罗钦顺所占领运用的情况下出现的。王阳明这种"求之于心"的精神，也就是一种"四无依傍"的精神，实际上也就是致良知的精神。所以说，正是这一抗辩以及其绝地反击，才

---

① 罗钦顺：《答欧阳少司成崇一》又，《困知记》，第 123 页。

② 钱德洪：《年谱》二，《王阳明全集》，第 1279 页。

③ 王守仁：《答罗整庵少宰书》，《王阳明全集》，第 76 页。

将王阳明送到了良知学的大门口；与罗钦顺的激辩，正是推动着其良知说出场的临门一脚。也许正是这一原因，王阳明才总是将良知称为"随时知是知非"的"自家准则"①。

罗钦顺与王阳明的分歧与抗辩，实际上也就成为明代理学（气学）与心学的一次交会与碰撞了；他们之间的分歧，则既是其各自不同为学路径所以形成的根本推动者，同时也是它们相互补充、相互塑造的具体表现。

第二节　王廷相的元气论哲学

罗钦顺是明代的"朱学后劲"，也代表着明代朱子学的一个高峰，但就在罗钦顺的哲学中，明代理学已经实现了其从理学向气学的转向。所以，到了同时稍晚的王廷相，他不仅不再以朱子后学自居，而且已经开始明确地批评朱子学了。明代理学的这一转向，从表现上看，自然可以说是通过从理学到气学的演变实现的，实际上，这一转向首先是通过对两宋以来理学双重视角之彻底的一元化、内在化实现的。

王廷相（1474—1544），字子衡，号浚川，河南仪封（今河南兰考）人。王廷相弘治十五年（1502）进士及第，拜翰林院庶吉士，后升任兵部给事中。刘瑾专权时期，谪亳州判官，刘瑾伏诛后升任高淳知县，以后又历任四川道监察御史、陕西按察使、山东布政使等职。嘉靖时，升任南京兵部尚书、都察院左都御史，最后以兵部尚书、太子少保罢归。作为明代文坛的"前七子"之一，王廷相诗文成就都很高，作为传统的儒家士大夫，王廷相也非常关心民族的精神建构。他与罗钦顺、王阳明先后出仕，且同朝为官，其思想却既不同于王阳明的心学，也不同于罗钦顺的理气哲学，而是明确地提出了以元气为宇宙万物本根的元气论哲学。

---

① 阳明云："尔那一点良知，是尔自家的准则。尔意念着处，他是便知是，非便知非，更瞒他一些不得。尔只不要欺他，实实落落依着他做去，善便存，恶便去。他这里何当稳当快乐。"《语录》三，《王阳明全集》，第 92 页。

一、"元气之上无人无物"

与罗钦顺通过追溯理之实然存在从而走向气本论不同,王廷相从一起始就明确否定了元气之外的一切存在。这说明,正是从薛瑄到罗钦顺对朱子理气关系的颠倒,为以后的思想家提供了直接从气出发以探索天地万物所以存在、所以发展的可能与基础。王廷相明确指出:"天地之先,元气而已矣。元气之上无物,故元气为道之本。"①又说:"愚谓天地未生,只有元气,元气具,则造化人物之道理即此而在,故元气之上无物、无道、无理。"②很明显,这样一种表达与罗钦顺那种仅仅通过对理气关系的反复辨析,从而确认理只能存在于气之屈伸、往来与转折的过程中根本不同,王廷相一起始就明确地是从"元气为道之本"的角度立论的。如果说王廷相也承认道与理的存在,那么它们也只能存在于元气流行的基础上,存在于元气生化流变的过程中;离开了元气,所有关于存在的说法也就不过是一种"支离虚无之见"而已。

所以,在王廷相看来,所谓元气就是"造化之元机",也就是说,世界上一切存在都是元气混涵孕育的产物。他指出:

> 道体不可言无,生有有无。天地未判,元气混涵,清虚无间,造化之元机也。有虚即有气,虚不离气,气不离虚,无所始,无所终之妙也。不可知其所至,故曰太极;不可以为象,故曰太虚,非曰阴阳之外有极有虚也。二气感化,群象显设,天地万物所由以生也,非实体乎?是故即其象,可称曰有;及其化,可称曰无,而造化之元机,实未尝泯。故曰道体不可言无,生有有无。③

> 天内外皆气,地中亦气,物虚实皆气,通极上下造化之实体也。④

---

① 王廷相:《雅述》上篇,《王廷相集》,第 835 页,北京:中华书局,1989 年版。
② 王廷相:《雅述》上篇,《王廷相集》,第 841 页。
③ 王廷相:《慎言·道体篇》,《王廷相集》,第 751 页。
④ 王廷相:《慎言·道体篇》,《王廷相集》,第 753 页。

从这一论述来看,王廷相认为元气就是理学家所探讨的道体,所以说"不可知其所至,故曰太极;不可以为象,故曰太虚,非曰阴阳之外有极有虚也"。在这里,由于元气本身就是道体,因而具有"无所始,无所终"——所谓永恒长存的特点;又由于"不可知其所至""不可以为象",因而同时也就是太极与太虚的统一。但由于它本身就是内涵阴阳的元气,所以从"二气感化,群象显设"一直到"天地万物所由以生",也都是元气作用的表现。这样一来,元气也就成为"实体""道体"与"造化之元机"三者的统一了。至于"道体不可言无,生有有无"这一结论性的概括,也就是说,道体既不能用"无"来规定,也不是虚无所生,而是一种永恒的存在;只有"元气之生"才蕴涵着有与无两种不同的属性,是"有象"与"无形"两态的统一;天之内外、地之上下,既然都是元气本身之充塞流行,同时也就是"造化之实体"的具体表现。

在王廷相对"实体""道体"与"造化之元机"三者统一的论述中,他明确地突破了朱子以来所形成的宇宙论与本体论、太极与天理分别两属的矛盾。在朱子哲学中,太极既是天理,净洁空阔,不自会动静,同时又要分阴分阳,从而又不得不成为阴阳五行、宇宙生化之本始,所以刘述先就曾明确地对朱子的诠释质疑说:"朱子解'无极而太极'一句没有问题,解'太极动而生阳'就不能没有问题。对朱子来说,太极是理,怎么可以动,殊不可晓,所以他一定要曲为之解,而终难自圆其说。"[1]刘述先的这一质疑,一下子揭破了朱子试图融会汉唐时代的宇宙生化论视角与两宋以来的本体论视角从而所导致的内在矛盾,实际上,这也就是罗钦顺所一直耿耿于怀之程朱始终"未能定于一"的问题。到了王廷相,将一切存在都建立在元气实体的基础上,既说明其自身"无形"与"有象"的统一,同时又以"二气感化,群象显设"来说明"天地万物所由以生",这就顺利地解决了"实体""道体"与"造化之元机"三者之三位一体的问题。所以,张学智先生评价说:"朱熹的太极为理,王廷相的太极为气,根本处不同,所以

---

[1] 刘述先:《朱子哲学思想的发展与完成》,第273页,台北:台湾学生书局,1995年版。

由此生发出的观点歧义甚大。"①

从这种"实体""道体"与"造化之元机"的三位一体出发,王廷相首先对朱子所谓太极所代表的天理世界展开了批评。朱子将太极诠释为"只是理"②,太极作为天理又可以通过理一分殊的方式遍在于万事万物之中。但在王廷相看来,太极不仅存在着其究竟属于理还是属于气的问题,而且其内在于万物以及万物对太极之内在蕴涵的方式,也并不是朱子所说的"人人有一太极,物物有一太极"③,只能是以"各得太极之一气"的方式来实现其内在性与遍在性的统一。他指出:

> 太极者,道化至极之名,无象无数,而天地万物莫不由之以生,实混沌未判之气也,故曰元气。儒者曰:"太极散而为万物,万物各具一太极。"斯言误矣。何也?元气化为万物,万物各受元气而生,有美恶,有偏全,或人或物,或大或小,万万不齐,谓之各得太极一气则可,谓之各具一太极则不可。太极,元气混全之称,万物不过各具一支耳,虽水火大化,犹涉一偏,而况于人物乎?④

在王廷相的这一辨析中,由于太极只是"道化至极之名",其本身就具有"无象无数"的特点,同时又是"天地万物莫不由之以生"的根源,太极本身也就是"混涵未判之气"——阴阳未分之元气。至于太极内在于万物的方式,由于"元气化为万物,万物各受元气而生",在化生的过程中必然"有美恶,有偏全,或人或物,或大或小,万万不齐",总之,"谓之各得太极一气则可,谓之各具一太极则不可"。显然,由于太极本身就是"元气混全之称",其内在于万事万物的方式也就只能以生化禀赋的方式来实现,在这一前提下,万事万物也就只能各得太极之一偏,绝不可能内涵整个太极。

---

① 张学智:《明代哲学史》,第343页。
② 朱子云:"太极只是天地万物之理。在天地言,则天地中有太极;在万物言,则万物中各有太极。"黎靖德编:《朱子语类》卷一,第1页。
③ 黎靖德编:《朱子语类》卷九四,第2371页。
④ 王廷相:《雅述》上篇,《王廷相集》,第849—850页。

那么,王廷相这一分辨的意义何在呢? 首先,王廷相明确地改变了朱子"有是理后生是气"①以及"太极生天地万物"的说法,使太极从朱子所规定的"只是个天地万物之理"直接转换为生生之元气——"造化之元机",这就彻底解决了朱子哲学中理与气"未能定于一"的问题,使天地万物统统建立在元气生化的基础上了,当然也就同时解决了朱子哲学中宇宙论与本体论歧而为二的问题。其次,由于王廷相的太极同时又是"无形"而又"有象"两态的直接统一,也就解决了汉代以来单纯的宇宙生化论之形上意味不足的问题,并使元气直接成为形而上与形而下的有机统一。正因为这一点,王廷相也就根据其元气论对汉代以来的宇宙生化论以及道家"有生于无""道生天地"之宇宙论模式进行批评。他指出:

> 《列子》曰:"太易者,未见气也;太初者,气之始也;太始者,形之始也;太素者,质之始也。"此语甚有病,非知道者之见。天地未形,惟有太空,空即太虚,冲然元气。气不离虚,虚不离气。天地日月万形之种,皆备于内,一氤氲萌蘖而万有成质矣。是气也者乃太虚固有之物,无所有而来,无所从而去者。今曰"未见气",是太虚有无气之时矣。又曰"气之始",是气复有所自出矣,其然(乎),岂其然乎? 元气之上无物,不可知其所自,故曰太极;不可以象名状,故曰太虚耳。②

> 老、庄谓道生天地,宋儒谓天地之先只有此理,此乃改易面目立论耳,与老、庄之旨何殊? 愚谓天地未生,只有元气,元气具,则造化人物之道理即此而在,故元气之上无物、无道、无理。③

在这一对从宋儒、汉儒一直到老庄道家的系统批评中,汉儒从所谓"未见气也""气之始也"一直到"形之始""质之始",显然是一个从无到有之宇宙生化的过程,所以王廷相反问道:"今曰'未见气',是太虚有无气之时

---

① 黎靖德编:《朱子语类》卷一,第 2 页。
② 王廷相:《雅述》上篇,《王廷相集》,第 849 页。
③ 王廷相:《雅述》上篇,《王廷相集》,第 841 页。

也。又曰'气之始',是气复有所自出也",既然这一切都是在从无到有之生化过程中产生的,那么所有这些事物也就没有任何绝对性可言。宋儒认为"天地之先只有此理",其实这不过是老庄"道生天地"——所谓"有生于无"的另一种说法。在王廷相看来,任何生成的东西都没有绝对性可言,元气则是一种亘古至今的存在,它本身就是太极与太虚的统一——太极、太虚之"无形"与"有象"的统一也就彻底解决了形上与形下的统一问题。所以说"元气之上无物、无道、无理"——一切都是建立在元气基础上的存在,元气是万事万物得以存在的基础。

在王廷相这一分辨性的批评中,他通过太极与太虚之"无形"与"有象"的统一确实比较彻底地解决了"道体"之遍在性与内在性的问题,但他的"无形"与"有象"——所谓形而上与形而下的统一又仅仅是指事物的存在属性与存在方式而言,并没有道德与价值方面的蕴涵。这样一来,就解释能力而言,这种"无形"与"有象"的统一固然可以解释一切事物,也确实可以内在于一切事物之中,但所有的事物也都将成为一种无价值无意义之中性的存在。这就是说,王廷相在解决了"道体"之遍在性与内在性问题的同时,也消解了"道体"所拥有的道德属性与价值蕴涵。在这一基础上,王廷相的元气论哲学必然面临着两个相互歧异而又相互递进的走向:第一,彻底消解了两宋以来关于"道体"的道德与价值蕴涵,从而使之成为一种只揭示事物存在属性之绝对中性的概念;第二,从"道体"及其所生化的天地万物乃至一切存在也都将转化为一种可以认识的客观对象。

关于消解两宋理学以来的"道体"追求以及其价值蕴涵这一点,其实这也正是对朱子哲学进行"顺承与演变"一系的一种必然走向,从曹端质疑朱子的"太极不自会动静"到薛瑄强调理与气绝不可分割,本身也包含着这种可能性。这实际上是通过不断地强调理之遍在性与内在性——理内在于气、内在于天地万物的方式逐步消解理的超越性。而当罗钦顺将人性全然落实为人的禀气赋形之"生理",并明确提出"人固万物中一物尔,须灼然见得此理之在天地者与其在人心者无二,在人心者与其在鸟兽草木金石者无二,在鸟兽草木金石者与其在天地者无二,方可谓之物格知至,方可谓之知性知天,不然只是揣摸臆度而已"①时,就一方面表现了其对理之内在性的落实与遍在性的拓展,另一方面,既然理"在人心者与其在鸟兽草木金石者无二",那么这样的理还有其道德与价值方面的蕴涵吗?至于王廷相进一步将道体落实为太极与太虚——"无形"与"有象"之直接统一的元气时,那么这种表明"天地未生"的元气还有可能存在道德与价值方面的蕴涵吗?当王廷相本人不再以朱子后学自居并明确地批评朱子哲学时,也说明当明代理学发展到王廷相时,就已经较为彻底地唾弃了理学的道德本体论及其价值内核,从而也就只能使它更为坚定地走向客观的对象认识一途了。

所以,在王廷相看来,一切都是自然生化的产物,一切也都是认识的对象;只有在生化与认识的过程中才能揭示客观事物的存在及其本质。从生化的角度看,他把道体分为两个阶段,这就是表明道体存在的元气和表现其具体生化的生气;从天地万物的角度看,则又是一个从元气分化一直到天地万物所以形生质成的过程。他说:

> 有形,生气也;无形,元气也。元气无息,故道亦无息。是故无形者,道之氐也;有形者,道之显也。②

> 有太虚之气而后有天地,有天地而后有气化,有气化而后有牝牡,有牝牡而后有夫妇,有夫妇而后有父子,有父子而后有君臣,有君臣而后名教立焉。是故太虚者,性之本始也;天地者,性之先物也;夫妇父子君臣,性之后物也;礼义者,性之善也,治教之中也。③

在这一过程中,从道体的角度看,自然是先有"无形"的元气,然后才可能有"有形"之生气;无论是"无形"的元气还是"有形"的生气,都是道体的具体表现。至于从现实事物之形生神发的角度看,上述这一系列依次展

---

① 罗钦顺:《答欧阳少司成崇一》又,《困知记》,第123页。
② 王廷相:《慎言·道体篇》,《王廷相集》,第751页。
③ 王廷相:《慎言·道体篇》,《王廷相集》,第752页。

开的"而后"实际上都是通过元气之生成演化实现的,从而也就构成了人们认识的对象。

不过,由于王廷相已经改变了太极的内涵,使其从天理转变为元气之别名,朱子"理一分殊"之存在化路径就必然要发生变化,它不再是从"理一"走向"分殊'的过程,而是从元气之"气一"走向"气万"与"器万"的过程。这样一来,朱子原本以"吾心之全体大用无不明"为指向的格物致知说也就转变为一种对具体事物之理之无止境的认知追求活动了。王廷相说:

> 天地之间,一气生生,而常而变,万有不齐。故气一则理一,气万则理万。世儒专言理一而遗万,偏矣。天有天之理,地有地之理,人有人之理,物有物之理,幽有幽之理,明有明之理,各各差别。统而言之,皆气之化,大德敦厚,本始一源也;分而言之,气有百昌,小德川流,各正性命也。①

在这一由具体生化过程所展开的认知指向中,其目标不再是朱子超越的"理一",而是随着元气之生化从而展开的"天有天之理,地有地之理,物有物之理,幽有幽之理,明有明之理"之类的"各各差别"之理。这种存在于具体生化过程中的理,不仅是我们认知的对象,同时也是可以落实于现实人生中的科学认知之理。如果说王廷相元气论哲学最大的负面作用就在于对道德理性超越性的消解,那么其最大的正面作用就在于通过"气一则理一,气万则理万"的方式从而将人的认知引向了具体的可以实证的知识。在王廷相哲学中,客观的、可以实证的经验知识就得到了空前的凸显。他本人则可以说是这一方面的先行探索者。请看其哲学中建立在经验实证基础上的各种知识:

> 月食日,形体掩之也;日食月,暗虚射之也。日光正灼,积晕成

---

① 王廷相:《雅述》上篇,《王廷相集》,第 848 页。

蔽,故曰暗虚,观夫灯烛,上射黑焰,蔽光不照,足以知之。①

霰之始,雨也,感于阴气之冽,故旋转凝结以渐而大尔。②

星之陨也,光气之溢也,本质未始穷也,陨而即灭矣……陨而散灭者,光气之微者也。堕而为石,感地气而凝也,阴阳妙合之义也。③

今曰"春雪五出",此亦稗说琐语,乌足凭信?仆北方人也,每遇春雪,以袖承观,并皆六出,云五出者,久矣附之妄谈矣。④

夫心固虚灵,而应者必藉视听聪明,会于人事,而后灵能长焉。赤子生而幽闭之,不接习于人间,壮而出之,不辨牛马矣,而况君臣、父子、夫妇、长幼、朋友之节度乎?⑤

从这些经验性的实证知识来看,随着其气学思想的深入与展开,王廷相确实将人的认知活动一步步引向了可以证实的科学知识领域。在对朱子哲学"顺承"的这一系中,当曹端因气之动而强调太极应当有动静功能时,就已经形成了对日食月食现象之精彩的分析和说明;而当王廷相将整个宇宙都归并于元气的生化发展过程来说明时,也无疑包含着更多的可以实证的经验知识方面的内容。对于素来缺乏科学的中国传统文化而言,这无疑是一种非常难能可贵的方向。

二、人性观及其对双重人性论的批评

人性论是宋明理学的实质与核心,对于以重建人伦秩序为指向的宋明理学来说,人性论就等于是对人伦文明的一种精神奠基。因此,宋明时代的儒家士大夫几乎没有不讨论人性问题的。不过,由于他们都存在着一个天人同质同构的思考背景,其关于人性的探讨一定程度上就可以看作是其关于宇宙天道探讨的同步推演,或者说其人性理论既是天道理

① 王廷相:《慎言·乾运篇》,《王廷相集》,第758页。
② 王廷相:《慎言·乾运篇》,《王廷相集》,第756页。
③ 王廷相:《慎言·乾运篇》,《王廷相集》,第757页。
④ 王廷相:《杂著·答孟望之论慎言八首》,《王廷相集》,第666页。
⑤ 王廷相:《杂著·石龙书院学辩》,《王廷相集》,第604页。

论的人生投射,也反映着其关于天道的基本看法。

在上面关于天道宇宙论的探讨中,虽然王廷相以元气为本根,但他并没有否定理的存在,不过,由于他将道体彻底归并于元气,其所谓的理也就只能是存在于气化生生过程中的具体条理;或者说他是通过元气将道体、实体与造化之元机三者统而一之的方式来实现理、彰显理。在这一基础上,当他进一步指向人性论时,就必然会表现出两个明显的特征:其一,正像他将道体彻底归并于元气一样,对于人性,他也是较为彻底地从宇宙生化之气的角度进行论证和说明的;其二,对于作为理学传统之双重人性的说法,他也进行了不遗余力的批评。

让我们先从其对人性的正面论述说起。关于人性,王廷相总论说:

性者,阴阳之神理,生于形气而妙乎形气者也。①

性者,言乎其生之主也,精气合而灵,不可离而二之者也。②

这两点当然可以看作是王廷相讨论人性的基本原则。其之所以要引入"阴阳之神理",正是试图从阴阳生化之气的角度来说明人性的具体形成及其表现;而所谓"生于形气而妙乎形气"一说,又是对人性超乎自然形气一点的一种明确肯认,正像荀子所谓青出于蓝而胜于蓝一样。总体而言,王廷相的人性论必须从"人之生"的角度来加以讨论;其具体内涵,又必须具有所谓"精气合而灵"的特点;同时,这两个方面又是一种不可分割的关系。因为离开了一个方面,所谓性也就不存在了。这样看来,在人性问题上,王廷相稍微不同于其对宇宙天道的论述:在宇宙天道部分,他是将所有的理、道统统归结于元气来说明的;但在人性问题上,他却不能完全将人性归结于生化之气或完全以所谓生化之气来说明。这就是说,他起码承认人性中确实有超越于形气的因素。

这样一来,王廷相也就等于确立了一个讨论人性的基本原则,一方面,必须首先确认"离气无性"的原则,因为所有的人性都是在气化流行

---

①② 王廷相:《慎言·问成性篇》,《王廷相集》,第767页。

与禀气赋形的基础上形成的,一如不能离开"人之生"来讨论人性一样;另一方面,作为人性,同时又必须具有某些超乎形气的因素。正是从这两个方面的统一出发,王廷相展开了如下论述:

> 人有生,斯有性可言;无生则性灭矣,恶乎取而言之? 故离气言性,则性无处所,与虚同归;离性论气,则气非生动,与死同途。是性之于气,可以相有,而不可相离之道也。是故天下之性,莫不于气焉载之。今夫性之尽善者,莫有过于圣人也。然则圣人之性,非此心虚灵所具而为七情所自发耶? 使果此心虚灵所具而为七情所自发,则圣人之性亦不离乎气而已。性至圣人而极。圣人之性既不出乎气质,况余人乎? 所谓超然形气之外,复有所谓本然之性者,支离虚无之见与佛氏均也,可乎哉?①

在这一段辨析中,王廷相的核心思想就是所谓"性之于气,可以相有,而不可以相离之道也"。不过,仅就这一点来看,由于他还承认性确实具有"妙乎形气"的一面,因而还不能简单地直接将"性"完全等同于"形气"本身。这样看来,他也就只能强调"性之于气,可以相有"的一面,因为"离气言性,则性无处所,与虚同归;离性论气,则气非生动,与死同途"。另一方面,即使"性之于气,可以相有,而不可以相离之道也",性却并不能直接等同于气,必然有其独特性存在;一当转向性之具体存在的角度,王廷相又不得不承认"天下之性,莫不与气焉载之",也就是说,只有在气化流行、生人生物的基础上才能真正谈得到人性的存在。而从性之具体存在的角度看,则充分表现着"性之尽善者"的也就无过于圣人;但圣人之性同样是"不出乎气质"——不能脱离气质的存在。就这一点而言,天下所有的性也都必然是气化流行与禀气赋形基础上的产物,那种认为有"超然形气之外,复有所谓本然之性者,支离虚无之见与佛氏均也"。很明显,王廷相只承认性可以"妙乎形气",但如果认为性就可以"超然形气

---

① 王廷相:《王氏家藏集·性辩》,《王廷相集》,第609页。

之外",那就与佛氏之说无别了。

那么,这种绝不"超然形气之外"的性究竟是一种什么人性呢? 在王廷相看来,这就只能是人的气质之性。这样一来,他就从人性所以存在的角度,从而将人性彻底回归于气质之性了。他说:

> 余以为人物之性无非气质所为者,离气言性,则性无处所,与虚同归;离性言气,则气非生动,与死同途;是性与气相资,而有不得相离者也。但主于气质,则性必有恶,而孟子性善之说不通矣。故又强出本然之性之论,超乎形气之外而不杂,以附会于性善之旨,使孔子之论反为下乘,可乎哉? 不思性之善者,莫有过于圣人,而其性亦惟具于气质之中,但其气之所禀清明纯粹,与众人异,故其性之所成,纯善而无恶耳,又何有所超出也哉?①

在这一段辩驳中,王廷相不仅将人性彻底归结于气质,还进一步归结于禀气赋形之是否清明纯粹,其举圣人之性不仅"具于气质之中",而且"其气之所禀清明纯粹,与众人异,故其性之所成,纯善而无恶"一点,又说明所有的性善、性恶,不仅都是"具于气质之中"的性,而且也都是气质所为。这样一来,人性问题不仅彻底向气质落实,而且也必须用禀气赋形之是否清明纯粹来说明人性善恶的具体形成,这就不仅推翻了他自己所曾经坚持的性确有"妙乎形气"的一面,而且也将圣人"纯善而无恶"之性完全归结于禀气赋形之清明纯粹一点上了,从而也就使得圣人成为天生之圣了。在王廷相看来,人性之善恶完全决定于其所禀之气是否"清明纯粹",这样一来,人之圣与不圣、人性之善与不善,就完全成为一个禀气赋形的问题了。

王廷相对人性的这一理解实际上主要是从性之存在相状的角度;从存在相状的角度来理解人性恰恰导致了人性之超越性蕴涵的彻底消解,从而不得不反过来从存在方式与存在属性的角度来规定人性。这也就

---

① 王廷相:《王氏家藏集·答薛君采论性书》,《王廷相集》,第518页。

是王廷相从开始承认性有"妙乎形气"的一面到最后又不得不反过来强调"人物之性无非气质所为者"的根本原因。他对人性之这种彻底气质化式的推进就形成了三个方面的效应:其一,对人性的彻底气质化落实最后也就必然会在一定程度上取消人性,因为人性之所以为人性,虽然它也必然要建立在一定气质、一定生理禀赋的基础上,却绝不是气质与生理禀赋本身就能够完全说明的;如果将人性完全落实于禀气赋形并以所谓生理基础来说明,那么人性实际上也就无异于本质上作为物理本能的动物性了——所有的动物难道不都是以禀气赋形所决定之生理本能为性吗? 其二,人性本质上代表着人对自身生命的一种基本自觉,或者也可以说是一种带有理想性的自我塑造,当然也代表着人的一种带有一定预期性的自我定位,它无疑包含着一定的理想成分,但如果将人性全然落实于人的自然生命并且完全以人的生理禀赋来说明,那么这就不仅是对人性以及人之理想性的消解,而且也只能将人与人性定位在其自然生命及其生理禀赋的基础上了;人生中的一切遭际——厄运或种种不如愿,也就只能归结于自家的禀气赋形或以所谓生理基础来说明了。这自然包含着一种不思进取之惰性思想,也是一种带有命定性质的宿命论。其三,既然圣人之所以为圣人主要决定于"其气之所禀清明纯粹,与众人异",那么这就不仅将圣人完全归结于其生理禀赋,而且也将圣人彻底排除于人伦之外而完全成为"天"的决定了。因为从生理禀赋的角度看,人无完人,如果认定圣人之所以为圣人在于"其气之所禀清明纯粹,与众人异,故其性之所成,纯善而无恶耳",这就不仅使圣人失去了孟子所规定的"人伦之至"的作用——使圣人成为一种天降神圣,而且普罗大众也根本无法以圣人为榜样,这样一来,人类中也就不会出现圣人了。

这三点当然只是对王廷相关于人性之完全存在化、生理气质化落实的一种推论,王廷相并没有得出这样的结论,但如果沿着其气质生理化的方向前进,那么这样的结论就是在所难免的,也必然会否定、终结对人性的探讨。因为将人性完全归结于其生理气质的做法无疑是一条取消并封闭人性探讨之最为简捷的途径。当然对王廷相而言,他既没有达到这一高度,也没有得出这样的结论。但对他来说,只要继续沿着这一方向前进,就必然要否定两宋以来的双重人性论,也必然会否定对人性的探讨。人性既然是一个决定于禀气赋形的问题,那么这种探讨还有什么意义呢?

如前所述,人性就代表着人的一种自我定位或自我期待,两宋理学之所以超越汉唐儒学,主要也就体现在其双重人性论的建构上。作为宋明理学开创者的张载就率先提出了双重人性的说法。他指出:

> 性与人无不善,系其善反不善反而已,过天地之化,不善反者也;命与人无不正,系其顺与不顺而已,行险以侥幸,不顺命者也。
>
> 形而后有气质之性,善反之则天地之性存焉,故气质之性,君子有弗性者焉。①

这种双重人性的提出,可以说是宋明理学的一种标志性看法,它不仅体现着宋明理学超越于汉唐儒学之所谓"善恶混""性三品"之类的种种说法,而且也从人性的角度提出了善与为善的问题。这等于是对两宋理学重建人伦秩序进行了一场人性论的奠基。虽然后来在程朱的努力下,使天地之性进一步内在于气质之性,但天地之性超越于气质并始终作为"变化气质"的前提基础与努力方向则是两宋理学的一种基本共识。朱子的弟子黄勉斋曾对张载的双重人性论评价说:

> 自孟子言性善,而荀卿言性恶,扬雄言善恶混,韩文公言三品,及至横渠,分为天地之性,气质之性,然后诸子之说始定。②

黄榦的这一评价,完全可以说是代表两宋理学对张载之双重人性思想所作出的一个历史性的定论。如果没有气质之性,人性就失去了生理的基础;但如果没有天地之性,则人生中所有的善行就缺乏根本性的依据;正

---

① 张载:《正蒙·诚明》,《张载集》,第22—23页。
② 黄宗羲:《宋元学案·横渠学案》,《黄宗羲全集》第三册,第833—834页,杭州:浙江古籍出版社,2005年版。

是二者的有机统一,才为人的扬善惩恶提供了基础,同时又明确地提出了进德修业的方向。正是在这个意义上,黄勉斋才能得出"诸子之说始定"的结论。

但在王廷相看来,所谓双重人性的说法实际上是受到佛教熏染的结果。请看他对理学双重人性思想的批判:

> 所谓超然形气之外,复有所谓本然之性者,支离虚无之见与佛氏均也,可乎哉?①

> 人有二性,此宋儒之大惑也。夫性,生之理也……余以为人物之性无非气质所为者。②

> 人有生,斯有性可言;无生则性灭矣,恶乎取而言之?③

凡此所论,当然都是对双重人性论思想的明确批评,在王廷相看来,这都是受佛氏影响的结果,批判理学的双重人性论,一定程度上也就等于是对佛教消极影响的清算。但问题在于,所谓双重人性论就代表着对人生的双重定位,气质之性固然代表着人的生理禀赋与现实存在一维,天地之性则代表着人的理想及其超越追求一维。但当王廷相完全立足于人之自然生命与生理禀赋来讨论人性时,也就意味着人生只有直接体现其生理禀赋的现实存在一维了,这无疑是对人的理想世界的一种消解。既然人性只有以自然生命与生理禀赋所表现的现实存在这一维世界,那么这种情形也就如同罗钦顺所描述的那样:"盖形质既成,人则率其人之性,而为人之道;物则率其物之性,而为物之道。均是人也,而道又不尽同,仁者见之则谓之仁,知者见之则谓之知,百姓则日用而不知,分之殊也,于此可见。"④在罗钦顺看来,这里当然还存在着人性与物性之别(当然同样是由生理禀赋决定的);但对王廷相来说,这种人性与物性之别同

---

① 王廷相:《王氏家藏集·性辩》,《王廷相集》,第 609 页。
② 王廷相:《王氏家藏集·答薛君采论性书》,《王廷相集》,第 518 页。
③ 王廷相:《王氏家藏集·性辩》,《王廷相集》,第 609 页。
④ 罗钦顺:《困知记》卷上,《困知记》,第 9 页。

时也就成为人与人之别了。在都是由禀气赋形决定这一点上,所谓人性
与物性已经没有原则性的区别了,或者说即使还存在着一定的差别,但
由于其都决定于禀气赋形,也就没有区别的必要了。

为什么这样说呢? 当王廷相完全立足于"人之生"来讨论人性时,这
样的人性就只能是人的自然之性或所谓"生之谓性"了。在这种条件下,
不仅理学的双重人性论要受到批评,而且连孔子、孟子关于人性的论述
也都必然要受到他的完全立足于禀气赋形基础上之自然人性的曲解,进
而两宋理学也受到批评。请看王廷相对孔子、孟子以及历代大儒关于人
性思想的理解:

> 气有清浊粹驳,则性安得无善恶之杂? 故曰"惟上智与下愚不
> 移"。是性也者,乃气之生理,一本之道也。①

> 是性之善与不善,人皆具之矣。宋儒乃直以性善立论,而遗其
> 所谓不正之说,岂非惑乎? 意虽尊信孟子,不知反为孟子之累。②

> 未形之前,不可得而言矣,谓之至善,何所据而论? 既形之后,
> 方有所谓性矣,谓恶非性具,何所从而来? 程子曰"恶亦不可不谓之
> 性",得之矣。③

上述几条,既涉及孔孟,又涉及大程。如果仅从其结论来看,难免会得出
王廷相是通过曲解孔孟的方式以服从于自己立论的需要,因为孔子的
"惟上智与下愚不移"主要是指人的习性与智力而言的——其所谓"性相
近也,习相远也"之"相远"一说其实正是针对"上智与下愚"之"不移"现
象而言的,王廷相却专门就此以言人性,难免会陷于性习不分的境地。
但是,如果结合其"气有清浊粹驳,则性安得无善恶之杂"的反问,又可以
清楚地看出,当他立足于禀气赋形以讨论人性时,自然也就无法区分性
与习,就会陷于认习为性的境地。至于"宋儒乃直以性善立论,而遗其所

---

① 王廷相:《王氏家藏集·答薛君采论性书》,《王廷相集》,第518页。
② 王廷相:《雅述》上篇,《王廷相集》,第850页。
③ 王廷相:《慎言·问成性篇》,《王廷相集》,第765页。

谓不正之说……意虽尊信孟子,不知反为孟子之累"一说,就完全是通过误解孟子的方式来批评宋儒了。因为自孟子的人性论——所谓"孟子道性善,言必称尧舜"提出以来,汉唐儒者虽然未必都能切近其本意,却从来没有人怀疑孟子关于性善的基本宗旨,包括曾经作了《刺孟》的王充;王廷相却通过批评宋儒"直以性善立论,而遗其所谓不正之说",实际上正是通过批评宋儒的方式来批评孟子。至于程颢"恶亦不可不谓之性"一说,本来是指谓人性的具体表现而言的,意即现实的恶行实际上也都存在着其人性上的根源——所谓气质之性的泛滥与滥用实际上也就代表着人性之恶所以产生的具体原因,但在王廷相看来,这一说法却是程颢主张人性恶的表现,这就完全成为对程颢人性思想误解乃至曲解的表现了。

从上述几个方面来看,由于王廷相完全是立足于人的禀气赋形之生理基础来讨论人性问题的,他不仅不接受两宋以来理学双重人性思想,而且也不接受作为儒家传统之性善论的结论。按照他的禀气赋形之性说,人性不仅是善恶混杂的,而且也只能是一种生之谓性或自然人性;正由于他是完全立足于人的禀气赋形之生理基础来讨论人性问题的,他的人性不仅是指人的自然之性,而且也包括其一切习惯性的表现。这样一来,完全从生理禀赋出发来讨论人性,并根据其习惯性表现来定位人性的做法也就必然会取消对人性的讨论,因为在这一基础上,人性也就与其现实表现完全等同了,从而也就使其从根本上失去了讨论的必要。这也是其元气论哲学在人性问题上的必然结论。

三、对佛道与理学的批评

就思想性质及其相互的分歧而言,佛老当然可以说是儒学的宿敌;两宋理学顶着佛老的理论压力而崛起也就清楚地说明了这一点。所以,正宗的理学家几乎没有不批评佛老的。但问题并不在于是否批评佛老,而在于如何批评;正是对佛老之不同的批评角度,才使理学内部显现出不同的思想走向。

总的来讲,王廷相非常自觉地坚持其客观的元气论立场,其对佛教的批评也就如同罗钦顺一样,集中批评佛教客观面的"空"与主观面的"觉"。而在王廷相看来,这二者也就构成了佛教的基本家底;但这二者说到底又不过是"以心法起灭天地",从而"诬世界乾坤为幻化"。他分析说:

> 佛氏教人任持自性。持自性者,执自己之本性也。言一切众生皆有本觉,谓本性之灵觉处,虽流转六道,受种种身,而此觉性不曾失灭。故以此为真性、为圆觉。其有生而能解识者,为众生悟入知见皆从觉性生出,故云圆觉生出菩提、涅槃及波罗蜜。菩提,觉也,无法不知之义。涅槃,圆寂也,谓觉性既圆,无法不寂也。波罗,彼岸也;蜜,到也,言到彼岸也。谓离生死此岸,度烦恼中流,到涅槃彼岸,永归寂灭,不生不死也。由此观之,佛氏之大旨近矣。[1]

这一段也可以说是王廷相对佛教将整个大千世界全然收摄于一己之本觉的一种总体性批评,所以说"虽流转六道,受种种身,而此觉性不曾失灭"。自然,这都是就佛教"觉性"之主观性而言的。但是,就本觉作为我们自我之"真性"而言,它同时又是人之所有知见、所有觉性的产生根源,所以又说"圆觉生出菩提、涅槃及波罗蜜",也就是说,所谓菩提路、般若智以及涅槃境界,也全然是为此圆觉所培养、所领悟。实际上,所有这些,也就是张载批评佛教的"以心法起灭天地"。就这一点而言,王廷相对佛教的批评与两宋理学家的批评基本上还保持着一致性,当然,这一点也可以说是由儒学对现实世界之积极肯定的基本立场决定的。

但是,一当进入理学内部,尤其是进入其哲学体系的内部,则其对佛教的批评同时又明显地打上了其自我之哲学谱系及其价值观立场的烙印。请看王廷相对佛教如下对比性的批评:

> 有元始之气,则天地之幻化不能离;有明觉之性,则人生之幻识

---

[1] 王廷相:《雅述》下篇,《王廷相集》,第 875 页。

> 不能离,不得已之道也。佛氏欲遣离幻心,必须灭性。性灭幻离,若复有觉,亦即是幻,况未必觉耶? 能离自生之幻矣,能使天地离幻化耶? 说经十二部,佛之幻识甚矣,而欲使众生解离,有是乎?[①]

这里所谓"有元始之气,则天地之幻化不能离;有明觉之性,则人生之幻识不能离"主要是指人生与现实世界的双重客观性而言的。在王廷相看来,佛教虽然"欲遣离幻心"而"灭性",亦即摧毁人主观上之"假我",但即使能够从主观上"灭性",却又根本无法灭掉"觉性"本身;而且,即使能够"离自生之幻矣,能使天地离幻化耶"? 就是说,即使能够揭穿人生的虚幻性,客观世界的虚幻性也是永远无法揭穿的。因为它本来就是一种实实在在的客观存在。显然,王廷相这里完全是以人生与世界双重的客观性来批评佛教双重的虚幻性。作为对佛教的批评,这固然确有其针锋相对的意味,但同时也存在着外在对立与外在批评之嫌。因为佛教的"诸行无常,诸法无我"本来就不是要摧毁现实世界及其客观性,而是要揭示其存在的相对性及其因缘和合的性质。当王廷相将儒与佛的对立仅仅理解为对世界与现实人生之客观性的肯定与否定时,他就根本无法正视佛教般若智之超越的识见以及其追求之超越性蕴涵了。

从佛教转向道家,王廷相主要批评老庄之自私自利以及其玩世的性质。在他看来,老庄所追求的"自然"与"无为"只可以用于自我之养生,如果以其作为治国的大政方针,那么没有不导致天下大乱的。道家的一切主张本来就出自一颗自私自利之心,因而其所有的主张都带有"愚民"与"自娱"的性质。他分析说:

> 老子之道,以自然为宗,以无为为用,故曰"以百姓为刍狗",任其自为也。吾见其强凌弱,众暴寡,懊然而不平矣,而况夷狄之侵轶乎? 又曰"绝圣弃智,民利百倍。"夫民生之利,累世圣智之人遗之也;若然,则尧忧得舜,舜忧得禹,其志亦荒矣,可乎? 有为者,圣人

---

① 王廷相:《雅述》下篇,《王廷相集》,第875页。

之甚不得已也；必欲无为以任其民，大乱之道也。故老子之道，以之
治身则保生，以之治国则长乱。①

在王廷相看来，所谓"以百姓为刍狗"自然是道家一贯玩世之心的表现；
而所谓"任其自为"也就只能导致整个社会按照"强凌弱，众暴寡"的轨迹
发展了。道家历来反对圣贤的人伦建构，所以才要鼓吹"绝圣弃智，民利
百倍"。如此一来，对道家而言，所谓圣贤之代代相传及其递相推进，实
际上就成为一种妨害老百姓的建构了。如果从这一心态出发，那么圣贤
之代代相传，似乎就不应当以得贤才为喜，而应当以得贤才为忧，这就成
为一种愚民而又欺世之学了。如果仅仅在自我的层面上清心寡欲、率性
自然，则还不失为一种"治身"与"保生"之道。

　　这样一来，对王廷相而言，所谓理学崛起时代儒学所面临的巨大压
力就从根本上没有正视的必要了；而北宋五子之"出入佛老，返于六经"
式的探索——在吸取佛老超越的形上智慧的基础上所展开的"稽天穷地
之思"，似乎非但没有起到什么正面作用，反而只能使自身饱受佛老理论
的污染。如此一来，曾经作为两宋理学崛起之巨大动力的"与佛老奋一
朝之辩"，现在看来不仅没有必要，而且其"出入佛老，返于六经"之所得，
现在也就必须重新还给佛老了；不仅如此，两宋理学家所受到的来自佛
老的理论污染也必须得到彻底清算。

　　在这一背景下，形成了一种特殊的思想史现象：在从宋到明的历史
发展中，大部分理学家都有一种"出入佛老"的经历，比如从张载、程颢、
朱子、象山一直到罗钦顺、王廷相，他们都有一段钻研佛学的思想经历。
在两宋时代，理学家的"出入佛老"是为了"返于六经"，为了重新诠释儒
家经典，不得不借鉴佛老超越的形上视角与形上智慧；但到了明代，虽然
理学家也同样"出入佛老"，但他们的"出入佛老"，与其说是为了借鉴佛
老超越的形上智慧，不如说主要是为了批判佛老，为了更好地批判佛老
而寻找其理论罪证——罗钦顺、王廷相之所以钻研佛老，其根本目的就

---

① 王廷相：《慎言·五行篇》，《王廷相集》，第807—808页。

是更深入地批评佛老。正因为这样一种差别，所以如果我们稍微比较一下宋明理学家对佛老的批评，就不得不承认明代理学家对佛老的批评实际上是越来越走向外在的批评，而其对立，说到底也是一种外在的对峙。这就是笔者始终认为他们对佛老的批评实际上不过是将佛老超越的形上视角还给佛老而已——明代气学之所以要不断地突出自己的形而下的实存视角，并将实然存在作为权衡一切事物是否存在、是否有价值的唯一标准，正是其与佛老一味坚持所谓外在对立立场的具体表现；这种外在对立与外在背反——所谓"对着干"式的辟佛排老，也就只能使自身退回到汉唐儒学的认识层次了。

正是在这一背景下，王廷相不仅坚决批判佛老——与佛老划清界限，而且更以其双重实在视角展开了对宋代以来历代理学家的批评。在王廷相看来，这种批评从某种程度上说也就是肃清佛老理论余毒的工作。他首先批评北宋五子中最年长的邵雍说："易虽有数，圣人不论数而论理，要诸尽人事耳。故曰'得其义则象数在其中'。自邵子以数论天地人物之变，弃人为而尚定命，以故后学论数纷纭，废置人事，别为异端，害道甚矣。"[1]王廷相对邵雍的这一批评，可以说一般儒者大概都会赞同，因为邵雍以"数推"的方式来说明历史上皇、王、霸、伯之历史轮转确实不合于儒家的历史观念。但对于周敦颐这位道学开山，在王廷相看来，似乎就有太过明显的佛老理论影响的痕迹了。他分析说：

> 周子倡为"主静立人极"之说，误矣。夫动静交养，厥道乃成，主于静则道涉一偏，有阴无阳，有养无施，何人极之能立？缘此，后学小生专务静坐理会，流于禅氏而不自知，皆先生启之也。[2]

> 动静者，合内外而一之道也……世儒以动为客感而惟重乎静，是静是而动非，静为我真而动为客假，以内外为二，近佛氏之禅以厌

---

① 王廷相：《雅述》上篇，《王廷相集》，第 842 页。
② 王廷相：《雅述》上篇，《王廷相集》，第 857 页。

外矣。①

周敦颐的"主静"说曾经是两宋理学修养的共法,而且其曾明确地自注说"无欲故静",其所谓"主静"主要定位在人生修养一边。但王廷相这里的批评却是专门从宇宙之生化发展的角度来理解这一问题的,所以说"主于静则道涉一偏,有阴无阳,有养无施,何人极之能立";至于其所谓"后学小生专务静坐理会"一说虽然也是从道德修养一边而言的,却又认为是所谓"流于禅氏而不自知"。这样一来,两宋理学对佛禅的浸染,实际上也就是"先生启之也"。至于周敦颐思想中所存在的"静是而动非"之嫌,自然也就开启了理学中"近佛氏之禅以厌外"的传统。很明显,如果说周敦颐是宋明公认的理学开山,那么在王廷相看来,这一开山一起始就开创了"近佛氏之禅以厌外"的传统。

在理学的开创者中,张载一直以其强烈的辟佛排老精神彪炳史册,因而从受佛老浸染的角度似乎无法批评张载。但在王廷相看来,张载的"造道"精神本身就有受佛老影响的嫌疑,不然的话,他为什么一定要提出一种所谓超越于经验知识的"德性所知"呢?其德性所知本身就存在着脱离经验实证的危险。王廷相说:

> 近世儒者务为好高之论,别出德性之知,以为知之至,而浅博学、审问、慎思、明辨之知为不足,而不知圣人虽生知,惟性善近道二者而已,其因习因悟因过因疑之知,与人大同,况礼乐名物,古今事变,亦必待学而后知哉!②

本来,张载根据孟子的"良知""良能",提出人人都拥有一种"不假见闻"的"德性所知",从某种程度上说,这也可以说是张载针对佛教般若智对于儒家超越的德性之知的一种对扬。但在王廷相看来,这种德性之知存在着"浅博学、审问、慎思、明辨之知为不足"的毛病,因而就是一种脱离

---

① 王廷相:《慎言·见闻篇》,《王廷相集》,第 774 页。
② 王廷相:《雅述》上篇,《王廷相集》,第 836—837 页。

实际的"好高之论"。至于"人有二性，此宋儒之大惑也。夫性，生之理也……余以为人物之性无非气质所为者"①，也就无疑是直接针对张载双重人性论的批评了。

至于作为两宋理学集大成的朱子，虽然一直被视为宋明理学的人格化代表，但也绝非没有毛病，比如说他在理气关系中对性理的过分拔高，就使所谓性理存在着脱离气机生化而独立存在的危险；这种脱离气机生化而又独立的性理也就脱离了性理存在的实际。请看王廷相对朱子的批评：

> 世儒谓"理能生气"，即老氏道生天地矣；谓理可离气而论，是形性不相待而立，即佛氏以山河大地为（见）病，而别有所谓真性矣，可乎？不可乎？由是，"本然之性超乎形气之外"，"太极为理，而生动静阴阳"，谬幽诬怪之论作矣。②

> 朱子曰，"性者理而已矣，不可以聚散言，其聚而生，散而死者，气而已矣……若理，则初不为聚散而有无也。"由是言之，则性与气原是二物，气虽有存亡，而性之在气外者卓然自立，不以气之聚散而为存亡也。嗟乎！其不然也甚矣。③

实际上，王廷相批评朱子之处甚多，这些批评的典型性也就在于他绝不接受朱子"理可离气而论"以及"性与气原是二物""本然之性超乎形气之外"等思想。在他看来，所谓"理可离气而论"的"二物"说就是两种截然不同的存在，但实际上，朱子根本就不是站在实然存在的层面上运用"二物"一说的，而是指形而上与形而下两种不同的存在层级。从这些批评也可以看出，王廷相实际上是把"二物"作为两种不同的实然存在来理解的，这正表现着明代气学之实然存在的一维性视角，也是其自觉唾弃了两宋理学超越的形上视角的典型表现。

---

① 王廷相：《王氏家藏集·答薛君采论性书》，《王廷相集》，第 518 页。
② 王廷相：《慎言·道体篇》，《王廷相集》，第 753 页。
③ 王廷相：《杂著·横渠理气辩》，《王廷相集》，第 602 页。

在王廷相对宋明理学家的批评中,王阳明大概可以算是一个较为特殊的个案了。本来,按照王廷相的思想性格,他应当对王阳明发出比罗钦顺更为严厉的批评,但也许是因为他们同朝为官的关系,也许是因为王阳明早年曾与"前七子""以才名相驰骋",总之,王廷相绝不像对罗钦顺那样直接将王阳明视为"诬孟子以就达摩"的始作俑者;而且,其对阳明心学的批评也显得比较平情、公允。比如他说:

> 近世好高迂腐之儒,不知国家养贤育才,将以辅治,乃倡为讲求良知,体认天理之说,使后生小子澄心白坐,聚首虚谈,终岁嚣嚣于心性之玄幽,求之兴道致治之术,达权应变之机,则暗然而不知。以是学也,用是人也,以之当天下国家之任,卒遇非常变故之来,气无素养,事未素练,心动色变,举措仓皇,其不误人家国之事者几希矣!此与南宋以来儒者泛讲之学又下一等。①

虽然王廷相认为无论是"讲求良知"的王阳明还是倡导"随处体认天理"的湛甘泉,都是所谓"好高迂腐之儒",其学似乎也都存在着"与南宋以来儒者泛讲之学又下一等"的毛病。但在王廷相看来,这种学术不过是"使后生小子澄心白坐,聚首虚谈"而已,至于"当天下国家之任,卒遇非常变故之来,气无素养,事无素练,心动色变,举措仓皇,其不误人家国之事者几希矣"。而且,在王廷相看来,这种学术说到底就不过是一种"嚣嚣于心性之玄幽"而已。从这些批评来看,似乎王廷相对阳明心学并不了解或者说了解得很不够;因而仅仅将其视为"好高迂腐之儒"以及"终岁嚣嚣于心性之玄幽"的说法似乎也都停留于现象描述的层面。其中的许多批评也是无法对应于阳明之学的,比如所谓"当天下国家之任,卒遇非常变故之来,气无素养,事无素练,心动色变,举措仓皇"之类,就根本无法与阳明之学对应起来。但从其这一批评可以看出,对于儒学,王廷相始终定位在现实关怀的层面;其对心学之"心性之玄幽"的定位也说明他对

---

① 王廷相:《雅述》下篇,《王廷相集》,第 873 页。

这种学术根本不感兴趣。这也许可以说明,虽然明代的气学与心学都是从朱子学出发的,但由于其相互分歧的不断扩大,到王廷相时,就已经发展到互不了解的地步了。

第三节　吴廷翰的气论思想

王廷相之后,明代气学就走上独立发展的道路了。经过罗钦顺、王廷相的继起探索,气学不仅获得了自身独立存在的依据——不仅理气关系中气之根源与依据性的地位已经确立,而且也获得了对其赖以存在并赖以深入发展之理论探讨的充分自觉——大千世界中天地万物的存在与发展需要探索,两宋以来所积淀的理论关系也需要重新澄清,包括气学家对人自身之生命与使命的认识,也都需要展开一种全新意义的探索。所有这些,在吴廷翰的气论哲学中都得到了较为集中的体现。

吴廷翰(1491—1559),字崧伯,号苏原,南直隶无为州(今安徽无为)人。吴廷翰自幼聪慧多闻,十二岁开始学易,正德十六年(1521)年进士及第,授兵部主事,后转吏部文选司郎中。吏部铨选时,因与上司争执选簿,出为广东佥事,转岭南分巡道、督学政,后历任浙江参议、山西参议。因生性耿直,忤逆权要,嘉靖十四年(1535)辞官归乡,家居近三十年。当时,明代理学二分的总体走向已定,王、湛两家的心学正流传于天下,吴廷翰既不认同于传统的程朱理学,又于心学多所批评,因而一时呈现出理学、心学与气学三路并进的格局。

一、“气为万物之祖”

在两宋理学中,气主要承当着天地万物所以凝聚成形之质材与说明性的作用;对人而言,则是其得以禀气赋形之生理性的基础,因而气本身虽然在价值方面属于中性,但对于人生中的许多不良习惯、毛病、罪恶等等,理学家又往往是通过人的禀气之偏来加以说明的,所以张载把“变化气质”作为为学的基本入手。到了明代,又经过曹月川(端)、薛敬轩(瑄)

以及吴与弼、胡居仁对理气关系的相继探索,气已经逐步获得了作为万物存在之基础与宇宙天道之本根的作用;到了罗钦顺、王廷相的哲学中,气或元气便终于成为其哲学的核心范畴。在这一背景下,吴廷翰要继续进行气论思想的探索,也就必然会沿着天地万物所以生成演化的角度来阐发气的作用。

吴廷翰对气论思想的探索首先是从贯通古今儒学之"道"的角度展开的。在他看来,先澄清气与道的关系,理气关系也就可以迎刃而解。他说:

> 何谓道?"一阴一阳之谓道"。何谓气,一阴一阳之谓气。然则阴阳何物乎?曰气。然则何以谓道?曰:气即道,道即气。天地之初,一气而已矣,非有所谓道者别为一物,以并出乎其间也。气之混沦,为天地万物之祖,至尊而无上,至极而无以加,则谓之太极。及其分也,轻清者敷施而发散,重浊者翕聚而凝结,故谓之阴阳。阴阳既分,两仪、四象、五行、四时、万化、万事皆由此出,故谓之道。太极者,以此气之极至而言也。阴阳者,以此气之有动静而言也。道者,以此气之为天地人物所由以出而言也,非有二也。①

显然,这一段界说主要在于通过阴阳的中介作用,首先将气与道直接统一起来;因为二者都直接落实于一阴一阳之具体存在上,所以说"气即道,道即气",二者完全是一种异名同实的关系。但是,如果从宇宙天道之生化发展的角度看,则"天地之初,一气而已矣,非有所谓道者别为一物,以并出乎其间也",这样看来,气也就比道似乎具有了更为根本的地位,所以又说"气之混沦,为天地万物之祖,至尊而无上"。吴廷翰哲学的气论立场,由这一看法而得到了极为典型的表现。由此以往,由于气"至极而无以加,则谓之太极。及其分也,轻清者敷施而发散,重浊者翕聚而凝结,故谓之阴阳。阴阳既分,两仪、四象、五行、四时、万化、万事皆由此

---

① 吴廷翰:《吉斋漫录》卷上,《吴廷翰集》,第5页,北京:中华书局,1984年版。

出,故谓之道"。到了这一步,不仅太极、两仪、四象、五行、四时、万化、万事都要由气来说明,体现于太极、两仪、四象、五行、四时、万化、万事过程中的道及其作用,也同样要通过气化流行来显现。所以说,"太极者,以此气之极至而言也。阴阳者,以此气之有动静而言也。道者,以此气之为天地人物所由以出而言也"。

在这一基础上,当吴廷翰转向明初以来为理学家所聚讼不已的理气关系时,也就获得了一个从根本上进行澄清的基础。他指出:

> 理也者,气得其理之名,亦犹变异之谓易、不测之谓神之类,非气之外别有理也。①

> 气之为理,殊无可疑。盖一气之始,混沌而已。无气之名,又安有理之名乎?及其分而为两仪,为四象,为五行、四时、人物、男女、古今,以至于万变万化,秩然井然,各有条理,所谓脉络分明是已。此气之所以又名为理也。②

在这里,其前一条所谓"理也者,气得其理之名,亦犹变异之谓易",不仅明确地坚持以气为本的立场,而且理也是因为气化流行而得名,理就是在气之变异发展过程中所得到的一个名称。其后一条则从"无气之名,又安有理之名"的主客关系出发,从而将理直接规定为气之变化发展过程中"为两仪,为四象,为五行、四时、人物、男女、古今,以至于万变万化,秩然井然"的"各有条理"。这就形成了贯通明代理学各派的一个共识性的观点:"理者气之条理"。

在明代理学中,所谓"理者气之条理"的说法其实并不是吴廷翰所首创,起码王阳明早在吴廷翰之前就已经提出这一说法了。比如他在《答陆原静》一书中就明确写道:

> 理者气之条理,气者理之运用;无条理则不能运用,无运用则亦

---

① 吴廷翰:《吉斋漫录》卷上,《吴廷翰集》,第5—6页。
② 吴廷翰:《吉斋漫录》卷上,《吴廷翰集》,第6页。

无以见其所谓条理者矣。①

如果仅从对"理者气之条理"的表达来看,王阳明的这一表达无疑更为准确;其"条理"与"运用"之间的体用关系也表达得更为严密。但由于王阳明主要是心性之学的集大成者,同时其表达中也存在着明确的以理为本的色彩,因而人们一般并不将这一说法看作是心学的观点,更愿意接受这是气学尤其是吴廷翰气论思想的经典说法。事实上,经过吴廷翰完全站在对象认知之客观性立场上的表达之后,这一说法也就成为明代理学各派之一种共识性的说法了,比如明儒殿军刘宗周在评论罗钦顺哲学时就曾明确指出:"谓理即是气之理,是矣。独不曰性即是心之性乎?心即气之聚于人者,而性即理之聚于人者,理气是一,则心性不得是二;心性是一,性情又不得是二。"②在这里,所谓"理即是气之理"与"性即是心之性"的说法,其实正代表着明代理学包括心学与气学之一种共同的大方向,也是就二者的共同性而言的。

但吴廷翰的这一表达有其特殊的意义。这一意义在于,虽然朱子也坚持理与气的不可分割性,并认为"天下未有无理之气,亦未有无气之理"③,但其"有是理后生是气"的说法以及其理先气后的规定不仅明确肯定了理的第一性存在,也确实存在着"认理气为二物"的可能。作为心性之学集大成的王阳明虽然直接提出了"理者气之条理"的说法,但其理与气之"条理"和"运用"的关系不仅坚持着以理为本的立场,也同样存在着"认理气为二"的可能。正是在这一背景下,吴廷翰的"理者气之条理"一说才真正显现出了其独特的意义。在吴廷翰的这一表达中,他首先要明确"无气之名,又安有理之名乎"这一基本的出发点;从这一点出发,也就必须确认气的本体与主体性地位;也只有从这一本体出发,才有可能谈到"为两仪,为四象,为五行、四时、人物、男女、古今,以至于万变万化,秩

① 王守仁:《答陆原静》,《王阳明全集》,第62页。
② 刘宗周:《明儒学案师说》,《刘宗周全集》第五册,第526页。
③ 黎靖德编:《朱子语类》卷一,第2页。

然井然"之类的"各有条理"的问题。很明显,吴廷翰这里是明确地以气来解释理、说明理的,而从朱子到阳明则是从理的角度来说明气化流行及其发展的。

正由于坚持以气为本,吴廷翰才能对朱子的各种理先气后的观点进行毫不退让的批评。比如在朱子看来:

> 未有天地之先,毕竟也只是理。有此理,便有此天地;若无此理,便亦无天地,无人无物,都无该载了! 有理,便有气流行,发育万物。[1]

> 有是理便有是气,但理是本,而今且从理上说气。[2]

> 而今知得他合下是先有理,后有气邪,后有理,先有气邪? 皆不可得而推究。然以意度之,则疑此气是依傍这理行。及此气之聚,则理亦在焉。[3]

上述自然都属于朱子对其理先气后说的明确表达,但在吴廷翰看来,虽然朱子也认为不能离了阴阳以言道、不能离开气化流行以言理,但所有这些"不能离"的说法恰恰是以"认理气为二物"为前提的。这本身就背离了以气为本的原则。他批评说:

> 据是数说,虽不能离阴阳以言道,然其曰"所以为阴阳",终是有一物为阴阳先也。其曰"道便是太极","太极生阴阳",终是有道而后有阴阳也。其曰"离了阴阳便无道",其下以形影喻之,似又先有阴阳而后有道也。其曰"当离合看",夫可离可合,终是道自道,阴阳自阴阳也。[4]

从这一分析来看,吴廷翰自然是非常自觉地坚持着其气本论的立场,所以他能够清楚地从朱子理与气的不可分割关系中看出其"终是道自道,

---

① 黎靖德编:《朱子语类》卷一,第1页。
② 黎靖德编:《朱子语类》卷一,第2页。
③ 黎靖德编:《朱子语类》卷一,第3页。
④ 吴廷翰:《吉斋漫录》卷上,《吴廷翰集》,第6页。

阴阳自阴阳也";也就是说,虽然朱子处处强调道与阴阳、理与气的不可分割性,但始终是以"认理气为二物"为前提的。吴廷翰的这一批评,也确实突破了王廷相那种"气不离虚,虚不离气"以及"离气言性,则性无处所,与虚同归;离性论气,则气非生动,与死同途。是性之于气,可以相有,而不可相离之道"式的批评。王廷相的"不离"其实在某种程度上仍然存在着"二物"的可能;而在吴廷翰看来,离开了气,所谓的道、理、性等等根本就没有存在的可能。所以说,明代理学发展到吴廷翰,以气为本的气本论才算真正确立了。

在这一基础上,当吴廷翰进而更论人性时,就既能表现出较为彻底的气本论立场,同时又克服了罗钦顺、王廷相一味将人性"生理"化的弊端。他说:

> 生者,人之性也。性者,人之所以生也。盖人之有生,一气而已。朕兆之初,天地灵秀之气孕于无形,乃性之本;其后以渐而凝,则形色、象貌、精神、魂魄莫非性生,而心为大。其灵明之妙,则形色、象貌有所宰,精神魂魄有所寓,而性于是乎全焉。故曰:心者,生道也;性者,心之所以生也。知觉运动,心之灵明,其实性所出也。无性则无知觉运动,无知觉运动则亦无心矣。①

在这里,仅从其"人之有生,一气而已"以及"朕兆之初,天地灵秀之气孕于无形,乃性之本"来看,就知道吴廷翰确实是在彻底的气本论立场上来讨论人性问题的。吴廷翰之讨论人性又不像罗钦顺那样只承认"理即是气之理",却绝不承认"性即是心之性",而是自觉地将性贯注、落实于心,认为"心者,生道也;性者,心之所以生也"。至于其所谓"知觉运动,心之灵明,其实性所出也",也就是说,所谓心之知觉运动之类的功能属性其实也就是性之直接而又具体的表现。这样一来,从性到心乃至知觉运动,就成为一气贯通的关系了,所以在他看来,"无性则无知觉运动,无知

---

① 吴廷翰:《吉斋漫录》卷上,《吴廷翰集》,第27—28页。

觉运动则亦无心矣"。

但是,从彻底的气本论立场来讨论人性问题,势必将人性"生理"化,从而将人生动物本能化,吴廷翰又将如何处理这一问题呢? 对于这一问题,吴廷翰仍然是以其彻底的气本论立场来说明的。不过对他来说,这就必须通过对气进行阴阳与道德的互诠;或者说从对气的阴阳分化中直接析取道德的规定。他讨论说:

> 问:"性何以有仁义礼智之名也?"曰:"仁义礼智即天之阴阳二气,仁礼为气之阳,义智为气之阴。"①
>
> 方其在天,此气流布,氤氲太和,故但谓之阴阳,谓之道,谓之善。及其生人,则人得之以为有生之本,而形色、象貌、精神、魂魄,皆其所为,而心则全体之所在,故谓之性。性,从心从生,人心之所以生也。然其在中未易窥测,亦无名目,浑沦而已。及其感动,则恻隐而知其为仁,羞恶而知其为义,辞让而知其为礼,是非而知其为智,则性之名所由起也,亦非性本有此名也,因情之发各有条理而分别之耳。②

在这一讨论中,人性具有道德的蕴涵、具有仁义礼智的规定可以说是两宋以来理学的一种基本共识,问题在于如何说明这一点? 在这里,吴廷翰首先是将仁义礼智分属于阴阳二气的,或者说是通过对阴阳二气之不同禀赋来说明人的仁义礼智之具体形成。进一步看,"方其在天,此气流布,氤氲太和,故但谓之阴阳,谓之道,谓之善",这当然是一种原则性的论说,一如其"仁礼为气之阳,义智为气之阴"的断言一样;具体说来,阳气究竟如何才能够成为仁礼的根源,阴气又如何才能够成为义智的根源呢? 这都是"未易窥测"的,但如果从其感动而发用的角度看,又完全可以"恻隐而知其为仁,羞恶而知其为义,辞让而知其为礼,是非而知其为智"。显然,在吴廷翰看来,虽然我们无法具体弄清阳气究竟如何成为人

---

①② 吴廷翰:《吉斋漫录》卷上,《吴廷翰集》,第28页。

生中的仁礼,阴气又是如何成为人生中的义智,但"性之名所由起"则是不容置疑的。也就是说,虽然我们还无法弄清阴阳与仁义礼智之间的具体生成关系,但人的仁义礼智源于对阴阳二气之不同禀赋是可以断定的。这无疑是彻底的气本论立场上的必然结论。

进一步看,人生中之善恶就根源于对阴阳二气的不同禀赋,那么人之心性是否有别呢?人之性又如何表现于心呢?作为气学先驱,罗钦顺就曾以心性辨儒佛,因而激起了刘宗周"断断以心性辨儒释,直以求心一路归之禅门"以及"不免操因噎废食之见……虽足以洞彼家之弊,而实不免抛自家之藏"①的激烈批评。那么,吴廷翰又将如何处理这一难题呢?在他看来:

> 心性之辨何如?曰:性者,生乎心而根于心者也。人之初生,得气以为生之之本,纯粹精一,其名曰性,性为之本,而外焉者形,内焉者心,皆从此生,是形与心皆以性生。②
>
> 性者,心之所以生也。知觉运动,心之灵明,其实性所出也。③
>
> 心之初生,由性而有;及其既成,性乃在焉。④

从这些不同论述可以看出,心性虽然有别,但都是以气为"生生之本";二者的具体区别在于,"性者,心之所以生也",就是说,性是心之所以生成的根据,所以他又说"人之初生,得气以为生之之本,纯粹精一,其名曰性";至于性之发用流行,也就表现在心的"知觉运动"之中,所以又说:"心之灵明,其实性所出也";"心之初生,由性而有;及其既成,性乃在焉"。显然,这也就是根据生生之气,对心性一直到知觉运动之气本气化原则的一种彻底说明。至此,明代气学经过宋代理学之理气关系的长期孕育,终于从理论上成长为一个彻底而又独立于理学的学派了。

---

① 刘宗周:《明儒学案师说》,《刘宗周全集》第五册,第525—526页。
② 吴廷翰:《吉斋漫录》卷上,《吴廷翰集》,第23页。
③ 吴廷翰:《吉斋漫录》卷上,《吴廷翰集》,第28页。
④ 吴廷翰:《吉斋漫录》卷上,《吴廷翰集》,第23页。

二、对理学的批评

作为彻底的气本论哲学，吴廷翰的气论思想其实完全是从对程朱理学理气关系的探讨中形成的，也是从对朱子理气关系的根本颠倒中走出来的，当吴廷翰的气论哲学形成时，也就表明明代理学的三分格局已经形成。对吴廷翰来说，其彻底的气本论思想既不同于程朱理学，自然也不同于陆王心学；而在当时，与程朱理学之衰退格局相比，陆王心学风头正盛，显现出一种席卷天下的狂飙之势。因此，吴廷翰对理学的批判，也就由对程朱理学的一般性批判而直指心学思潮。

关于吴廷翰对程朱理学的批判，他自己曾剖白说："所论与先儒不同处，只是以气即理，以性即气，此其大者。"①由此来看，其所谓理学批判，最根本的一点，也就在于以气来说明理，并以气化生生来说明理的形成与具体表现；因而对于人性，吴廷翰也同样是将其归结于"生生之气"来说明的。这样看来，其所谓的理学批判，实际上也就可以说是以一气之贯通与流行来批判整个理学——并以批判的方式来说明从理学到心学之发展。

关于理学开山周敦颐及其《太极图说》，吴廷翰的看法基本上同于王廷相，认为朱子以太极为万化之枢纽的思想与老子"有生于无"之说并无二致。在吴廷翰看来，"所谓道、理必有一物以当之，除却此气，无他物矣"②，显然，这里所谓的"一物"，其实正是对汉儒"太易者，未见气也；太初者，气之始也；太始者，形之始也；太素者，质之始也"③一说的一种全面复归。所不同的是，汉儒从所谓"未见气也""气之始也"一直到"形之始""质之始"，全然是一个从"无"到"有"之宇宙生化的过程；吴廷翰这里则完全是以"气"作为所有生化发展之永恒不变的始基与根据来运用的，自

① 吴廷翰：《吉斋漫录》卷上，《吴廷翰集》，第33页。
② 吴廷翰：《吉斋漫录》卷上，《吴廷翰集》，第12页。
③ 该说法最早见于《易纬·乾凿度》，王廷相曾以列子的说法加以征引。

然，这也可以说是表现了中国气论思想从气化论到气本论的发展。

至于周敦颐的"无欲故静"一说，吴廷翰也从两个方面进行了批评。一方面，他从其彻底的气本思想出发，认为"主静之静，必兼动静"①；因为从事物的存在状态来看，"主静必兼动静，乃为正当"②，乃是事物存在的常态。另一方面，即使从工夫修养的角度看，所谓"无欲"一说，也必然包含有事与无事两种状态，从主体的角度看，也必然是动静合一之学。所以他又说："只无欲便是主静。盖人能无欲，则虽在蓊翳逼塞之中，而此心无物；虽在胶葛纷扰之地，而此心无事。无事无物，便是静之贞境。然无事以有事为工夫，无物以有物为主宰，此处乃是动静合一之学。"③显然，无论是从事物的存在状态来看，还是从主体工夫修养的角度看，所谓的"无欲故静"一说都必须是涵括动静两态的，而不可能是所谓纯粹的"至静"一态。

关于张载，作为理学双重人性论的首倡者，吴廷翰对于理学双重人性论的批判其实也就是对张载的批判；当他将仁义礼智分属于阴阳二气，或者说是直接以对阴阳二气之不同禀赋来说明人的仁义礼智之具体形成时，本身也就是对张载双重人性之说的一种批判与取代。所以这里不必再重复。但吴廷翰对于张载《西铭》的质疑却再次表现了他对张载所揭示的理想与现实之双重世界的明显不满，并且还明确坚持其将理学双重世界彻底统一于气的思路。比如，张载曾依据孟子"志"与"气"的相关相对性原理，在《西铭》中提出所谓"天地之塞，吾其体；天地之帅，吾其性"④一说，实际上，这本来就是对儒家"志"与"气"——理想与现实二重世界的一种最好表达，但在吴廷翰看来，将世界二重化正像将人性双重化一样，必然会隔断其彻底统一于气的思路。所以，他就完全立足于自己的气本一元论，认为一气流行，"内焉则为人之心，外焉则为人之体，体

---

① 吴廷翰：《吉斋漫录》卷上，《吴廷翰集》，第14页。
② 吴廷翰：《吉斋漫录》卷上，《吴廷翰集》，第15页。
③ 吴廷翰：《吉斋漫录》卷上，《吴廷翰集》，第16页。
④ 张载：《正蒙·西铭》，《张载集》，第62页。

者气之充,而心者气之灵,岂有二乎哉?"①吴廷翰这一"岂有二乎哉"的反问,既表现了其自身彻底的气本一元论思想,也反证着张载哲学之"志"与"气"的双重性质,反证着其对孔孟儒学明确的主体继承关系。②

在这一基础上,吴廷翰对理学的批评也就集中于陆王心学了。不过,吴廷翰对于心学的批评并不同于其对理学的批评,对理学的批评可以说是以其彻底的气本一元论思想批评理学的理气双重世界,因而其所表现的主要是一种"差异"关系;而其与陆王心学则是一种明显的"对反"关系——其对反也就表现在世界究竟应当统一于"心"还是应当统一于"气"之间;在一元化与内在性追求这一点上,心学与气学却恰恰表现出了其同一的关怀指向。这一点既是明代理学的一个共同趋势,也同样表现在吴廷翰对陆王心学的批评中。

关于象山心学,吴廷翰批评说:

> 自陆子之学,有"先立乎其大者"与"求放心"云云,若独指心而言,已有独任本心之失。至其徒杨敬仲一误,遂至以心为性。而曰"道心,谓心即道也。心之精神谓之圣,谓心即圣也"。夫以心为道、为圣,而一切由之,以为言下有悟,言"心下自省",便即是道,便即是圣人,此非释氏明心见性成佛之旨而何?今之人好异自高,遂窃其说而张大之,曰"致良知"。而其徒从旁窃听,以为妙道精义;且指其一种虚闻虚见者,即妙解神悟。学不知性而专任心,其流之弊一至于此。然则心性之间,其儒释之辨欤?③

---

① 吴廷翰:《吉斋漫录》卷上,《吴廷翰集》,第 39 页。
② 关于张载哲学的性质,学界长期流行所谓气本论的说法,这一说法本身就源自明代气学在批评程朱理气双重世界时对张载"虚气相即"思想的借用与诠释。但理学双重世界的开创者就是张载,从其"天命""气质"双重人性的提出到其"天地之塞,吾其体;天地之帅,吾其性"之"志"与"气"、"塞"与"帅"、"体"与"性"双重世界的明确揭示,准确地表现了其世界观之理想与现实并举的双重性质。而明代气学对于张载双重世界的批评以及对其道德理想层面的极力消解,也证明他们并非同一思想谱系。因而,将张载哲学理解为气本论,无疑是对其作为理学开创者及其理论开创作用的一种抹杀。
③ 吴廷翰:《吉斋漫录》卷上,《吴廷翰集》,第 34—35 页。

在这一批评中,站在儒家学理的角度看,吴廷翰只能批评陆王心学是"以心为道为圣"且"以心为性"而"专任心"的狂妄。因为心学之专任本心、明心见性与气学之专任一气之流行来说明万事万物所以生成之理不仅属于同一方向,而且也几乎是同样的逻辑(当然其理在具体内涵上存在着人伦道德与自然物理的巨大分野)。所以到最后,吴廷翰除了将象山之学归结于"释氏明心见性成佛之旨"外,也就无法进行其他方面的批评了。

不过,对于与他一定程度上可以算是同朝为官的王阳明[①],吴廷翰的批评就不能那么简单了。就在吴廷翰进士及第的同一年,王阳明也提出了作为他一生学问之归结的"致良知"说,可以说,吴廷翰思想走向成熟的过程,也正是王阳明"致良知"之学流布天下的过程,所以其所谓气本气化论哲学,实际上正好是在与王阳明心学的对比与观照下成长起来的。在吴廷翰看来,"以心为性,乃此老根本之误"[②],也说明对于阳明心学,他也只是沿着罗钦顺以来的以心性辨儒释的方式进行批评。

吴廷翰对阳明心学的具体批评主要是沿着其"致良知""格物致知"以及"知行合一"几个方面展开的,在这些批评中,他不能不援引并借重程朱理学关于格物致知之客观求知一面来批评。这说明,在坚持客观求知这一点上,不仅气学与理学坚持着同一立场,而且也代表着它们与心学之间最根本的分歧。人们之所以将气学看作是对程朱理学进行"顺承与演变"的一系,也正是就其共同的客观求知立场与关怀面向而言的。

关于王阳明的"致良知"之学,吴廷翰首先提出了如下批评:

> 夫凡言知者必是心之已发,若未发之知,浑然之良,何从而致?
> 然已发之知则有良不良,人何由而知之? 又何从而致之乎? 若曰良
> 知自知,殊非圣人能之……故圣人之学必须格物以致知。如《书》所

---

① 吴廷翰与王阳明虽有同事一朝的关系,却不可能同朝为官,因为王阳明在提出"致良知"之说的次年,就已经归乡讲学了,虽然在嘉靖六年(1527)仍有两广的征思田之行,但在归程中就去世了。

② 吴廷翰:《吉斋漫录》卷上,《吴廷翰集》,第 35 页。

谓"学于古训",《易》所谓学聚问辨,与"多识前言往行",孔子所谓博文、学文、明善,孟子所谓博学、详说。验以吾心,获于古人,才于理之是非、念之善恶晓然分明,而后其知庶几可得而致。不然,则中人之资,心体未莹,知之所发,善恶纷如,何以考据验证?一切念虑,皆非实体,其不至于独守自心,抱空妄想,认昏昧为虚灵,呼情欲以为至理,猖狂自恣,无所忌惮,而卒为佛老之归小人之党者,几希矣![1]

在这一批评中,吴廷翰首先提出"凡言知者必是心之已发"一点,应当承认这还可以说是一个带有深刻的学理性的批评,因为在宋明理学体与用以及未发与已发二分的结构下,良知既然是作为人人具有的至善本体而揭出的,那它就不可能直接表现为现实的知觉;如果它是现实的知觉,那它又不可能就是人心中的至善本体。所以,在以下的批评中,吴廷翰就提出了一系列发问,如"浑然之良,何从而致?""已发之知则有良不良,人何由而知之?又何从而致之乎"等等,这说明,吴廷翰起码是从理学所公认的未发、已发之二分结构来提问的;其目的,也就是要得出必须学而后知的结论。从其彻底的气学一元论立场来看,所有这些质疑、批评及其结论自然也都具有一定的必然性,但对于王阳明的良知学来说却未必有效,因为王阳明的良知本身就是指至善之性直接贯通于是非知觉而言的,所以他才说:"性无不善,故知无不良,良知即是未发之中,即是廓然大公,寂然不动之本体,人人之所同具者也。"[2]又说:"良知不由见闻而有,而见闻莫非良知之用,故良知不滞于见闻,而亦不离于见闻……除却见闻酬酢,亦无良知可致矣。"[3]至于吴廷翰所提出的"中人之资,心体未莹"以及"抱空妄想,认昏昧为虚灵"等等,对于人之外向的经验知识而言,确实存在着此一方面的弊端,但对于人伦实践中"随时知是知非"的道德良知来说,自然无法以缺乏经验知识来批评,也无法求之于经验知

---

① 吴廷翰:《吉斋漫录》卷上,《吴廷翰集》,第63—64页。
② 王守仁:《答陆原静书》又,《王阳明全集》,第62—63页。
③ 王守仁:《答欧阳崇一》,《王阳明全集》,第71页。

识来证明。就这一点而言,吴廷翰的批评对于人的经验知识而言固然有效,但对于人伦实践中的道德良知来说,完全可以说是属于无效力的批评。

至于其对王阳明格物说的批评,由于王阳明以临事"正念头——正其不正以归于正"为格物工夫,因而在吴廷翰看来,"今人为'格物'之说者,谓:'物理在心,不当求之于外。求之于外,为析心与理为二,是支离也。'此说谬矣。夫物理在心,物犹在外。物之理即心之理,心之物即物之物也"①。这样一种批评,对于追求关于外在世界事事物物的经验知识而言自然可以说是确实有效的,但对于道德实践而言,所谓临事"正念头"——端正主体的意志与心态却并不能说就是"是内非外"的,因为主体"一念发动"的意念并不仅仅作用于内,它不仅可以从主体的睟面盎背之间当下显现出来,也可以作用于主体并直接见之于外在的实践活动中;吴廷翰所谓"物之理即心之理,心之物皆物之物"一说则显然是将人及其心志、心态全然作为客观层面的物理来理解了。

至于吴廷翰对王阳明知行合一说的批评,确有不少可取之处;起码一点,他确实看到了王阳明知行合一说之极为普遍的负面作用一面。比如他分析说:

> 所不取以致知为力行之说者,谓其知得一分便以为行得一分,知得二分便以为行得二分,其始也以行为知,其流也以知为行,则今日之所讲者全无一字着落,其终只成就得一个虚伪。②

> "知行合一"所以必辨其不然者,无他,盖知行两处用工,而本则一耳。若以知即是行,则人之为学只是力行便了,又何必致知?③

> 知之与行,自有先后,自有作用,但不可截然为二途耳,岂可混而一之乎?④

---

① 吴廷翰:《吉斋漫录》卷下,《吴廷翰集》,第44—45页。
② 吴廷翰:《吉斋漫录》卷下,《吴廷翰集》,第54页。
③④ 吴廷翰:《吉斋漫录》卷下,《吴廷翰集》,第56页。

在这些批评中,吴廷翰首先承认王阳明倡导知行合一的目的在于"以行为知"——即在道德实践的过程中具体地体知、证知,从而获得真知,就这一点而言,应当说他对王阳明知行合一说的把握还是极为准确的。但是,当他揭示倡导知行合一的结果——"其流也以知为行"时,也同样是准确的、符合历史实际的。吴廷翰之所以能够提出如此准确的批评,关键在于他清楚地知道"盖知行两处用功,而本则一耳"这一基本的出发点。但是,当他又提出所谓"知之与行,自有先后,自有作用,但不可截然为二途"时,实际上等于重新返回到程朱理学以知促行的立场上去了。在这一前提下,他就没有办法解决王阳明所提出的"今人却就将知行分作两件去做,以为必先知了然后能行,我如今且去讲习讨论做知的工夫,待知得真了方去做行的工夫,故遂终身不行,亦遂终身不知"[1]的问题。

所有这些批评,在表现吴廷翰的气本气化论立场以及其客观的求知面向这一点上都是准确有效的,包括其对理本论的批评。但总体而言,其对陆王心学包括程朱理学的批评却难免存在着将人伦道德自然物理化或经验知识化的倾向。如果仅就追求经验知识而言,那么吴廷翰的这些批评自然也都可以说是准确有效的,也有其积极意义,但是,如果我们承认宋明理学是以追求理想人格为第一志向的,那么吴廷翰的这些批评不仅无效,而且还存在着许多误解之处,其所谓批评,实际上也往往是在误解基础上的批评。所有这些矛盾,将更集中地表现在其道德修养论中。

三、道德修养论

按照吴廷翰的气本气化论立场,他只能中性地看待人生,并且也只能自然地解释人生中各种各样的欲望与追求。但在宋明理学中,似乎还从未出现过完全从自然与生理本能出发来看待人生的思想家。那么,从吴廷翰这种完全建立在自然、中性基础上的气本气化论出发,他又将如

---

[1] 王守仁:《语录》一,《王阳明全集》,第4—5页。

何确立人生的价值标准呢？从这种立场出发，固然也可以解释人生，比如就像吴廷翰所坚持的"物之理即心之理，心之物皆物之物"一样，却根本无法解释人生中自觉的道德理想与价值追求；要么就只能将道德与价值仅仅从现实利益(即为了更好地满足人生中的各种欲望)的角度加以解释。如此一来，所谓道德原则与价值理想就必然会成为人之本然生命中一种外在的附加物，或者只能说是所谓"天降神圣"之强制教化的产物；但如果从后者——所谓道德原则与价值理想出发，又必然会否定其对从宇宙天道到人生之完全自然与中性化的解释。那么，吴廷翰又将如何处理自然与道德之间的分歧与张力呢？

如前所述，吴廷翰曾经成功地回答过"性何以有仁义礼智之名"的问题，在他看来，性本身就是一种基于自然的生理，那么在自然生理的基础上如何解决人生的道德与价值追求呢？吴廷翰是直接通过将自然道德化来解决这一问题的，即其所谓的"仁义礼智即天之阴阳二气，仁礼为气之阳，义智为气之阴"一说。这就是说，他是通过自然界中的阴阳现象，直接赋予其以道德的涵义，所谓"仁礼为气之阳，义智为气之阴"就是他对自然现象道德化的解释。但吴廷翰的这一解释是存在问题的，比如说人在自然生理的基础上必然会有各种各样的欲望，但仅仅欲望本身永远无法给自己提出一个合理性的标准，虽然人依靠其自然理性、经验理性也会总结出各种过度满足欲望必然会伤害其生理本身的经验，但这种完全建立在经验基础上的理性却并不是欲望本身的合理性标准，因为这种经验理性说到底不过是欲望如何进一步发展自身并满足自身而已。从这个角度看，所谓道德与价值的问题永远是带有自然取向的气本气化论哲学的一个软肋。不过，在宋明理学的大氛围中，我们暂且可以接受他们直接将自然道德化的做法。

从这一点出发，吴廷翰首先对人欲进行了一番解释；这一解释也同时表现着其气本气化论哲学的一个基本特色。他说：

> 人欲，只是人之所欲，亦是天理之所有者，但因其流荡，而遂指

其为私欲耳。其实,本体即天理也。圣人之学,因人之欲而节之,则亦莫非天理,而非去人欲以为天理,亦非求天理于人欲也。《书》曰:"民生有欲,无主乃乱。"所谓"主"者,亦只节其欲以制其乱而已,岂能使民尽去其欲乎!①

在这一段分析与说明中,吴廷翰又提出或借用了所谓"天理"一说。其实对于彻底的气本气化论而言,其所谓的"天理"也就是物理,所以他们又常常直接将其称为"理";他们所谓的"物理"同时也就是道德伦理,因为"人固万物中一物尔"。因而,在吴廷翰看来,人欲"亦是天理之所有者",这就相当于人欲也属于自然物理一样。至于其因"流荡"而成为"私欲",则带上了道德之恶的因素,所以圣人才要"因人之欲而节之"。在这里,无论是天理因为"流荡"而成为"私欲",还是圣人"因人之欲而节之"乃至"节其欲而制其乱"等等,实际上都是自然理性与经验知识的产物。这里的精彩之处在于,吴廷翰对人欲之"本体即天理"一说确实较好地解释了其气本论基础上如何说明人欲的问题,因为它确实体现了天理彻底内在于气并以气化流行来说明天理的观点;但其问题在于,"人欲"(包括所谓物理)本身并不能解释自身如何会"流荡"的问题,因此就是以物理为基础的天理或者说是已经物理化的天理,也同样无法充当"人欲"或"私欲"的划分标准。

对吴廷翰而言,他既然提到了天理,并以阴阳作为划分善恶的标准,那么我们这里也就只能暂时承认其道德原则与价值标准的普遍性,一如牟宗三所概括的"宇宙秩序即是道德秩序,道德秩序即是宇宙秩序"②一样。但是,吴廷翰的全部哲学都建立在气本气化论的基础上的,他的道德秩序、价值理想也就只能通过自然物理包括人欲经验来解释;这样一种解释,对于道德理性而言,也就始终存在着暗而不达之处。比如其对《大学》与《中庸》之相互补充的解释:

① 吴廷翰:《吉斋漫录》卷上,《吴廷翰集》,第 37 页。
② 牟宗三:《心体与性体》,《牟宗三先生全集》第 5 册,第 40 页。

圣贤言学,经纬错综,无所不可。《大学》自格物以至修身,乃其自然之序,顺而施之,经也;若戒惧慎独,则格、致、诚、正自然之功,横而贯之,纬也……必通于经纬之说,然后知博约、精一之旨,与格致诚正、戒惧慎独之义,横来竖去,并行而不悖矣。①

又说:

不道问学无以为尊德性之始,不尊德性无以为道问学之终。而尊之道之未有不由于戒惧慎独。②

在这两段各自发明、相互补充的论述中,前者是以《大学》八条目中的前五条为经(所谓纵向标准),然后再以格致诚正"横而贯之",看起来似乎是一个纵横交错、相互渗透的标准,但当他将这一标准移植于《中庸》的"尊德性而道问学"时,问题就出现了。因为他以道问学"为尊德性之始",又以尊德性"为道问学之终",这样一来,二者之间似乎就成为一种"始"与"终"的关系了。就始终关系而言,既符合他以自然物理蕴涵人伦道德的思路,也符合朱子以道问学促进尊德性的思路。但是,正像自然物理本身并不能给人伦道德提供以根本的支撑与说明一样,道问学的知识追求也并不能直接促进尊德性的实现。这样一来,在其道问学与尊德性之间就出现了一种明显的不衔接性。以此反观其"格致诚正"与"修齐治平"之纵横与经纬的划分,本来,按照宋明理学的规模与共识,格致诚正属于道德内圣追求,修齐治平则属于外王功利的实现层面;前者正是后者得以实现的基本前提,但当吴廷翰以"格致以至修身"的"自然之序"为纵向之"经",同时又以所谓"格、致、诚、正自然之功横而贯之"时,这样的经纬与纵横关系就混乱了。本来,格之以宋明理学道德内圣与外王功利的关系,格致诚正自然属于所谓经,修齐治平则只能属于纬;格致诚正属于纵向之经的关系,修齐治平则只能属于横向之纬的关系。但在吴廷

① 吴廷翰:《吉斋漫录》卷上,《吴廷翰集》,第37—38页。
② 吴廷翰:《吉斋漫录》卷上,《吴廷翰集》,第71页。

翰的这一解释中,二者的关系却完全颠倒了,正像其以自然物理来蕴涵人伦道德、以道问学来促进尊德性的实现一样,二者之间非但不是所谓"自然"的秩序,而且完全成为一种相反的关系了。在这种条件下,其所谓的"尊之道之未有不由于戒惧慎独"一说简直就不知所云了,难道是通过主体的戒慎恐惧工夫来促进道问学进而实现所谓尊德性吗?建立在自然生理基础上的主体为什么要"戒慎恐惧"呢?在气本气化论的基础上,所谓"戒慎恐惧"究竟是戒慎于一气之流行呢,还是应当恐惧于对一气流行之自觉与认知呢?

实际上,吴廷翰这种本末与主次关系的颠倒,主要源于其完全以自然物理来说明人伦道德,并以道问学来促进尊德性的思路。所以,其所谓的道德修养论与其完全立足于气本气化基础上对宇宙天道与人生生理的解释简直无法比拟——既无法接榫,也无法说明。在对后者的说明中,他不仅坚持着其自然的顺序,而且也存在着较为严格的逻辑;在对前者的讨论中,则不仅处处充斥着与理学共识的不协调性,还存在着对理学共识之任意扭转、稀释的现象。比如其对《中庸》之"时中"的诠释就是如此。他说:

> "天命之谓性,率性之谓道,修道之谓教",只是此"中"。天下之理,"中"焉止矣,然而曰"庸"者,何也?盖所谓"中"者,乃常理也。言"中"而不言常,恐人以此为高妙而求"中"于无所着落之处,故以"庸"足之。其实只是中也。"君子而时中",随时变异以为"中",乃所以可常而不易也。若执其一定以为常,则时有穷,道有变,而反不可常矣。故"庸"之义,盖以足"中"而不离乎"中"也。①

在这一段诠释中,吴廷翰是以"中"或"时中"来统摄整个《中庸》的,他对"中"的解释则是"常理也",但他又认为,"言中而不言常,恐人以此为高妙而求中于无所着落之处,故以庸足之"。这就是说,"中"与"庸"其实共

---

① 吴廷翰:《吉斋漫录》卷上,《吴廷翰集》,第37页。

同表现了一个"常"字。由于"常"既有"恒常不变"之意，又有"平常""凡常"之义，因而所谓"君子而时中"也就是"随时变异以为中，乃所以可常而不易也"，所谓即"凡常"而见"恒常"之意；相反，"若执其一定以为常，则时有穷，道有变，而反不可常矣"。显然，这里所谓"执其一定以为常"也就是执其"恒常"以断"凡常"，由于"凡常"本身就存在于"变异"之中，所以说"时有穷，道有变，而反不可常矣"，也就是说，如果执定"恒常"而看不到"凡常"之"变异"因素，这就失去"恒常"的意义了。整个这一段诠释，如果说是从客观角度诠释事物之理的"易"与"不易"两面及其相互关系，自然有其合理之处，但如果说这就是对《中庸》大旨的揭示，这就将《中庸》高妙的主体心性工夫降低到客观事物存在之理的变与不变层面上了。大概这也是其从自然物理角度来讲主体道德与心性修养工夫所难以避免的。

第四节　顾宪成朱王互救其失的哲学思想

当对朱子学的"顺承与演变"发展到顾宪成、高攀龙这一代东林党人时，其间已经经过了王阳明良知学的广泛传播，也已经出现了"今天下争言良知矣，及其弊也，猖狂者参之以情识，而一是皆良；超洁者荡之以玄虚，而夷良于贼……"[1]的格局，因而这时的理学，似乎又出现了某种向朱子复归的趋势；这种复归，实际上也就代表着明代理学的一种朱王互救其失的努力。这一点首先体现在以顾宪成为代表的东林党人的讲学活动中。

顾宪成(1550—1612)，字叔时，号泾阳，江苏无锡人。顾宪成万历八年(1580)进士及第，授户部主事。"大学士张居正病，朝士群为之祷，宪成不可。同官代之署名，宪成手削去之。"[2]"与南乐魏允中、漳浦刘廷兰，

---

[1] 刘宗周：《证学杂解》，《刘宗周全集》第二册，第 278 页。
[2]《明史·顾宪成传》，《二十五史》卷十三，第 1257 页，北京：中国文史出版社，2002 年版。

风期相许,时称为三解元。"①因上书言时政得失,刺及执政,谪湖广桂阳州判官。万历二十年(1592),擢吏部考功司主事。后因以会推阁员忤帝意,遭到"削籍"的处置,归乡后与同仁读书讲学。万历三十二年(1604),修葺宋代杨时讲学的旧址东林书院,与其弟顾允成以及同里高攀龙、钱一本等人讲学其中,一依白鹿洞学规,四方学者闻风而至,由此形成了晚明最有影响的东林学派。

一、东林党的学术活动(哲学思想)

关于东林党人的讲学活动,黄宗羲在《明儒学案·东林学案》中评价说:

> 数十年来,勇者燔妻子,弱者理土室,忠义之盛,度越前代,犹是东林之流风余韵也。一堂师友,冷风热血,洗涤乾坤……②

这显然是对东林党人讲学活动的一种高度礼赞,其赞美,主要集中在东林党人所激扬的一腔忠义之气上。关于东林党人的讲学活动及其具体关怀,现代学人钱穆先生也评价说:

> 盖东林讲学大体,约而述之,厥有两端:一在矫挽王学之末流。一在抨弹政治之现状。宋明理学,至于阳明良知之论,鞭辟近里,已达极度。而王学自龙溪、泰州以后,风被既广,流弊益显。于阳明天泉证道"无善无恶心之体"一语,辩难尤力。③

从黄宗羲到钱穆这种不同侧重的评价,大体道出了东林党人讲学活动的一段实情。说是激扬正气,主要是针对晚明腐败的政治风气而言的;说是纠偏王学,又主要是针对当时学界由王学的泛滥所导致的各种流弊而言的。

---

① 黄宗羲:《明儒学案·东林学案》一,《黄宗羲全集》第八册,第729页。
② 黄宗羲:《明儒学案·东林学案》,《黄宗羲全集》第八册,第727页。
③ 钱穆:《中国近三百年学术史》,第10页。

实际上,东林党人的讲学活动首先发端于正直士大夫的为政遭际,从晚明的政治风气来看,"自严嵩以来,内阁合六部之权而揽之,吏部至王国光、杨魏,指使若奴婢……"①到魏忠贤秉政时,则"内外大权一归忠贤。内竖自王体乾等外,又有李朝钦、王朝辅、孙进、王国泰、梁栋等三十余人,为左右拥护。外廷文臣则崔呈秀、天吉、吴淳夫、李夔龙、倪文焕主谋议,号'五虎'。武臣则田尔耕、许显纯、孙云鹤、杨寰、崔应元主杀僇,号'五彪'。又吏部尚书周应秋、太仆少卿曹钦程等号'十狗'。又有'十孩儿''四十孙'。而为呈秀辈门下者,又不可胜计。自内阁、六部至四方总督、巡抚,遍置死党。"②这可能是中国历史上从来不曾有过的现象,就是说,朝政已经完全为宦官所把持,而且官员士大夫也甘愿沦落为宦官恶政的鹰犬与奴婢。

正是明代政治的这一趋势,东林党人表现出了极为可贵的一面。当顾宪成任吏部考功主事时,他之所以严辨君子小人,就是要力图扭转朝政中"君子退,小人进"的普遍趋势,从而力阻小人之进。这一点也充分表现在他对当时社会风气的评说中:

> 官辇毂,念头不在君父上;官封疆,念头不在百性(姓)上;至于水间林下,三三两两,相与讲求性命,切磨德义,念头不在世道上,即有他美,君子不齿也。③

这可以说是顾宪成对明代社会风气的总体批评。也正因为如此,他对正人君子的推举往往不惜"忤帝意",最后只能导致自己"削籍"而归。从这一点来看,关注现实政治、关注社会风气进而关注天下苍生,就成为东林党人一个基调性的特征,也可以说是东林党所以形成的前史。

"削籍"归乡之后,顾宪成就进入了东林学派的开创阶段。在当时的风气中,退居林下而能以讲学终老,自然也可以说是明代士大夫的一种

---

① 黄宗羲:《明儒学案·东林学案》一,《黄宗羲全集》,第八册,第730页。
②《明史·魏忠贤传》,《二十五史》卷十三,第1664页。
③ 黄宗羲:《明儒学案·东林学案》一,《黄宗羲全集》第八册,第731页。

明智选择，顾宪成自己也曾打算"而今而后，惟应收拾精神，并归一路，只以讲学一事为日用饮食。学非讲可了，而切磨淘洗，实赖于此。"①但是，由于他"生平颇怀热肠，何能耕闲钓寂"②的性情，加之当时"士大夫抱道忤时者，率退处林野，闻风响附，学舍至不能容"③，这就有了对南宋大儒杨时讲学故地东林书院的复建，也就有了东林学派。

由于顾宪成以前在政界的影响，加之当时退处山野林下的士君子之递相俯就，一时声望大集。对于当时的盛况，黄宗羲评论说："……东林书院成，大会四方之士，一依白鹿洞规。其他闻风而起者，毗陵有经正堂，金沙有志矩堂，荆溪有明道书院，虞山有文学书院，皆捧珠盘，请先生蒞焉。"④又由于其讲学"与世为体"，有强烈的现实关怀，"故其讲习之余，往往讽议朝政，裁量人物。朝士慕其风者，多遥相应和。由是东林名大著，而忌者亦多"⑤。由此形成了所谓"清议"之风，这又是东林学派讲学的一大特征。

关于东林学派所带来的"清议"之风，黄宗羲（其父亲黄尊素即为东林名士，且为阉党所害）曾激于时人归一切清议于东林，从而为东林招祸的做法辩解说：

> 今天下之言东林者，以其党祸与国运终始，小人既资为口实，以为亡国由于东林，称之为两党，即有知之者，亦言东林非不为君子，然不无过激，且依附者之不纯为君子也，终是东汉党锢中人物。嗟乎！此寱语也。东林讲学不过数人耳，其为讲院，亦不过一郡之内耳。昔绪山、二溪鼓动流俗，江浙南畿，所在设教，可谓之标榜矣，东林无是也。京师首善之会，主之为南皋、少墟，于东林无与。乃言国

───────────────

① 顾宪成：《泾皋藏稿》卷五，《四库全书珍本八集·泾皋藏稿一》，第 19 页，商务印书馆，1934 年版。
② 顾宪成：《泾皋藏稿》卷五，第 9 页。
③《明史·顾宪成传》，《二十五史》卷十三，第 1258 页。
④ 黄宗羲：《明儒学案·东林学案》一，《黄宗羲全集》第八册，第 731 页。
⑤《明史·顾宪成传》，《二十五史》卷十三，第 1258 页。

本者谓之东林,争科场者谓之东林,攻逆阉者谓之东林,以至言夺情奸相讨贼,凡一议之正,一人之不随流俗者,无不谓之东林。若是乎东林标榜,遍于域中,延于数世,东林何不幸而有是也,东林何幸而有是也! 然则东林岂真有名目哉? 亦小人者加之名目而已矣。论者以谓东林为清议所宗,祸之招也。"子言之,君子之道,辟则坊与。"清议者,天下之坊也。夫子议臧氏之窃位,议季氏之旅泰山,独非清议乎? 清议熄,则后有美新之上言,媚奄之红本,故小人之恶清议,犹黄河之碍砥柱也。①

在这一段辩解中,黄宗羲并不同意将东林党人比作东汉党锢之祸中的名节之士;也不认为东林党人有像王门二溪一样的自我标榜行为;甚至,就连邹元标、冯少墟在京师所组织的首善书院之讲学活动,他们都没有参与。就东林党而言,其"讲学不过数人耳,其为讲院,亦不过一郡之内耳";如果说他们真有所守,也只能说他们始终守着"夫子议臧氏之窃位,议季氏之旅泰山"的一点清议精神。对东林党人来说,就是这种清议精神,构成了他们"成也萧何,败也萧何"的内在。所以,当时"言国本者谓之东林,争科场者谓之东林,攻逆阉者谓之东林,以至言夺情奸相讨贼,凡一议之正,一人之不随流俗者,无不谓之东林",这既是一种标榜,当然同时也就是一种归罪,因为"小人之恶清议,犹黄河之碍砥柱也",因而东林党人饱受打击之惨祸,也同样应当由其清议精神来说明。

那么清议究竟是一种什么精神呢? 实际上,这也就是顾宪成所谓的"与世为体"——关心国计民瘼的精神,这种精神在世道混乱之时,往往就会激扬为一种抗议精神。比如当顾宪成还在任吏部考功主事时,就与当时比较正直的阁老有如下一段对话:

娄江(王锡爵)谓先生曰:"近有怪事,知之乎?"

先生曰:"何也?"

---

① 黄宗羲:《明儒学案·东林学案》一,《黄宗羲全集》第八册,第 726 页。

日:"内阁所是,外论必以为非;内阁所非,外论必以为是。"

先生曰:"外间亦有怪事。"

娄江曰:"何也?"

日:"外论所是,内阁必以为非;外论所非,内阁必以为是。"①

从这一"内阁"与"外论"的对比言说来看,王锡爵自然坚持着一种朝廷本位的立场,顾宪成则完全坚持着一种明确的社会本位立场。这两种立场原本不应当对立;但当二者之间出现对立、背反的情况时,恰恰是朝廷政治病入膏肓的表现,当然也是后来东林党人清议之风所以形成的根源。

就其讲学的具体内容而言,这就是钱穆先生所概括的挽王学末流的玄虚之病;其主要方法,就是针对王学末流的泛滥而大力提倡朱子学。不过,由于东林学派崛起于王阳明心学的广泛传播之后,他们大都有一段接受阳明心学的经历。比如顾宪成就自述说:"不肖,下里之鄙人耳,无所闻知。少尝受阳明先生《传习录》而悦之。"②又说:"当士人桎梏于训诂辞章间,骤而闻良知之说,一时心目具醒,恍若拨云雾而见白日,岂不大快。"③这说明,东林学派的领袖基本上是在充分吸取了阳明学的一段真精神并认可其积极意义的基础上批评其后学的玄虚之病的。其矫正阳明后学玄虚之病的基本方法,首先也就要求对良知必须究其根源,并落到实处。黄宗羲评价说:

先生深虑近世学者乐趣便易,冒认自然,故于不思不勉,当下即是,皆令究其源头,果是性命上透得来否?勘其关头,果是境界上打得过否?④

顾宪成则征引罗念庵的看法,一反现成良知之说,要求将良知看作是实地用功的结果,或者说必须是在实地用功的基础上才有资格谈良知。

① 黄宗羲:《明儒学案·东林学案》一,《黄宗羲全集》第八册,第730页。
② 顾宪成:《泾皋藏稿》卷四,《四库全书珍本八集·泾皋藏稿一》,第33页。
③ 顾宪成:《小心斋札记》卷三,《顾端文公遗书》第一册,第5页,清光绪三年重刻本。
④ 黄宗羲:《明儒学案·东林学案》一,《黄宗羲全集》第八册,第732页。

比如：

> 罗念庵先生曰："世间那有见成良知?"良知不是见成的,那个是
> 见成的? 且良知不是见成的,难道是做成的? 此个道理稍知学者类
> 能言之……然则念庵言"世间那有见成良知?"正所以激发顽懦,破
> 除狂诞,俾之实致良知也。其有功于阳明大矣。①

所有这些,当然都表现了东林学派对于阳明后学所谓"现成良知"说之种
种毛病的确认,从而试图以实地用功的方式来克服其玄虚之病。

另一方面,针对阳明后学的玄虚之病,他们又积极引进朱子学,并试
图以朱子学的实地用功来矫正阳明后学的种种毛病。比如顾宪成说：

> 朱子揭格物,不善用者流而拘矣;阳明以良知破之,所以虚其实
> 也。阳明揭致知,不善用者流而荡矣,见罗以修身收之,所以实其虚
> 也。皆大有功于世教。然而三言原并立于《大学》一篇之中也。是
> 故以之相发明则可,以之相弁髦则不可;以之相补救则可,以之相排
> 摒则不可。②

> 朱子平,阳明高;朱子精实,阳明开大;朱子即修即悟,阳明即悟
> 即修。以此言之,两先生所以"考之事为之著,察之念虑之微,求之
> 文字之中,索之讲论之际"者委有不同处,要其至于道则均焉。③

从这两段评骘来看,与其说以顾宪成为代表的东林学派是引入朱子学以
救阳明后学之失,不如说他们是展开了一场朱王互救其失的活动。当
然,由于阳明心学不仅是他们的为学入手,而且当时正在流布天下,所以
他们的朱王互救其失活动又主要表现为对阳明后学及其诸多毛病的深
入反省。

---

① 顾宪成：《小心斋札记》卷十一,《顾端文公遗书》第三册,第3—4页。
② 顾宪成：《小心斋札记》卷十一,《顾端文公遗书》第三册,第10—11页。
③ 顾宪成：《小心斋札记》卷七,《顾端文公遗书》第二册,第13页。

二、先天良知与后天工夫并重

阳明心学曾以其晚年的致良知一说而流布天下,尤其是在"天泉证道"中王龙溪所提炼并为王阳明所肯认的"四无"一说,不仅明确地坚持在先天心体上立根,而且还坚持着所谓心意知物一并皆无的"四无"立场。这就成为一种"若原无善恶,工夫亦不消说矣"①。虽然阳明当时就曾明确地提醒王龙溪说:"利根之人,世亦难遇,本体工夫,一悟尽透。此颜子、明道所不敢承当,岂可轻易望人! 人有习心,不教他在良知上实用为善去恶工夫,只去悬空想个本体,一切事为俱不着实,不过养成一个虚寂。此个病痛不是小小,不可不早说破"②。但当时思想界的总体趋势,正像黄宗羲所概括那样,"自姚江指点出'良知人人现在,一反观而自得',便人人有个作圣之路"③,加之王龙溪本人又天才杰出,智思过人,也就将阳明的"致良知"教演变为一种专门以所谓现在良知为家当,四处宣讲、到处卖弄的学问,也就造成了黄宗羲所揭示的另一种现象:"阳明先生之学,有泰州、龙溪而风行天下,亦因泰州、龙溪而渐失其传。"④

待到晚明,王阳明的致良知之学已经成为社会风气衰变的一个重大影响因素了。当时的王门后学人人谈良知、个个说效验,却根本没有人实致其良知,这样一来,良知也就完全成为一种专供叫卖的光景之学了。东林学派就是在这一背景下形成的,他们首先要面对的就是这种以良知为自本自根,从而陷于一种所谓"自专自用"的现象。对于这一现象,顾宪成指出:

> 学者之去圣人远矣,其求之或得或不得,宜也。于此正应沉潜玩味,虚衷以俟,更为质诸先觉,考诸古训,退而益加培养,洗心宥密,俾其浑然者果无愧于圣人。如是而犹不得,然后徐断其是非,未

① 王守仁:《语录》三,《王阳明全集》,第 117 页。
② 王守仁:《语录》三,《王阳明全集》,第 118 页。
③ 黄宗羲:《明儒学案·姚江学案》,《黄宗羲全集》第七册,第 197 页。
④ 黄宗羲:《明儒学案·泰州学案》,《黄宗羲全集》第七册,第 821 页。

晚也。苟不能然,而徒以阳明此两言横于胸中,得则是,不得则非,虽其言之出于孔子与否,亦无问焉。其势必至自专自用,凭恃聪明,轻侮先圣,注脚六经,高谈阔论,无复忌惮,不亦误乎![1]

显然,所谓"徒以阳明此两言横于胸中,得则是,不得则非,虽其言之出于孔子与否,亦无问焉",正是当时阳明后学的典型表现;至于所谓"自专自用,凭恃聪明,轻侮先圣,注脚六经,高谈阔论,无复忌惮"等等,又是泰州、龙溪两系后学"渐失其传"的表现。

泰州、龙溪是王门后学中影响最大的两系,龙溪是通过体与用、本体与工夫的相即不离与相互渗透,将良知学全然引向了明觉思辨,这就成为其所谓的良知现在说,从而以一悟贯通体用、贯通本体与工夫两界。泰州一系后学则走得更远。在他们看来,既然良知人人本有而又随时贯通是非知觉,那么这就成为一种当下现成,不劳思虑的良知之学,一切自然明觉之发用流行也就是良知之彻天彻地、贯通古今的表现。当王阳明的良知学沿着这两个方向发展流衍时,一切思虑、一切工夫也就全然被思辨与明觉之自然流行所取代了。

作为理解并真正受惠于阳明心学的东林学派,面对这样一种格局,他们当时只有一个办法,要求将已经被王龙溪的体用(思辨)贯通之学所废弃了的后天工夫追求重新肯定下来,并在工夫的追求磨砺中重新理解阳明的良知学。作为东林学派的开创者,顾宪成首先从自己做起,他之所以将其书斋以"小心"命名,也全然是从后天工夫的角度着眼的。在他看来,如果像王龙溪那样一味从先天心体上立根,就必然会走到"工夫亦不消说"的地步去;时时"小心",正是在现实生活中处处用功的表现。这一点也充分表现在他对其"小心斋"的说明中:

　　或问:"子以'小心'名斋,必有取尔也。乃札中并未尝及此二字,曾一处及之,予又不能无疑,敢请。"

---

[1] 顾宪成:《泾皋藏稿》卷二,《四库全书珍本八集·泾皋藏稿一》,第20页。

曰:"吾所言无非此二字,只是不曾牵名道姓耳,试体之便见。……诗云'小心翼翼,昭事上帝'。此之谓也。"

曰:"'小心'是个敬。闻之程子之言敬,曰'主一无适';谢上蔡之言敬,曰'常惺惺'法;伊和靖之言敬,曰'其心收敛,不容一物',似说得甚精。"

曰:"总不出'小心'二字。此二字亦何尝不精。"

曰:"世儒放胆多矣,提出这二字,正对病之药。"

曰:"这是百草中一粒灵丹,不论有病无病,却少他不得。而今须要实实调服,莫只把来做个好方子。"①

在这一问答件的讨论中,主客双方的着眼点其实是完全一致的。对顾宪成而言,"吾所言无非此二字,只是不曾牵名道姓耳",说明他的《小心斋札记》其实全然是围绕着他自己的"小心"而展开的;对"或问"而言,他其实也完全理解这一点,但其疑惑在于"札中并未尝及此二字",所以说不能"无疑"。在顾宪成看来,这二字根本就不是提与不提、说与不说的问题,而是实地"体之"的问题;只要实下工夫"体之",便自会见其深意。正因为其相互间这一共同的关注侧重,所以"或问"便能够通过程子、上蔡与和靖的论敬来理解顾宪成的"小心"。至于他们之间能够沟通的背景,也正是"或问"所提出的"世儒放胆多矣,提出这二字,正是对病之药"。很明显,顾宪成的"小心"其实正是以后天的工夫来对治王龙溪一系的"先天心体上立根"之病的。这一对答最具特色的还在于,主客双方都运用了阳明心学的语言,在"或问",即是所谓"对病之药";在顾宪成,则是"要实实调服,莫只把来做个好方子"。所谓"做个好方子"的说法,其实正是对治泰州、龙溪两系后学使阳明心学"渐失其传"而沦落为玩弄光景、贩卖效验之病的具体表现。

这样一来,如果说王龙溪是通过在"先天心体上立根"的方式将阳明的良知之学演变为一种思辨领悟的光景之学,那么顾宪成这里完全是通

---

① 顾宪成:《小心斋札记》卷十二,《顾端文公遗书》第三册,第11—12页。

过"小心翼翼，昭事上帝"的后天工夫来扭转这一偏失的。所以在他看来，那些离开了后天工夫而侈谈本体者，不过是陶醉于"一段光景""一场议论"而已。他批评说：

> 世人往往喜承本体，语及工夫，辄视为第二义。孔子当时却只任工夫……然则孔子之所谓工夫恰是本体，而世人之所谓本体，高者只一段光景，次者只一副意见，下者只一场议论而已。①

很明显，在顾宪成看来，所谓本体就在工夫之中；离开了工夫的本体，不是沦落为"光景"和"意见"，也只能成为一种什么都不是的"议论"了。在这里，从"一段光景""一副意见"到"一场议论"，正是就王龙溪一系的"高者""次者"与"下者"而言的；所有这些批评的一个共同特征，就在于完全是针对那种离开了后天工夫以侈谈先天本体的现象而发的。

正是这一原因，程朱理学所强调的下学工夫就成为顾宪成救正阳明后学之失的主要方法。在这方面，顾宪成也表现出一种苦心极力之象，甚至不排除那种最简单的从读书识字就体之于身的方法。总之，凡是可以后天工夫加以持循者，也都可以用来纠偏那种纯恃先天心体的种种高蹈之病。比如他在《东林会约》中写道：

> 孔子表章(彰)六籍，程子表章(彰)四书，凡以昭往示来，维世教，觉人心，为天下留此常道也……学者诚能读一字便体一字，读一句便体一句，心与之神明，身与之印证，日就月将，循循不已，其为才高意广之流钦，必有以抑其飞扬之气，必敛然俯而就，不淫于荡矣；其为笃信谨守之流钦，必有以开其拘曲之见，俾耸然仰而企，不局于支矣。此岂非穷理尽性，曲成不遗，贤愚高下，并受其益者邪？若厌其平淡，别生新奇以见超，是曰穿凿。或畏其方严，文之圆转以自便，是曰矫诬。又或寻数行墨，习而不知其味，是曰玩物。或胶柱鼓瑟，泥而不知其变，是曰执方。至乃枵腹师心，目空千古，见子路曰：

---

① 顾宪成：《小心斋札记》卷十五，《顾端文公遗书》第四册，第1页。

"何必读书然后为学",则亦从而和之,曰"何必读书然后为学"。见象山曰:"六经注我,我注六经",则亦从而和之,曰"六经注我,我注六经"。呜呼!审若是,孔子大圣一腔苦心,程朱大儒穷年毕力,都付诸东流也已矣。①

"会约"当然可以说是东林书院的教学大纲,问题并不在于这一"会约"提出了以孔子为榜样,而在于其将程朱与孔子并提——这分明是以程朱之下学工夫作为继承孔子之真精神的表现;问题也并不在于其将象山与子路并列,而在于其将象山的"六经注我,我注六经"与子路的"何必读书然后为学"并提,从而也就明确地反衬出东林学派以程朱之读书穷理的下学工夫为归的指向。全十其中对各种负面现象的分析,从"才高意广之流""笃信谨守之流"到"厌其平淡,别生新奇以见超""畏其方严,文之圆转以自便"以及"寻数行墨,习而不知其味"乃至"枵腹师心,目空千古"等现象的分析,也无不针对着王门后学而发;至于其将程朱的"穷年毕力"与孔子的"一腔苦心"相并列,也明确地表现出以程朱为孔子精神之真正继承者之意。所以,这一"会约"作为东林书院之精神指向性的教学大纲,实际上也就是东林学派以程朱理学作为陆王心学之主要纠偏与补救的大纲。

三、"无善无恶"辩

正因为东林学派是将程朱理学作为陆王心学尤其是阳明心学的主要纠偏者加以提倡的,这起码反证了一点:在他们看来,阳明心学无疑是存在着重大问题的;其最为重大的问题,从其后学"枵腹师心,目空千古"的表现来看,实际也就集中在直接导致这一现象的"无善无恶"一说上。对于"无善无恶"的分辨与批评,也就构成了东林学派纠偏于阳明心学之最主要的努力。

---

① 顾宪成:《东林会约》,《顾端文公遗书》第五册,第10页。

"无善无恶"一说源自王阳明晚年的"天泉证道",也代表着他对其一生理论探讨之最重要的总结与阐发,因而其后学各派不仅全然由此出发,而且其各种各样的毛病似乎也都能从他们对"无善无恶"的不同理解上得到说明。从这一点来看,顾宪成集中精力批判"无善无恶"一说,一定程度上确实是带有从理论上对王阳明心学进行清算之意的。

在对阳明心学的总体看法中,顾宪成高度赞扬其致良知一说,认为其起到了"拨云雾而见白日"的作用,但对于王阳明总结其一生探讨之"四句教"中的"无善无恶"一说极力批评,并认为阳明心学的一切错误都集中在这一说法上;其后学的所有毛病、其对世道人心的重大破坏作用也都由此而来。他指出:

> 阳明先生曰:"无善无恶心之体,有善有恶意之动,知善知恶是良知,为善去恶是格物。"其立言岂不最精密哉? 而犹不免于弊,何也? 本体工夫,原来合一。夫既无善无恶矣,且得为善去恶乎? 夫既为善去恶矣,且得无善无恶乎? 然则本体工夫一乎、二乎? 将无自相矛盾耶? 是故无善无恶之说伸,则为善去恶之说必屈。为善去恶之说屈,则其以亲义序别信为土苴,以学问思辨行为桎梏,一切藐而不视者必伸。虽圣人复起,亦无如之何矣。尚可得而救正耶? 阳明之揭良知,真足以唤醒人心,一破俗学之陋,而独其所标性宗一言,难于瞒心附和,反复寻求,实是合不来,说不去,而其流弊又甚大耳。①

在这一批评中,顾宪成主要依据理学公认的"本体工夫,原来合一"的思想,集中批评其"无善无恶"与"有善有恶"所构成的内在矛盾,所以说"无善无恶之说伸,则为善去恶之说必屈。为善去恶之论屈,则其以亲义序别信为土苴,以学问思辨行为桎梏,一切藐而不视者必伸"。正因为其批评的这一特点,张学智先生概括说:"如果信从无善无恶说,则为善去恶

① 顾宪成:《东林会约》,《顾端文公遗书》第五册,第7—8页。

的工夫为多余；为善去恶为多余，则《中庸》所谓大本达道、《大学》所谓学问思辨行皆无用。"①显然，这一批评主要是从作为理学共识的"本体工夫，原来合一"之理论逻辑的角度着眼的。

在顾宪成看来，王阳明"无善无恶"说的错误不仅在于陷入了所谓理论逻辑上的自相矛盾，更重要的乃在于其破坏了儒家自古（孟子）以来的性善论传统，从而也就等于破坏了儒家人伦文明的理论根底；而其进一步的发展，必然会在实践生活中引起巨大的混乱。甚至也可以说，它只能为那些自以为"俊根者"之"张皇门户"、"滑根者"之"决破藩篱"提供理论依据；至于对作为中人之资的普罗大众来说，则除了制造不必要的理论混乱之外，一点正面作用也没有。他分析说：

> 性善之说只是破个"恶"字，无善无恶之说并要破个"善"字，却曰"无善无恶谓之至善"。到底这善字又破不得也。只觉多了这一转，却落在意见议论中。于是有俊根者就此翻出无限奇特，张皇门户；有滑根者就此讨出无限方便，决破藩篱。始见以无善无恶为极透语，今乃知其为极险语也。②

> 谓之无善，则恶矣，却又曰无恶；谓之无恶，则善矣，却又说个无善。只此两转，多少曲折，多少含蕴，一切笼罩包裹、假借弥缝、逃匿周罗、推移迁就、回护闪烁，那样不从这里播弄出来。阳明先生曰"无善无恶谓之至善"，苟究极流弊，虽曰"无善无恶谓之至恶"亦宜。③

在这两段分析中，前一段在于揭示"无善无恶"说为两种特殊资质——所谓"俊根者"与"滑根者"提供了种种方便，所以说其看起来似乎是一种"极透语"，实际上则是"极险语"，因为它恰恰将这两种资质的人都引到破坏儒家伦理的路上去了。至于后一段，则主要在于揭示"无善无恶"一

---

① 张学智：《明代哲学史》，第 407 页。
② 顾宪成：《证性编·罪言》上，《顾端文公遗书》第八册，第 5 页。
③ 顾宪成：《证性编·罪言》上，《顾端文公遗书》第八册，第 7 页。

说通过理论上的缴绕表达——"谓之无善,则恶矣,却又曰无恶;谓之无恶,则善矣,却又说个无善",从而将各种鱼目混珠的理论——诸如"一切笼罩包裹、假借弥缝、逃匿周罗、推移迁就、回护闪烁,那样不从这里播弄出来"。所以说,虽然阳明确有"无善无恶谓之至善"一说,但从其影响与流弊来看,则称其为"'无善无恶谓之至恶'亦宜"。

不过,在顾宪成对王阳明"无善无恶"的分析与批评中,他也试图尽可能地理解其正面意义,或者说是尽可能地将其放到阳明的理论体系中进行理解,结果却总是发现,阳明不是陷于"以有无当善恶"就是陷于"以好恶当善恶",恰恰没有从善恶本身的角度去分析善恶。他分析说:

> 阳明先生曰:"无善无恶者理之静,有善有恶者气之动。循理便是善,动气便是恶。"此以有无当善恶也。又曰:"圣人之无善无恶只是无有作好,无有作恶",此以好恶当善恶也。以有无当善恶似觉看深了一层,以好恶当善恶似觉看浅了一层,却与善恶本来面目并不曾道及。①

在这里,所谓"以有无当善恶",是指将善恶提升到理气之动静——所谓借宇宙生化以表达心体发动的角度言说善恶,由于此时还没有善恶,所以说是"以有无当善恶似觉看深了一层"。至于"以好恶当善恶",则由于这完全是从人之主观感受的角度言说善恶,因而认为"以好恶当善恶似觉看浅了一层"。如果把这两层统一起来,那么其恰恰绕开了真正的善恶,所以说是"与善恶本来面目并不曾道及"。

在这一基础上,王阳明的"无善无恶"说究竟会引起什么结果呢?顾宪成指出:

> 学者学以求尽乎其心也。心本有善有恶,故圣贤之教人也,惟曰为善去恶。为善因其有而有之也,去恶因其无而无之也。本体如是,工夫如是,其致一而已矣。今以无善无恶语心,以为善去恶语格

---

① 顾宪成:《证性编·罪言》上,《顾端文公遗书》第八册,第10—11页。

物,似已,不免判而两歧。若曰意有善有恶,即为善去恶。但从意上检点,是又所谓舍源而寻流也。况乎所重在四无,则所轻在四有,究亦不能抗而并行。①

显然,在顾宪成看来,由于"心本有善有恶",所以为善去恶的工夫才有必要,也才能真正落到实处,但由于阳明"以无善无恶语心,以为善去恶语格物",所以从理论的角度看"不免判而两歧";而从工夫的角度看,仅仅"从意上检点,是又所谓舍源而寻流也",这就使人陷于无从把握的境地。更重要的一点还在于,即使从其本体工夫"判而两歧"的角度看,因为其"所重在四无,则所轻在四有",这就只能将人引到真正无善无恶的"生之谓性"——所谓自然之性的地步去。

那么,王阳明"无善无恶"说的理论归宿究竟何在呢?这就是告子,也就是禅宗;其心学也就只能起到告子与禅宗之学之领路人的作用。所以,在顾宪成看来,他必须从孟子与告子、儒学与禅宗之根本分歧的角度来看待并批评王阳明的"无善无恶"一说:

> 自昔圣贤论性,曰"帝衷"、曰"民彝"、曰"物则"、曰"诚"、曰"中和",总总只是一个善,告子却曰"性无善无不善",便是要将这善字打破。自昔圣贤论学,有从本领上说者,总总是个求于心;有从作用上说者,总总是个求于气。告子却曰"不得于言,勿求于心;不得于心,勿求于气",便是要将这求字打破。将这善字打破,本体只是一个空,将这求字打破,工夫也只是一个空,故曰告子禅宗也。②

在这里,儒家与告子的分歧就被概括为"总总只是一个善"与"性无善无不善"两种观点的对立;从根源上说,儒家既要"求于心",又要"求于气",而告子一概"勿求",所以说告子就是要把这"求字打破""善字打破",这就只能以本体与工夫两界的皆破、皆空为归了。所以,在顾宪成看来,告

---

① 顾宪成:《证性编·质疑》下,《顾端文公遗书》第八册,第16—17页。
② 顾宪成:《小心斋札记》卷三,《顾端文公遗书》第一册,第1页。

子与禅宗也就代表着王阳明"无善无恶"说的最后归宿了。

作为对以顾宪成为代表的东林学派之哲学思想的叙述,我们首先应当承认,他们积极关注世道人心的为学方向是完全正确的,他们通过正人心以正学术、正学术以正天下的精神志向也确实感人,包括他们专门以后天的工夫对王门后学专"从先天心体上立根"的"无善无恶"之说进行纠偏与修正也是完全必要的。但是,他们对王阳明"无善无恶"的辩难与批评却是不正确的。这主要是因为,王阳明的"无善无恶"是"从工夫上说本体",是一种以工夫境界来指谓本体的用语;王阳明之所以要用"无善无恶"来表示"心之体",绝不是说"心之体"本身就是完全没有善恶之无善无恶,而主要是以超越具体的善恶对待之"无善无恶"来揭示儒家的心之本体本来就具有超越善恶对待的一面,一如其"无有作好,无有作恶"以及其并无有所谓专门的善念恶念一样。在这里,所谓"从工夫上说本体",就是从具体的工夫实践与工夫追求中所达到的超越善恶(人在为善去恶的工夫追求中的确可以达到超越善恶的境界),以反过来反推并指谓心之本体原本就是超越善恶的,这种情形,一如人在人生追求中实现的境界往往被人视为人原本就有的本体一样。正因为心之体在工夫追求中可以超越于具体的善恶对待,王阳明才可以"无善无恶"规定"心之体",这也就是其"无善无恶谓之至善"的表达,即心之体本身既是超越善恶对待的,又是现实生活与工夫追求中的"众善"之源,一如其虽然表现为"无有作好,无有作恶",却时时处处都在善善恶恶并为善去恶一样;这样一来,作为"心之体"本身之"无善无恶"与作为现实生活中众善之源之所谓"至善"追求两面的统一,也就可以说是对作为儒家道德本体之人生落实的"心之体"之一种完整的表达。自然,就本体的自在状态而言,心之体原本就是不显善恶相且超越善恶对待的至善;从心之体本身"无有作好,无有作恶"的发动及其工夫追求与境界表现的角度而言,也就只能说是"无善无恶"——不沾滞于具体的善念恶念而已——这正是作为"心之体"之至善并超越于具体的善恶对待的典型表现。但是,在顾宪成的批评中,他却把王阳明的境界性用语完全从实存的角度来理解,这也就是他能够将王阳明的"无善无恶"直接等同于告子"性无善无不善"之没有善恶的根本原因。因为告子的"性无善无不善"正是从实然存在的角度讲的,是指实然存在角度的没有善恶,或者说是善恶还没有发生;而王阳明的"无善无恶"是在工夫追求中以境界性用语来指谓"心之体"本身既超越善恶而又不沾滞于善恶的具体表现。所以说,顾宪成将王阳明的"无善无恶"直接等同于告子的"性无善无不善",既误解了告子,也冤枉了阳明。

这样一种结果主要是由两方面的原因造成的:其一,从理论探讨的角度看,自气学崛起,本身就营造了一个以实然存在之客观宇宙论为探讨对象的具体氛围,因而对于所有的理论命题,他们也全然是纳入实然存在与客观评价的角度来分析的,而将王阳明的"无善无恶"直接等同于告子的"性无善无不善",其实就是顾宪成以实然存在视角来理解王阳明的境界性用语和工夫性表达的具体表现。其二,既是由王门后学将阳明的"无善无恶心之体"直接落实于现实、落实于自家人生决定的(这一实存落实性的理解本身就存在着将工夫境界客观存在化的危险),同时也是由东林学派强烈的现实关怀决定的。当王门后学将阳明的"无善无恶"进行现实的人生化落实时,东林学派也就必须从实然存在之现实人生的角度加以理解并进行批评。由此之后,从冯从吾到刘宗周,也几乎没有不批评王阳明的"无善无恶"说的;他们的批评,也都同样是在气学之客观性视角影响下对阳明的工夫性表达与境界性用语直接施之以实存角度批评的表现。所以,这样一种误解,从某种程度上说,就是东林学派对阳明学之因病立方以及其后学之将错就错从而一揽子进行批评的表现。如果从理论发展与学术研究的角度看,我们却不能不对这种误解以及建立在误解基础上的批评表示深深的遗憾。

第五节 高攀龙的格物知本之学

顾宪成之后,沿着东林学派朱王互救其失方向继续前进的代表人物就是高攀龙,进一步凸显朱王之学之不对应性的也同样是高攀龙。当然,所有这些又首先是通过高攀龙的朱王互救其失实现的。

高攀龙(1562—1626),字存之,号景逸,江苏无锡人。高攀龙少工文,十五岁应童子试,二十岁补邑诸生,万历十七年(1589)进士及第,授行人司行人。入官场不久,"四川佥事张世则上疏,谓程、朱之学不能诚意,坏宋一代之风俗,进所著《大学古本初义》,欲施行天下,一改章句之旧。先生上疏驳之,寝其进书。娄江(王锡爵)再入辅政,驱除异己六十余人……先生劾锡爵声音笑貌之间,虽示开诚布公之意,而精神心术之微,不胜作好作恶之私"①。正因为其一身正气、两面开弓又无所忌讳,官场不能容,所以很快就以亲丧而居乡不出。当顾宪成复建东林书院时,高攀龙便成为其坚定的盟友。"每月三日,远近集者数百人,以为纪纲世界,全要是非明白。小人闻而恶之,庙堂之上行一正事,发一正论,俱目之为东林党人。"②由于东林讲学声名远播,所以在天启一朝(1621—1628),高攀龙屡获升迁;但又因为其生性忠直,不畏权贵,所以屡招忌恨。魏忠贤当政时,"先生谓同志曰:'今日之事,未能用倒仓之法,唯有上下和衷,少杀其毒耳'"③。但他最后还是未能逃过魏党的迫害,就在东林书院被毁,其本人又面临被逮入狱的命运时,高攀龙则以如下留言投水而死:"臣虽削夺,旧为大臣,大臣受辱则辱国。谨北向叩头,从屈平之遗则。"④终年六十五岁。

关于高攀龙的为学进境,其本人叙之甚详。就其基本路径而言,则大体上无出于朱王两家,以朱子学与阳明学互救其失为方向;就其一生的理论辨析而言,则大体斟酌调停于理气心性之间。不过,无论是谈理气、辨心性,高攀龙也都始终洋溢着一种"一出于己"的真精神。

---

①②③ 黄宗羲:《明儒学案·东林学案》一,《黄宗羲全集》第八册,第 755 页。
④《明史·高攀龙传》,《二十五史》卷十三,第 1321 页。

一、格物与知本

如果从以《大学》为经典的为学路向来看,那么朱子与阳明的分歧也可以说就存在于格物与致知之间。因为朱子明确规定以格物为为学之基本入手,王阳明则是以其致(良)知为学问之"大头脑"的。当然,这并不是说朱子不重视致知——其格物本身就是以致知为指向的;当然也不能说阳明就不重视格物——因为阳明也始终坚持以格物为"《大学》之实下手处"。但是,在两家为学路径存在重大分歧的情况下,他们的格物、致知也就必然会有不同的含义,这就使得他们虽然重视格物也重视致知,却存在着不同的思想内涵。大体说来,朱子的格物致知以外向穷理为方向,王阳明的"为善去恶是格物"主要是以反观内省、临事正念头之道德实践的方式展开的。经过明初朱子学的演变,因而不断走向外在求索的气学,其具体探讨也就更加集中于朱子的理气关系,并以理与气之不可分割、理必须内在于气以及理为气之条理的方式求理于气机生化之中;心学一系则是通过性之内在于心,并以贯通于是非知觉的方式求性理于日用伦常的道德实践之中。在这一背景下,东林学派作为晚明最有影响的思想流派,在王阳明后学以及其"玄虚""狂荡"之病大肆泛滥之后,就必然要借助朱子学来对阳明后学进行纠偏与修正,这种纠偏与修正首先就表现在其对朱子格物穷理说的重新引进上。

关于高攀龙的格物之学,黄宗羲评价说:

> 先生之学,一本程朱,故以格物为要。但程、朱之格物,以心主乎一身,理散在万物,存心穷理,相须并进。先生谓"才知反求诸身,是真能格物者也"。颇与杨中立所说"反身而诚,则天下之物无不在我"为相近。是与程、朱之旨异矣。[1]

---

[1] 黄宗羲:《明儒学案·东林学案》一,《黄宗羲全集》第八册,第759页。

黄宗羲与高攀龙属同一时代,其父亲黄尊素与高攀龙不仅交情甚笃,而且同为东林"七君子"的成员,因而其"一本程朱"的概括应当说是较为可信的说法。但就是黄宗羲,也不得不承认高攀龙之学虽然"一本程朱",可其格物之说又"与程、朱之旨异矣"。这主要集中在其"才知反求诸身,是真能格物者"一说上,因为所谓"反求诸身"并不是外向性的即物穷理所能说明的。所以,虽然高攀龙的为学宗旨是"一本程朱",但实际上,此"程朱"已经非彼"程朱"了。

这究竟是为什么呢?这就必须从明代朱子学的"顺承与演变"一系说起。既然高攀龙论学"一本程朱",应当说他与顾宪成包括整个东林学派自然也都属于对朱子学的顺承一系。但是,如果我们将其与明初甚至明中叶的朱子学稍加比较,就可以清楚地看出其间的重大差别。比如对于理学传统中的理、气与心、性关系,对朱子学的"顺承"一系自然主要围绕着理气关系展开,"变革"的一系则往往围绕着心性关系展开。所以,在作为明代气学开创者的罗钦顺哲学中,其对心性问题就有如下看法:

> 释氏之"明心见性"与吾儒之"尽心知性",相似而实不同。盖虚灵知觉,心之妙也。精微纯一,性之真也。释氏之学,大抵有见于心,无见于性……凡释氏之言性,要不出此三者,然此三者皆心之妙,而岂性之真哉![1]

自然,也正是这一种标准,才导致了后来刘宗周"先生断断以心性辨儒释,直以求心一路归之禅门,故宁舍置其心以言性,而判然二之"[2]的批评,说明罗钦顺不仅以心性关系来辨析理学正统,而且也是以心性关系来判别儒释的。但到了高攀龙的哲学中,不仅心性关系已经统一,而且理、气与心、性的关系全然被他统一起来了。比如他说:

① 罗钦顺:《困知记》卷上,《困知记》,第2页。
② 刘宗周:《明儒学案师说》,《刘宗周全集》第五册,第525页。

> 天地间浑然一气而已，张子所谓"虚空即气"是也。此是至虚至
> 灵，有条有理的。以其至虚至灵，在人即为心；以其有条有理，在人
> 即为性。澄之则清，便为理；淆之则浊，便为欲。①

> 存养此心纯熟至精微纯一之地，则即心即性，不必言合；如其未
> 也，则如朱子曰"虚灵知觉一而已矣"②。

> 圣人气则养其道义之气，心则存其仁义之心，气亦性，心亦
> 性也。③

在上述看法中，不仅心性已经被高攀龙彻底统一起来；而且理与气、心
与性的关系也全然被他统一起来了。这究竟是为什么呢？应当说这主
要是受到阳明心学的影响。因为正像气学的形成主要依赖于理与气之
不可分割而理又必须内在于气化流行之中一样，阳明心学的形成也主
要依赖于心性之不可分割而性又必须落实于心以及其是非知觉的
层面。

正因为如此，高攀龙的格物也就不再是朱子所谓"惟于理有未穷，故
其知有不尽也"④之一味外向求知的格物了，而是以"反求诸身"为基本进
路，以"至善"为指向追求。对于格物，高攀龙有如下论述：

> 有物必有则，则者，至善也。穷至事物之理，穷止于至善处也。⑤

> 何谓格物？曰：程朱之言至矣。所谓穷至事物之理者，穷究到
> 极处，即本之所在也，即至善之所在也。⑥

> 吾辈格物，格至善也；以善为宗，不以知为宗也。⑦

在这里，所谓"以善为宗，不以知为宗"，正是高攀龙对朱子格物说的一个

---

① 高攀龙：《讲义·牛山之木章》，《高子遗书》卷四，第52—53页，清文渊阁四库全书补配清文
津阁四库全书本。
② 高攀龙：《答钱启新一》，《高子遗书》卷八上，第33页。
③ 高攀龙：《气心性说》，《高子遗书》卷三，第33页。
④ 朱熹：《大学集注》，《四书集注》，第9页。
⑤ 高攀龙：《语》，《高子遗书》卷一，第1页。
⑥ 高攀龙：《大学首章广义》，《高子遗书》卷三，第5页。
⑦ 高攀龙：《答王仪寰二守》，《高子遗书》卷八上，第68页。

重大改变。这一改变,又显然是以王阳明对朱子格物说之"物理吾心终若判而为二"①以及"纵格得草木来,如何反来诚得自家意"②的批评为前提的,所以高攀龙才必须将朱子的"以知为宗"改变为"以善为宗",并以"穷止于至善"作为格物的根本方向。

这样一来,高攀龙所谓的格物也就不再是一种纯粹的外向求知活动,而是一种"止于至善"的道德活动了。从这一意义上说,与其说高攀龙的格物是"一本程朱",不如说他是一本阳明心学了,因为其将求知性的活动已经改变为"止于至善"的活动,这就不仅包含着格物方向的重大改变,而且必然包含着对格物性质的某种改变。如果再结合其"才知反求诸身,是真能格物者"一说,那么其所谓格物说中的阳明心学色彩也就更浓了。在高攀龙看来:

> 穷理者格物也,知本者物格也。穷理,一本而万殊;知本,万殊而一本。③

显然,这里通过"格物"与"物格"之次第的颠倒与反转,明确地将"穷理"与"知本"联系起来,即"穷理"必须落实于"格物","知本"又必须通过"物格"——即所谓"止于至善"来实现。这样一来,不仅"穷理"—"格物"—"止于至善"—"知本"连成了一线,而且也完成了其所谓"一本"与"万殊"的双向统一。在高攀龙看来,从穷理到格物的过程,实际上也就是从所谓"一本"走向"万殊"的过程;从"止于至善"到"知本"的过程,又是一个从"万殊"回归于"一本"的过程。

仅从理论逻辑的角度看,高攀龙的这一表达自然是无可挑剔的。因为他不仅改变了朱子格物说的性质与指向(不再以单纯的外向求知为指向),而且也同时改变了王阳明格物说的用力方向。与此同时,他既用阳明的格物说修正了朱子——以"止于至善"作为格物的

---

① 钱德洪:《王阳明年谱》一,《王阳明全集》,第1224页。
② 王守仁:《语录》三,《王阳明全集》,第119页。
③ 高攀龙:《语》,《高子遗书》卷一,第2页。

根本指向,同时也以朱子的格物说修正了阳明——以外向的穷理作为格物之具体落实与基本入手。所以说,东林学派对朱子学与阳明学互救其失的双向救正活动,在高攀龙的格物说上得到了最典型的体现。

也许正是这同一原因,高攀龙对陆王心学包括王阳明的格物说也进行了具体的批评。在他看来,陆王不仅不以格物为入手,而且正是这一原因,又使其学出现了"不察于天理之精微"的毛病。他分析说:

> 二先生学问,俱是从致知入,圣学须从格物入。致知不在格物,虚灵知觉虽妙,不察于天理之精微矣。知岂有二哉? 有不致之知也。毫厘之差在此。[1]

> 阳明于朱子格物,若未尝涉其藩焉。其致良知,乃明明德也。然而不本于格物,遂认明德为无善无恶。故明德一也,由格物而入者,其学实,其明也即心即性。不由格物而入者,其学虚,其明也是心非性。心性岂有二哉? 则所从入者,有毫厘之辨也。[2]

这两点批评,典型地表现着高攀龙对陆王尤其是阳明心学的理解以及其对格物说不得不改变方向的根本原因。其前一条认为"二先生学问,俱是从致知入",这显然是包含着一定误解的判断。因为不仅陆象山明确坚持"塞宇宙一理耳,学者之所以学,欲明此理耳"[3],而且其所谓"博学在先,力行在后。吾友学未博,焉知所行者是当为? 是不当为"[4]的说法本身也明确地蕴涵着以格物为入手的含义。对阳明来说,无论是其"为善去恶是格物"一说,还是"格物者,《大学》之实下手处,彻首彻尾,自始学至圣人,只此工夫而已"[5],都明确地包含着以格物为为学之入手的含义。

---

① 高攀龙:《会语》,《高子遗书》卷五,第24页。
② 高攀龙:《答方本菴一》,《高子遗书》卷八下,第10页。
③ 陆九渊:《与赵咏道》四,《陆九渊集》,第161页,北京:中华书局,1980年版。
④ 陆九渊:《语录》下,《陆九渊集》,第443页。
⑤ 王守仁:《答罗整庵少宰书》,《王阳明全集》,第76页。

所以说,陆王心学并不是"从致知入",而是同样以格物为入手。① 这里的问题并不在于是否以格物为入手,而在于格物的用功方向:象山是以"发明本心"作为格物的前提工夫,阳明则是以所谓反观内省、临事正念头作为格物的基本前提,所以,从整个过程来看,我们也可以说陆王的格物是由内而指向外的。至于后一条认为阳明"不本于格物,遂认明德为无善无恶"一说,显然又是由对"四句教"的误解造成的,从而也就将"明德"以及其"无善无恶心之体"一说作为格物的入手了,才会有"由格物入者,其学实,其明也即心即性。不由格物而入者,其学虚,其明也是心非性"的批评。

总之,这些批评都不一定正确,但在当时的背景下,高攀龙的这些误解性的批评却不是不可以理解的。在他看来,王门后学的"狂荡"与"玄虚"之病实际上都是因为其一味反观内省从而缺乏外向穷理的限制所导致的,朱子外向的格物穷理之学毕竟有所持循、有所限制,因而不至于流落为虚狂之病,所以才会有其"穷理者格物也"以及"由格物入者,其学实,其明也即心即性"之类的纠偏与救正。这样一来,高攀龙也就等于是以朱子格物穷理之学之外向用功扭转了阳明格物说的内在反省方向,同时以阳明格物说之"止于至善"之"知本"追求修正了朱子格物说之一味求知的目标。

二、悟与修

如果说"格物"与"知本"是探讨为学的方向与入手问题,那么"悟"与

---

① 关于陆王心学是否以格物为入手的问题之所以是一种误解,主要缘于人们将心学的前提工夫视为为学之入手问题了,所以对象山的"发明本心"与阳明的以致良知为"头脑"都作为为学之入手问题来判断,从而也就形成了"俱是从致知入"的看法。实际上,这是一种误解,而这一误解的根源就在于朱陆之争中朱子认为象山反对读书为学,其实象山并不反对人们读书为学,不过认为有比读书学习更重要的前提工夫而已;阳明以致良知为"头脑"的思想也同样是在强调一种前提工夫。这种情形,一如老百姓所谓的"磨刀不误砍柴工"之"磨刀"的工夫一样:一方面,"磨刀"本身确实不是砍柴,因而也不是砍柴的入手;另一方面,"磨刀"不仅不误砍柴,而且还可以促使砍柴的工作事半功倍。"磨刀"本身不是砍柴、前提工夫也不是为学之入手则是确定无疑的。

"修"就属于为学的用功次第——所谓方式、方法的问题了。在解决了为学的方向与基本入手之后,高攀龙也就必然要探讨"悟"与"修"之具体次第的问题了。

在宋明理学的背景下,由于对禅宗修行方法的借鉴以及陈白沙与王阳明之先后发生的"大悟"包括其对新的为学方向的开辟,所谓"领悟"与"修持"也就成为理学研究中之两种最重要的方法了。虽然罗钦顺曾因为其对"佛在庭前柏树子"的领悟而最终发现"乃此心虚灵之妙,而非性之理也"[1],但在他斩断心性的关联并以心性判儒佛的背景下,由于领悟说到底不过是"此心虚灵之妙"而已,在罗钦顺看来并没有多大的意义。但是,此前薛瑄所谓的"七十六年无一事,此心惟觉性天通"则不仅包含着领悟的意义,也明确地肯定了领悟的意义。这说明,在明代理学中,即使最重视客观求知的气学一系,也不能不受到领悟方法的影响,因而领悟与修持就成为理学家不能回避的基本方法了。

高攀龙崛起于阳明心学广泛流行之后,领悟与修持之互补就成为其理学研究的一种最重要的方法了。他分析说:

> 默而识之曰悟,循而体之曰修。修之则彝伦日用也,悟之则神化性命也。圣人所以下学而上达,与天地同流,如此而已矣……今之悟者何如邪?或摄心而乍见心境之开明,或专气而乍得气机之宣畅,以是为悟,遂于举吾圣人明善诚身之教,一扫而无之。决堤防以自恣,灭是非而安心,谓可以了生死。呜呼!其不至于率兽食人而人相食不止矣。[2]

在这一段分析中,高攀龙一方面以"默而识之"与"循而体之"以及"彝伦日用"与"神化性命"来区别"悟"与"修",同时又以孔子的"下学"与"上达"来说明二者之间的递进关系。应当承认,高攀龙的这一说明是准确的,没有"下学",就不可能有"上达",正像没有修持也就不可能有领悟一

---

① 罗钦顺:《困知记》卷下,《困知记》,第34—35页。
② 高攀龙:《重锲近思录序》,《高子遗书》卷九上,第6—7页。

样;另一方面,"下学"毕竟不能完全代替"上达",而对于"神化性命"之类的超越性问题,除了领悟式的把握,也确实无法直接诉之于"彝伦日用"之类的确证与说明。在这里,虽然高攀龙也承认领悟的作用,但他对"循而体之曰修"的强调,主要在于纠偏阳明后学纯恃领悟而"决堤防以自姿,灭是非而安心"的现象,应当说这一批评同样是合理的,有必要的。

正因为"悟"与"修"当时已经成为明代理学研究中最重要的方法,高攀龙对这些方法也就有了更为深入的探究;其具体做法,则首先是深入儒家的传统经典——《易经》,并通过《易经·系辞》中"乾知大始,坤作成物。乾以易知,坤以简能"①,从而为其领悟与修持及其统一找到了更根本的依据。他说:

> 凡了悟者皆乾也,修持者皆坤也。人从迷中忽觉其非,此属乾知;一觉之后,遵道而行,此属坤能……必至用力之久,一旦豁然……心境都忘,宇宙始辟,方是乾知。知之既真,故守之必力;细行克矜,小物克谨,视听言动,防如关津,镇如山岳,方是坤能。无能,无坤能,亦无乾知,譬之于谷,乾者阳,发生耳,根苗花实皆坤也。盖乾知其始,坤成其终,无坤不成物也。故学者了悟在片时,修持在毕世。若曰"悟矣",一切冒嫌疑,毁藩篱,曰"吾道甚大,奈何为此拘拘者?"则有生无成,苗不秀,秀不实,惜哉!②

在这一分析中,高攀龙以乾坤两卦之"乾知其始,坤成其终"来说明二者的相继关系以及其相互补充性质,无论其有无道理、是否可以证实,在传统的语境中,乾坤两卦之互补相成则是毫无疑问的;而其不同的分工——所谓"乾知大始,坤作成物"以及其不同的作用——"乾以易知,坤以简能"也同样是没有问题的。由此之后,可能才会演化出王夫之以"乾坤并建"的方法来说明天地万物的生成演化以及熊十力关于做学问之重视知识积累的"效法坤道",因而也可以说,高攀龙的这一探索实际上等

---

① 《周易·系辞上》,吴哲楣主编:《十三经》,第52页。
② 高攀龙:《乾坤说》,《高子遗书》卷三,第40—41页。

于开辟了一个非常重要的传统。当然在这里,高攀龙所念念不忘的首先是对王门后学片面重视领悟的批评,所以说纯恃领悟就必然会导致"冒嫌疑,毁藩篱"的恶果。

那么在实际生活中,领悟与修持究竟应当是一种什么样的关系呢?自然,这就像其本质上从属于"乾知其始,坤成其终"以及"乾知大始,坤作成物"一样,既是一种前后相继的关系,同时又是一种互补与相成的关系。相反,如果单方面地侧重某一方或纯恃某一方,不仅在认识上存在着暗而不达之处,而且由于其双方的互补与相成关系,也必然会导致双方都受到影响。对于双方的这种关系,高攀龙指出:

> 修而不悟者,徇末而迷本;悟而不澈者,认物以为则……不知欲修者正须求之本体,欲悟者正须求之工夫。无本体无工夫,无工夫无本体。①
>
> 不悟之修,止是妆饰;不修之悟,止是见解。二者皆圣人所谓文而已,岂躬行之谓哉!②

在这里,从所谓"修而不悟"到"悟而不澈",自然都是对领悟重视不够而言的;所谓的"不悟之修"与"不修之悟"则是就割裂领悟与修持的关系而言的——这些片面做法的共同结果,就必然会导致本体与工夫的双向破坏。所以,在这一认识的基础上,领悟与修持也就构成了理学中的本体与工夫两个方面,由于这两个方面本来就是相互渗透而又相辅相成的关系,所以说"无本体(则)无工夫,无工夫(则)无本体"——无论是本体还是工夫,也都必须从对方的存在中找到自身存在的依据与具体表现。这样一来,领悟与修持也就成为理学中本体认知与工夫追求之两种不同的认知途径了。就这一点而言,应当说是高攀龙对明代理学的一个特殊贡献,黄宗羲在撰写《明儒学案》时的一个基本观点——所谓"心无本体,工

---

① 高攀龙:《冯少墟先生集序》,《高子遗书》卷九上,第27页。
② 高攀龙:《答萧康侯》,《高子遗书》卷八上,第61—62页。

夫所至,即其本体"①一说实际上就源于高攀龙的领悟与修持、本体与工夫之相即不离、相辅相成的思想。

在这一基础上,所谓领悟与修持以及其所涵括的本体与工夫两面也就成为品评人物之两种不同的标准了。依据这一标准,自然就可以看出不同人物之不同的领悟能力以及其不同的境界——工夫追求精神。比如高攀龙就曾依据这一标准对吴与弼及其弟子陈白沙做出了完全不同的评价。他比较说:

> 说者谓康斋不及白沙透悟。盖白沙于性地上穷研极究,以臻一旦豁然;康斋只是行谊洁修,心境净乐,如享现成家当者。快乐受用而已。然其日渐月磨,私欲净尽,原与豁然者一般。即敬轩先生亦不见作此样工夫。至其易箦之诗谓:"此心惟觉性天通",原是此样境界,不可谓其不悟。②

在这里,因为其所评议的对象都是受人尊敬的前辈大儒,所以高攀龙的用语也比较含蓄,但即使如此,他对吴与弼"行谊洁修"以及"如享现成家当"之类的评价也不能说很高;相反,对于其弟子陈白沙之"于性地上穷研极究"的评骘又不能不说是一种很高的评价。以此类推,则薛敬轩也因为其"此心惟觉性天通"的诗句,从而进入了"不可谓其不悟"的系列。很明显,在高攀龙的语境中,有没有领悟能力,毕竟是代表一个个体能否拥有认知本体之识见上的资格的。

本来,作为对朱子学之"顺承与演变"一系的代表性人物,高攀龙似乎应当排斥一味重视领悟的说法——因为气学外向的物理穷索与经验积累的方式本身就应当排斥非实证性之领悟一说;而作为对心学尤其是阳明后学中"玄虚"与"狂荡"之病的主要纠偏者,高攀龙也似乎更应当排斥所谓的独重领悟之说,阳明后学就是因为过分注重领悟才陷于所谓"玄虚"与"狂荡"之病的。但恰恰就是高攀龙,不仅细致地分析了领悟与

---

① 黄宗羲:《明儒学案·自序》,《黄宗羲全集》第七册,第3页。
② 高攀龙:《答曹真予论辛复元书》,《高子遗书》卷八上,第49页。

修持的相辅相成关系,还将其与对本体的认知和工夫追求相联系,从而不仅使其成为理学研究中的一种重要方法,而且也成为品评人物识见高低的一种重要标志了。所有这些,当然都可以归功于明代心性之学的崛起及其流行,归功于心学与气学的并立及其相互影响,但首先还是应当归功于高攀龙的识见本身。

三、敬与顺乎自然

从高攀龙之领悟与修持并重、本体与工夫相即的指向来看,其学最后也就必然要以"敬"与"顺乎自然"为最高指向了。这一指向,同时也就更典型地体现着他对朱子学与阳明学互救其失并使二者融而为一的特色。

按照朱子的说法,"敬"无疑属于主体的一种追求工夫,是指主体的一种"主一"而又"无适"的心理状态。所以黄榦在概括朱子的为学进路时就曾说:"穷理以致其知,反躬以践其实,居敬者所以成始成终也。谓:'致知不以敬,则昏惑纷扰,无以察义理之归;躬行不以敬,则怠惰放肆,无以致义理之实。持敬之方,莫先主一。'"①从黄勉斋对朱子为学进路的这一概括来看,高攀龙所谓"主敬"之说无疑就体现着其对朱子精神的继承。在《高子遗书》中,就有许多对"主敬"的论述。比如:

> 学有无穷工夫,心之一字乃大总括;心有无穷工夫,敬之一字乃大总括。②

> 不知敬之即心,而欲以敬存心,不识心,亦不识敬。③

> 主一之谓敬,无适之谓一,人心如何能无适? 故须穷理,识其本体……故居敬穷理,只是一事。④

> 朱子立主敬三法,伊川整齐严肃,上蔡常惺惺,和靖其心收敛,

① 黄榦:《朱先生行状》,束景南:《朱熹年谱长编》,第 1487—1488 页。
② 黄宗羲:《明儒学案·东林学案》一,《黄宗羲全集》第八册,第 760 页。
③④ 黄宗羲:《明儒学案·东林学案》一,《黄宗羲全集》第八册,第 761 页。

> 不容一物，言敬者总不出此。然常惺惺，其心收敛，一著意，便不是。盖此心神明，难犯手势，惟整齐严肃，有妙存焉，未尝不惺惺，未尝不收敛，内外卓然，绝不犯手也。①

在上述对"主敬"的论述中，将为学的"无穷工夫"收摄于一心，又将心的"无穷工夫"收摄于一敬，可见高攀龙也像朱子一样，确实是以"居敬"来"成始成终"的。这无疑是对朱子思想继承的表现。但在高攀龙看来，"敬"不仅是"心"的最大工夫，而且也代表着"心"的本质特征，所以说"欲以敬存心，不识心，亦不识敬"。因为如果试图"以敬存心"，必然会导致"心"与"敬"的彼此外在，所以是既"不识心，亦不识敬"。但要体现"敬"，又必须穷理，所以又说"居敬穷理，只是一事"。即外在的穷理与内在的主敬必须成为一体贯通的关系。至于"整齐严肃""常惺惺"与"其心收敛"，看起来似乎是三种工夫；其实这三种工夫，无论是"常惺惺"还是"其心收敛"，也都存在着"一著意，便不是"的缺陷；只有以"整齐严肃"为主来统摄"常惺惺"与"其心收敛"，才可以达到"内外卓然"的地步。显然，这三种工夫不仅必须达到自然而然的地步，而且似乎也确实表现出高攀龙"一本程朱"的特点。这样一来，所谓"常惺惺""其心收敛"云云，也就都必须在"整齐严肃"与"居敬穷理"的过程中达到自然而然的地步，这种主体之"整齐严肃"与"居敬穷理"的一致指向，也就是"顺乎自然"了。

当然，这还仅仅是从主体工夫的角度指向"顺乎自然"，也就是从心性主体的角度指向自然而然。实际上，高攀龙的"顺乎自然"并不仅仅是主体的一种工夫境界，它同时还是天道之本然，因而也就是儒家学理中本来就有的境界。所以，高攀龙又通过对《中庸》的诠释来阐发这一学理。他分析说：

> ……方实信"中庸"之旨。此道绝非名言可形，程子名之曰"天

---

① 黄宗羲：《明儒学案·东林学案》一，《黄宗羲全集》第八册，第761页。

地(理)"，阳明名之曰"良知"，总不若"中庸"二字为尽。中者停停当当，庸者平平常常，有一毫走作，便不停当；有一毫造作，便非平常。本体如是，工夫如是。天地圣人不能究竟，况于吾人，岂有涯际。①

又说：

> 谓之性者，色色天然，非由人力，鸢飞鱼跃，谁则使之？勿忘勿助，犹为学者戒勉。若真机流行，弥漫布濩，亘古亘今，间不容息，于何而忘，于何而助？所以必有事者，如植谷然，根苗花实，虽其自然变化，而栽培灌溉，全在勉强问学。②

在这两段诠释中，前者主要围绕着对"中庸"本身的诠释展开，后者则围绕《中庸》之"率性""尽性"与孟子之"必有事焉，而勿忘勿助"的工夫而展开。所谓"中者停停当当，庸者平平常常，有一毫走作，便不停当；有一毫造作，便非平常"，既是对"中庸"的诠释，同时也是对其"顺乎自然"工夫的最好表达，所以说"本体如是，工夫如是。天地圣人不能究竟，况于吾人"；至于"岂有涯际"一点，正揭示了这种工夫追求的无止境性。至于后一段所谓"色色天然，非由人力，鸢飞鱼跃，谁则使之"无疑又是对"顺乎自然"的最好描述；所谓"勿忘勿助"则又是"顺乎自然"的具体表现。至于所谓"亘古亘今，间不容息，于何而忘，于何而助"，既是对天道运化的揭示，同时也代表着学问的最高进境。

所以，高攀龙又对孔子的"中庸之谓德"解释说：

> 中庸不是悬空说道理，是从人身上显出来的。学者要识中庸，须是各各在自家身上当下认取。何者为"中"，即吾之身心是也，何者为"庸"，即吾之日用是也。身心何以为中，只洁洁净净，廓然大公便是。身心不是中，能廓然无物即身心是中也。日用何以谓之庸，只平平常常，物来顺应便是。日用不是庸，能顺事无情即日用是庸

---

① 高攀龙：《困学记》，《高子遗书》卷三，第18页。
② 高攀龙：《困学记》，《高子遗书》卷三，第17页。

也。到这里一丝不挂,是个极至处,上面更无去处了,故曰"中庸其至矣乎"。此是人生来天然本色。①

在这一段阐发中,所谓"身心何以为中""日用何以谓之庸",自然可以说是对"人生来天然本色"的一个说明。但是,从"身心不是中,能廓然无物即身心是中也""日用不是庸,能顺事无情即日用是庸也",既是对人生如何复其本体的解释,同时也是对人生如何能够"顺乎自然"的一个最好说明。所以说"学者要识中庸,须是各各在自家身上当下认取";中庸的高明境界,本来也就"从人身上显出来的"。这样一种工夫,就是所谓"顺乎自然"的工夫;这样一种人生,也就是"顺乎自然"的人生。这样一来,高攀龙就通过对《中庸》的解读与诠释,实现了其所谓"顺乎自然"的人生境界。

如果说这就是高攀龙"一本程朱"所达到的境界,但程朱尤其是朱子的理论本身并没有这样的境界,无论是朱子之"主一""无适"的工夫还是黄榦所概括的"居敬者所以成始成终也"的描述本身都无法包括这一境界;但如果说这不是高攀龙"一本程朱"所达到的境界,其终始于敬的追求显然又是明确地沿着程朱尤其是朱子学的进路展开的。那么,这一切究竟是怎样实现的呢?

如果从境界追求的角度看,那么这一"顺乎自然"的境界显然并不属于朱子,而是属于阳明;其境界也无疑是阳明学所揭示的境界。请看阳明对这一境界的揭示:

> 近岁来山中讲学者往往多说"勿忘勿助"工夫甚难,问之则云"才著意便是助,才不著意便是忘,所以甚难"。区区因问之云:"忘是忘个甚么? 助是助个甚么?"其人默然无对。始请问。区区因与说我此间讲学,却只说个"必有事焉",不说"勿忘勿助"。必有事焉,只是时时去集义。若时时去用必有事的工夫,而或有时间断,此便是忘了,即须勿忘。时时去用必有事的工夫,而或有时欲速求效,此

---

① 高攀龙:《中庸之为德章》,《高子遗书》卷四,第13页。

便是助了,即须勿助。其工夫全在必有事焉上用,勿忘勿助只就其间提撕警觉而已。若是工夫原不间断,即不须更说勿忘;原不欲速求效,即不须更说勿助。此其工夫何等明白简易,何等洒脱自在!今却不去必有事上用工,而乃悬空守着一个勿忘勿助,此正如烧锅煮饭,锅内不曾渍水下米,而乃专去添柴放火,不知毕竟煮出个甚么物来。①

如果将高攀龙的"顺乎自然"与阳明的这一段论述稍加比较,就可以清楚地看出其所谓"顺乎自然"其实就正好来自阳明对孟子"必有事焉"的这一段阐发,并且也就实现于对"必有事焉"的贯彻与工夫追求之中。实际上,这也就是东林学派虽然激烈地批评阳明后学的"玄虚"与"狂荡"之病,却始终对阳明保持敬意的根本原因。

不过,如果说高攀龙"顺乎自然"的境界就直接是对阳明心学的借鉴与继承,但其为学方向毕竟又是沿着朱子学的进路展开的。且不说其"敬"的工夫就直接源于朱子,请看其如下一段关于心与理关系的论述。他说:

> 理者心也,穷之者亦心也。但未穷之心,不可谓理,未穷之理,不可谓心,此处非穷参妙悟不可。悟则物物有天然之则。日用之间,物还其则,而己无与焉,如是而已。②

在这一段关于心与理关系的描述中,高攀龙"心理为二"的立场自然是不容置疑的,也是绝对不同于王阳明所谓的"心即理"一说的,但它又确实存在着一个"心理为一"的指向。不然的话,他就不会明确断言"未穷之心,不可为理,未穷之理,不可为心"了。这里所谓的"理者心也,穷之者亦心也",以及"悟则物物有天然之则",也是明确地将"理"作为对象出现的;至于其"日用之间,物还其则,而己无与焉",显然又是在"心理为一"基础上所得出的结论。这说明,高攀龙确实是从朱子学出发的,是从朱

① 王守仁:《答聂文蔚》二,《王阳明全集》,第 82—83 页。
② 高攀龙:《复念台》二,《高子遗书》卷八上,第 28 页。

子学走向阳明学,因而其哲学就成为朱王之学互救其失而又相互补充的一种表现。

高攀龙哲学代表着明代理学中朱王互救其失的努力,因而朱子学与阳明学的矛盾就同样明确地存在于其哲学中。比如说,在高攀龙的格物知本之学中,他是以"止于至善"来实现其所谓"知本"之自觉的,问题在于,既然格物是外向的穷理活动,那么外向的"穷至事物之理"能否直接等同于"穷止于至善处"呢?难道存在于事事物物中的物则之理就是至善之理吗?显然,外向的格物穷理是永远无法满足其至善追求的。其次,为了弥合朱子学与阳明学的矛盾,高攀龙又提出"才知反求诸身,是真能格物者也",似乎其格物说中又包含着"反求诸身"的活动,因而导致黄宗羲认为他的格物说与杨时"反身而诚,则天下之物无不在我""为相近",而"与程、朱之旨异矣",那么,在外向的格物穷理中如何能够"反求诸身"呢?因为外向所穷及其指向往往是一种物则性质的理,反求诸身则只能指向一种人伦性的道德伦理,那么,这究竟应当将客观的物理提升到道德伦理的角度来理解呢还是应当将道德伦理置于客观物理的层面来理解?笔者所谓"朱王之学之不对应性",也就指这一点而言。

最重要的是,高攀龙在继承了朱子外向的格物穷理说之后,又通过"止于至善"之"知本"的方式来安置阳明心学,其所谓"悟与修""敬与顺乎自然",实际上也全然是按照阳明心学的工夫次第展开的。但是,由于其外向的格物穷理必然要以"心理为二"为前提,其在这里所阐发的境界又必然要建立在"心理为一"的基础上。这样一来,从前者出发,即从所谓"心理为二"出发,就很难达到其"心理为一"基础上之"顺乎自然"的境界;而从后者出发,其"心理为二"也就成为一种根本不必要的前提。这样,朱子学与阳明学的矛盾也就内在地根植于高攀龙的思想体系中了。本来,作为明代朱子学之气学走向的代表或总结性人物,高攀龙属于对阳明心学较少偏见和误解的一位,但当其将朱子学与阳明学的矛盾内在地置于自己的哲学体系中时,也就为明代心学与气学的发展及其真正的统一提出了一个非常重大的问题。

第四章 理学的变革与革命——心性之学的
　　　　　形成与发展

　　对于明代理学来说,除了对朱子学之"顺承与演变"的一系外,还存在着对朱子学进行"变革与革命"的一系。从明代理学的总体格局来看,这两系基本上构成了明代理学的主体与主流;但是,如果从实际影响的角度看,似乎只有心学一系才从总体上体现了明代理学的主要特色(在中国历史中,如果说有一种哲学思潮曾纵贯一个王朝的始终,那么应当说是明代心学)。就这两系的相互关系而言,自然是对朱子学的"顺承与演变"一系承接在前,"变革与革命"一系则崛起于后,但这两系的关系又不仅仅是一种时间维度上的先后继起关系,还存在着对朱子学之不同继承侧重的重大差别;就这两系自身来看,除了其崛起的先后以及其对朱子学之不同继承侧重上的重大差别外,同时还存着不同的形成机缘、不同的崛起途径以及在促使其崛起、发展上之独特的社会动力,从而也就决定了其各自不同的理论坐标与发展方向。这一特点,尤其表现在明代心性之学的开创及其继起性的发展中。

第一节　陈献章的"自得"与"自然"之学

　　就理学整体而言,宋明往往并称,一如今古文经学之贯通两汉一样,自然,这也意味着理学是贯穿宋明两代的共同性思潮。但是,如果从宋明两代理学的比较来看,两宋可以说是一个理学的崛起、形成与发展的时代,明代则主要是由心学之崛起、发展而又因为其泛滥而走向流失,从而又遭到人们批判与唾弃的时代。当然,与明代理学由对朱子学之"顺承与演变"从而走向气学的一系相比,明代心学则典型地表现出其对朱子学之"变革与革命"的一面。但是,如果没有明代专制独裁的政治体制,没有内在化、一元论的文化思潮以及以"八股"为特色的科举教育体制所造成之独特的思想环境,就不会出现对朱子学进行"变革与革命"的思潮,自然也就不会形成心学这种独特的思想形态。从这一点来看,明代的朱子学从理学到气学的演变与发展自然也都带有理论自身之传承与发展的因素,心学一系与其说是出于一种理论上的传承关系,毋宁说主要是来自现实——所谓政治生态、教育体制以及文化与思潮背景的塑造作用。正是这一原因,与明代的理学和气学相比,心学往往带有更多的思想主体及其生存环境与思潮背景的因素。明代心学的这一特点,就典型地表现在心学的开创者——陈献章的哲学中。

一、独特的成学经历

陈献章(1428—1500),字公甫,号石斋,广东新会白沙里人,世称白沙先生。由于其地处江门,人们往往又称其学为江门心学。陈白沙出身于书香门第,为遗腹子,即在其父亲去世之后才出生。但从其自幼读书以及九岁仍以母乳代哺的情况来看,其家庭无疑属于富裕之家,也得到了更多的母爱。史称其"自幼警悟绝人,读书一览辄记……一日读《孟子》'有天民者,达可行于天下,而后行之',慨然叹曰:'嗟夫,大丈夫行己当如是也'"[①]。从其这一志向来看,应当说陈白沙的生性自然属于那种高标远致、慷慨豪迈一类。正统十二年(1447),陈白沙充邑庠生员,同年

---

① 张诩:《白沙先生行状》,《陈献章集》,第 868—869 页,北京:中华书局,1987 年版。

即中广东乡试,次年入京,"中副榜进士,告入国子监读书"①。从其人生的这一开局来看,似乎还是比较顺利的。

由此之后,陈白沙却进入了其人生长时段的坎坷与困顿时期。从正统十三年(1448)一直到景泰五年(1454),虽然陈白沙一直就读于国子监,并以科考出仕为方向,却不得不接受连下三第的打击,似乎始终迈不出"乙榜进士"的门槛。虽然在明代,通过九科、十科以出仕者并不在少数,但对于自幼以"天民"自期的陈白沙来说,连下三第的结局简直就是一种无法承受的打击。在这种情况下,"闻江右吴聘君康斋先生讲伊洛之学于临川之上,遂弃其学从之游,时年二十有七也。"②从这一抉择来看,说明心高性傲的陈白沙已经不再寄望于科举考试了,而是转向讲学一途——并试图通过讲学的方式作用于社会。

但讲学之路也并非那么容易。据陈白沙回忆,在吴与弼门下,"其于古圣贤垂训之书,盖无所不讲,然未知入处"③。所谓"未知入处",就是找不到为学之具体入手的意思,也就是说,虽然吴与弼对于圣贤垂训之书"无所不讲",却始终没有唤醒陈白沙的学术兴趣。另一方面,吴与弼对这位岭南弟子的生活习性似乎也不大满意,于是出现了如下一幕:"……晨光才辨,先生手自簸谷。白沙未起,先生大声曰:'秀才,若为懒惰,即他日何从到伊川门下? 何从到孟子门下?'"④从吴与弼自己常常"雨中被蓑笠,负耒耜,与诸生并耕……归则解犁,饭粝蔬豆共食"⑤的立身行事来看,其所秉持的自然属于典型的儒家耕读清修传统。从这种严毅、勤勉的传统出发,也确实无法认同陈白沙那种洒脱、放逸的天性。这样,吴与弼"何从到伊川门下? 何从到孟子门下"的呵斥,对于陈白沙来说,也就等于是从师长的角度封闭了陈白沙的讲学之路。

---

① 阮榕龄:《陈白沙先生年谱》,《陈献章集》,第 805 页。
② 张诩:《白沙先生行状》,《陈献章集》,第 869 页。
③ 陈献章:《复赵提学金宪》,《陈献章集》,第 145 页。
④ 阮榕龄:《陈白沙年谱》,《陈献章集》,第 806 页。
⑤ 黄宗羲:《明儒学案·崇仁学案》一,《黄宗羲全集》第七册,第 3 页。

陈白沙就在这种心境下回到了广东老家。由于其在心理上也未必认同吴与弼的批评,他就不得不展开一场孤绝的自我探索,以摸索适应其自我的为学之方:

> 比归白沙,杜门不出,专求所以用力之方。既无师友指引,惟日靠书册寻之,忘寝忘食,如是者亦累年,而卒未得焉。所谓未得,谓吾此心与此理未有凑泊吻合处也。于是舍彼之繁,求吾之约,惟在静坐。久之,然后见吾此心之体隐然呈露,常若有物。日用间种种应酬,随吾所欲,如马之御衔勒也。体认物理,稽诸圣训,各有头绪来历,如水之有源委也。于是涣然自信曰:"作圣之功,其在兹乎!"①

这就是陈白沙关于其为学入手之一段经典性的叙述,由于其方式与进路是在"舍彼之繁,求吾之约,惟在静坐"的基础上展开的,因而如果套用其以后的自我定位,也可以说就是所谓"自得之学"的一种从入之路。之所以称为"自得",是因为他既未能得之于科举,钻研圣学也没有得到师长的肯定,甚至,就连其孤绝的自我摸索,也没有得之于"书册"。对于明代士人而言,这等于说,在一般人能够有所得的方面陈白沙都面临着"未得"的结果。从陈白沙当时的自我期望来看,其所谓"吾此心与此理"的"凑泊吻合处"也显然是一种"求理于吾心"的思路,或者说起码代表着一种"心与理一"的方向。就是说,他希望天理能够从自我之心上具体呈现出来。与理学、气学所共同坚持的求理于事事物物的进路相比,这显然是一种完全相反的走向,但又确实坚持着一种共同的内在化的大方向——所谓"舍彼之繁,求吾之约"以及其对朱子学的"变革与革命",也正是从这个角度说的。

让我们再看其所谓"自得"的期待。当前边这一切努力都宣告失败之后,陈白沙也就只剩下"静坐"一路了,虽然自理学崛起以来,静坐作为道家与禅宗的修行方法,也常常为儒家所借鉴。但儒家的静坐与佛老的

---

① 陈献章:《复赵提学金宪》,《陈献章集》,第145页。

静坐又存在着本质性的差异——儒家的静坐既不是穿透万象而直接领悟所谓"万法无自性"的空,也不是从眼前的万有出发而直接返归于作为天地宇宙之始源的无,而主要是一种澄澈"吾之初心"式的精神反省活动,所以才会有"见吾此心之体隐然呈露,常若有物,日用间种种应酬,随吾所欲,如马之御衔勒也"。陈白沙的这些所见都是其静坐所得,因而也可以反证其静坐本身并不是一味"兀坐",而是一种内向澄澈性的自我反省活动。所以,他后来在回答其弟子的为学之问中就明确提出:"为学须从静中坐养出个端倪来,方有商量处。"①实际上,不管是"静坐"还是"静中坐养",其作为一种内向性的自我澄澈活动是肯定无疑的,如果稍微加以形象化的表达,这就如同《红楼梦》中所谓的"背后有余忘缩手,眼前无路想回头"一样,首先是一种自我澄澈性的内向反省活动。虽然静坐未必都能达到"吾此心之体隐然呈露"的结果,但由于其一起始就已经预定了"吾此心与此理"的"凑泊吻合处",因而当其静坐有见之后,自然会觉得"日用间种种应酬,随吾所欲,如马之御衔勒也。体认物理,稽诸圣训,各有头绪来历,如水之有源委也"——应当承认,陈白沙的这一感受性的描述还是较为可信的。由于这一"有见"既不是得之于科举,也不是得之于师长传授,更不是得之于书册,所以也就只能说是一种"自得"——由静坐而来的"自得之学"。

由此之后,所谓"自得之学"也就成为陈白沙的一种特殊倡导,他本人也就更加沉潜于其一系列的自我探索活动:"闭户读书,益穷古今典籍。彻夜不寝,少困则以水沃其足。久之乃叹曰:'夫学贵自得也。自得之,然后博之以载籍。'……静坐其中,足不出阃者数年。"②学成之后,"于是迅扫夙习,或浩歌长林,或孤啸绝岛,或弄艇投竿于溪涯海曲,忘形骸,捐耳目,去心志,久之然后有得焉,于是自信自乐"③。实际上,这一系列活动,诸如其"或浩歌长林,或孤啸绝岛,或弄艇投竿于溪涯海曲"等等,

① 陈献章:《与贺克恭黄门》二,《陈献章集》,第133页。
② 阮榕龄:《陈白沙先生年谱》,《陈献章集》,第807页。
③ 张诩:《白沙先生墓表》,《陈献章集》,第883页。

也就如同其"闭户读书,益穷古今典籍"一样,都是一种先追求"自得之,然后博之以载籍"的自我印证与自我拓展活动。

但陈白沙毕竟是一种追求有为并希望有所担当的性格,儒家传统的人伦世教关怀也使他不可能长时间地陶醉于所谓"自我得之,自我言之"的状态。所以,一当其开始设帐讲学,他就有了如下举动:

> 讲学之暇,时与门徒习射礼。流言四起,以为聚兵。众皆为先生危,先生处之超然。时学士钱溥谪知顺德县,雅重先生,劝亟起,毋诒太夫人忧。先生以为然,遂复游太学。①

于是,在其学初步有成之后,陈献章就又一次走上了"复游太学"之路,由此之后所得到的三次大的举荐,基本上构成了陈白沙后半生的主旋律。

其第一次被荐就是由这次"复游太学"引起的。当时,太学祭酒邢让为了考察其才,专门让他即席赋"杨龟山此日不再得"的诗,陈白沙一挥而就;其诗才,也为他赢得了"龟山不如""真儒复出"的美名,并吸引了一大批朝廷官员的拜访,有的甚至抗疏辞官,当即执贽行弟子礼。但对陈白沙而言,这次努力并没有达到其预期的目的,最后只落得个"吏部文选清吏司历事"之杂役一样的身份;在吏部,"先生日捧案牍,与群吏杂立厅下,朝往夕返不少怠。郎中等官皆勉令休,对曰:'某分当然也。'"②也许就是因为这次蒙羞受辱的经历,使陈献章下决心三年后再考一次,但其再考的结果依然是"下第"的结局,虽然京师也出现了"会元未必如刘戬,及第何人似献章"之类的民谣以为其鸣不平,但科考下第却已经成为无法更改的事实了。

关于这次科考下第的原因,当时京师就有"陈先生卷为人投之水矣"③的传闻,其具体原因则在于侍郎伊某非常欣赏陈白沙之才,曾"遣子

---

① 阮榕龄:《陈白沙先生年谱》,《陈献章集》,第 809 页。
② 阮榕龄:《陈白沙先生年谱》,《陈献章集》,第 810 页。
③ 阮榕龄:《陈白沙先生年谱》,《陈献章集》,第 811 页。

从学。先生力辞,凡六七往竟不纳"①。由于此前贺钦已经抗疏辞官,并
"执弟子拜跪礼,至躬为捧砚研墨"②,陈白沙都已经接受了,因而此番不
接受侍郎之子的求学之请,让侍郎觉得陈白沙是认为其子不堪指教,从
而深怀忌恨,所以才有暗中捣鬼,故意使其"下第"的结局。

由于这是陈白沙最后一次科考,而其人之才又非一第进士所能限,
民间也就一直存在着陈白沙是因为其师吴与弼的原因而不愿出仕一说;
现代研究者则又往往将其没有出仕直接归结为政治方面的原因。比如
余英时先生就持这样的看法,他在《明代理学与政治文化发微》一文
中说:

> 吴与弼在"省、郡交荐"之下坚决"不赴",太息曰:"宦官、释氏不
> 除,而欲天下之治,难矣!"(《明儒学案》卷一《聘君吴康斋先生与
> 弼》——引者注)他在十九岁时已决心"弃举子业",后来门人中胡居
> 仁(1434—1484)、陈献章(1428—1500)、谢复等,也都因为受了他的
> 影响而决(绝)意科第(见《明史·儒林一》及《明儒学案》卷一、卷
> 五)。这是他们有意切断与权力世界的关联;宋代理学家"得君行
> 道"的抱负,在他们身上是找不到任何痕迹的。③

从明代的政治生态尤其是宋明政治格局比较的角度看,余先生的这一分
析不无道理。但如果结合白沙个人的具体经历来看,认为他是因为受其
师吴与弼的影响而故意"切断与权力世界的关联"显然是靠不住的。④ 从
其早年的"天民"志向到其一开始设帐讲学就"时与门徒习射礼"来看,都
说明陈白沙本来就怀着一种强烈的经世关怀;从陈白沙的立身行事来

---

① ② 阮榕龄:《陈白沙先生年谱》,《陈献章集》,第 810 页。

③ 余英时:《宋明理学与政治文化》,第 175 页。

④ 说陈白沙不属于余英时先生所说的那种"有意切断与权力世界的关联"并不意味着余先生的
这一分析没有道理,原因很简单,因为如果明代士人没有"有意切断与权力世界的关联",那
么明王朝的"寰中不为君用科"的惩罚性律条也就完全没有必要设定了;既然明王朝有此律
条,那就说明明代士人"有意切断与权力世界的关联"当时应当说是一种较为普遍的现象,
这才能有所谓"寰中不为君用科"的律条。

看,也根本没有一点绝意官场的影子。

到了成化十九年(1483),陈白沙林下讲学已近三十载,而在此前,其弟子辈也都纷纷科举高中,广东总督与布政使也对陈白沙之学十分钦佩,于是先后交荐于朝。为了防止他不赴荐,还专门以"诓君"之责敦迫其上路。在各方好友的劝说下,陈献章一路逶迤北上。但让他万万没想到的是,"至都,宰相待之殊薄"①,最后只得到个"考试了,量拟职事"②的圣裁。自入科场以来,陈白沙已经四次下第了,对他来说,考试实在是一条羞畏之途,所以他一边以病拖延考试,一边以"母老己病"上《乞终养疏》,最后只得扛着个"翰林检讨"③的虚衔而归。这一次南归,对陈白沙来说,也就彻底告别了其北上的赴阙之途。

即使如此,当他在归途中道经江西南安时,也仍然有与南安太守张弼的如下一段对话:

> 归经南安,知府张某(弼)问出处。
>
> 对曰:"康斋(吴与弼)以布衣为石亨荐,所以不受职而求观秘书者,冀得间悟主也。惜乎当时宰相不悟,以为实然。言之上,令受职,然后观书,殊戾康斋意,遂决去。某以听选监生荐,又疏陈始终愿仕,故不敢伪辞以钓虚名。或受或不受,各有攸宜尔。"
>
> 某(张弼)唯唯。④

由于这次对话发生于陈白沙最后一次赴阙的归程,此行又极不如愿,只得了一个"翰林检讨"的虚衔,按理说,他正可以自己不愿出仕的本怀来掩饰此行的尴尬,陈白沙却明确表示:"某以听选监生荐,又疏陈始终愿仕",说明陈白沙不是而且也没有"有意切断与权力世界的关联"。

陈白沙的最后一次被荐实际上已经到了其生命的终点。弘治十三

---

① 阮榕龄:《陈白沙先生年谱》,《陈献章集》,第825页。
② 阮榕龄:《陈白沙先生年谱》,《陈献章集》,第830页。
③ 阮榕龄:《陈白沙先生年谱》,《陈献章集》,第830—831页。
④ 张诩:《白沙先生行状》,《陈献章集》,第871—872页。

年(1500),给事中吴世忠、尚书王恕、侍郎刘建、祭酒谢铎等八人同荐,命将及门,陈白沙已经去世了。颇具讽刺意义的是,"殁之前数日,早具朝服朝冠,令子弟焚香北面五拜三叩首,曰:'吾辞吾君。'作诗曰:'讬仙终被谤,讬佛岂多修? 弄艇沧溟月,闻歌碧玉楼。'曰:'吾以此辞世'"①。在陈白沙七十三岁的一生中,他科考四次,三次蒙荐,却始终没有通过科举一关,就等于是始终没有得到所谓真正可以有为的身份。所以,无论是其"朝服朝冠"的"辞君"还是"讬仙""讬佛"的"辞世",无不渗透着命运的捉弄与无奈。对陈白沙来说,他也就只能以这种方式来诠释其一生的"自我得之,自我言之"之学了。

纵观陈白沙的一生,从科举到讲学,再由讲学到科举、受荐,似乎始终是围绕着朝廷政治展开的,或者说他起码是希望大有为于朝廷政治的。比如其刚开始设帐讲学,就"时与门徒习射礼",大展其经邦济世之才,应当说也就是这种心态的表现,当然可能也在抒发其对科举考试制度的不满。这一点,从其友人、地方官包括其弟子可能都看得很清楚;他之所以屡屡强调自己所讲乃"自我得之,自我言之"之学,自然也就包含着讽刺其在科举考试与朝廷政治中一无所得的尴尬心理;至于其临终"朝服朝冠"的"辞君"与"讬仙""讬佛"的"辞世",也同样表现着这种心理。在这种背景下,其所谓"自我得之,自我言之",也就难免存在着某种夸俗心理之故意放大的可能。

从明王朝来看,其政权刚建立,选举制度就明确规定:"选举之法,大略有四:曰学校,曰科目,曰荐举,曰铨选。学校以教育之,科目以登进之,荐举以旁招之,铨选以布列之,天下人才尽于是矣。"②应当承认,这种分门别类、各种不同途径一并展开的选举制度确有包罗天下人才的可能。但对明王朝而言,其立国之初,对人才的收罗主要集中在科目与荐举上;以后,随着其体制的常态化,荐举制度就不得不逐步让位于科目选

---

① 阮榕龄:《陈白沙先生年谱》,《陈献章集》,第861—862页。
② 《明史·选举志》,《二十五史》卷十二,第452页。

举了。所以，《明史》总论说："明太祖起布衣，定天下，当干戈抢攘之时，所至征召耆儒，讲论道德，修明治术，兴起教化，焕乎成一代之宏规。"①这就是说，在明初，人才主要出于荐举。但随着体制的制度化、日常化，荐举就逐步为科目考试所取代了。最让人感慨的是，陈白沙的老师"吴与弼以名儒被荐，天子修币聘之殊礼，前席延见，想望风采，而誉隆于实，诟谇丛滋。自是积重甲科，儒风少替"②从这一大趋势上可以看出，陈白沙其时正处于明王朝从"荐举"向"积重甲科"转向的关节点上，所以，虽然他屡蒙荐举，却总是被要求先去"考试"——"考试了，量拟职事"。至于"白沙而后，旷典缺如"③，等于其"翰林检讨"的虚衔实际上就已经为明代的举荐制度画上休止符了。

二、自得之学

对于作为明代心学开创者的白沙之学，明儒殿军刘宗周曾有一段精准的概括。他评点说：

> 先生学宗自然，而要归于自得。自得故资深逢源，与鸢鱼同一活泼，而还以握造化之枢机，可谓独开门户，超然不凡……自然而得者，不思而得，不勉而中，从容中道，圣人也，不闻其以静坐得也，先生盖亦得其所得而已矣。④

由于刘宗周的这一评价，由此之后，所谓自得之学也就成为心学的一种别样称呼了；甚至也可以说，没有自得，也就说不上是真正的心学。所以，明代心学也就以陈白沙之自得之学的方式宣告开创了。

实际上，如果从历史的角度看，自得之学可以说是儒学尤其是儒家心性之学的一个源远流长的传统，因为孟子就曾明确地说："君子深造之以道，欲其自得之也。自得之，则居之安；居之安，则资之深；资之深，则

---

①②③《明史·儒林传》，《二十五史》卷十三，第 1525 页。
④ 刘宗周：《明儒学案师说》，《刘宗周全集》第五册，第 519 页。

取之左右逢其原,故君子欲其自得之也。"①由此之后,"自得"似乎也就成为一种特殊的认知方式或认知进路。到了南宋,陆象山也曾不止一次地说过,他的心学就是"因读《孟子》而自得之于心也"②。凡此,都说明儒学确有其深造自得的传统,但明确地以"自得"名其学,无疑是从陈白沙开始的;在经过刘宗周的评点之后,所谓"自得之学"也就成为心学之为心学的一个本质特征了。

那么,陈白沙的自得之学究竟是如何"自得"的呢?从前面的叙述中,我们可以看到其一生的四次下第——说明其不得于科举;从学于当时的大儒吴与弼,又被吴与弼断定为难以到"孟子门下"——等于不得于师长;在回到白沙之后,也不得于书册——"日靠书册寻之,忘寝忘食,如是者亦累年,而卒未得焉";至于在其后半生所蒙受的几次举荐中——又一再要求他考试,说明他也不得于皇恩。就是说,凡是明代士人能够有所得的方面似乎都对他关上了大门。但他确实有得,而且是得于静坐,从其所自述的"舍彼之繁,求吾之约,惟在静坐……然后见吾此心之体隐然呈露,常若有物",到其后来的明确断言:"为学须从静中坐养出个端倪来,方有商量处",都说明他确实有得于静坐,而其静坐之得——"日用间种种应酬,随吾所欲,如马之御衔勒也。体认物理,稽诸圣训,各有头绪来历,如水之有源委也",也说明他确实是通过静坐而真正有所得的。问题在于,这里所谓的自得,实际上就仅仅是一种外在方向的否定而已,也就只是说明其"得"的内在性,并没有说明其究竟如何自得。

不过,就在《复张东白内翰》一书中,陈白沙确实进一步说明了他的"自我得之,自我言之"之学。他写道:

> 夫学有由积累而至者,有不由积累而至者;有可以言传者,有不可以言传者。夫道至无而动,至近而神,故藏而后发,形而斯存。大抵由积累而至者,可以言传也;不由积累而至者,不可以言传也。知

①《孟子·离娄下》,吴哲楣主编:《十三经》,第1391页。
②《象山年谱》,《陆九渊集》,第498页,北京:中华书局,1980年版。

者能知至无于至近,则无动而非神。藏而后发,明其几矣。形而斯
存,道在我矣。是故善求道者求之易,不善求道者求之难。义理之
融液,未易言也;操存之洒落,未易言也。夫动,已形者也,形斯实
矣。其未形者,虚而已。虚其本也,致虚之所以立本也……斯理也,
宋儒言之备矣。吾尝恶其太严也,使著于见闻者不睹其真,而徒与
我哓哓也。是故道也者,自我得之,自我言之,可也。不然,辞愈多
而道愈窒,徒以乱人也,君子奚取焉?①

在这一段自述中,陈白沙大体说明了如下几点:其一,为学有"不由积累
而至"因而也"不可以言传者"。当然,这里所谓的"不可以言传"主要是
指"言不尽意"而言的,而不是绝对"不可以言传"。其二,"善求道者求之
易,不善求道者求之难",善求道者,主要在于要把握其"至静"与"未形"
的一面,由于"未形者,虚而已。虚其本也,致虚之所以立本也"。显然,
作为认知,这其实就是一种形而上之究竟其根源性的把握方式。其三,
"斯理也,宋儒言之备矣。吾尝恶其太严也,使著于见闻者不睹其真",从
而也就陷入了所谓"辞愈多而道愈窒"的境地。所以,从这个角度看,陈
白沙所谓的自得之学也可以说就是以自我的方式从"致虚""存神"到"明
几"之学。

这无疑是陈白沙对其"自得之学"之一段较为具体的说明。他不仅
说明了其探索方向的内在性——正所谓"自我得之,自我言之",同时也
说明了其在把握方式上的形上色彩与根源性质,这一点也就是其所谓的
"藏而后发,明其几矣。形而斯存,道在我矣",以及"虚其本也,致虚之所
以立本"等说法,实际上也就是对其"自我得之"之方法与过程的一种具
体揭示。最重要的一点还在于,这一段由"夫学有由积累而至者,有不由
积累而至者;有可以言传者,有不可以言传者",以及"宋儒言之备矣。吾
尝恶其太严也,使著于见闻者不睹其真"等等,也就明确地揭示了其自得
之学的抱负以及他在当时社会上陷于种种"不得"之认知方式上的根源。

---

① 陈献章:《复张东白内翰》,《陈献章集》,第 131—132 页。

这样一来,作为明代心学的开创者,陈白沙的"自我得之,自我言之"也就确有其对宋儒以来的为学进路与方法的一种反省和拨正之意了,而他在当时社会的"得"与"不得"以及其"不得之得",似乎也都应当从这一角度来理解。

当然,作为一种学理上的说明,陈白沙也反复说明了其不完全依赖于书册的道理,这也可以说是理解其"自得之学"的一个重要环节。他写道:

> 自炎汉迄今,文字记录,著述之繁,积数百千年于天下,至于汗牛充栋,犹未已也……夫子之学,非后世人所谓学。后之学者,记诵而已耳,词章而已耳。天之所以与我者,固懵然莫知也。夫何故?载籍多而功不专,耳目乱而知不明,宜君子之忧之也……学者苟不但求之书而求诸吾心,察于动静有无之机,致养其在我者,而勿以闻见乱之,去耳目支离之用,全虚圆不测之神,一开卷尽得之矣。非得之书也,得自我者也。盖以我而观书,随处得益;以书博我,则释卷而茫然。①

这又是一段关于"自得之学"的具体说明。其要害则在于直下点破了"夫子之学,非后世人所谓学。后之学者,记诵而已耳,词章而已耳。天之所以与我者,固懵然莫知也"。为什么会形成这种情形呢?从表层来看,固然是因为所谓"载籍多而功不专,耳目乱而知不明";从深层来看,则主要在于人们只运用其耳目见闻而根本没有真正求之于心,也就无法真正自得。所以说"学者苟不但求之书而求诸吾心,察于动静有无之机,致养其在我者",这样一来,也就"非得之书也,得自我者也"。显然,这也就成为"以我而观书,随处得益;以书博我,则释卷而茫然"两种不同的结果——这无疑又是对宋代以来所形成的词章记诵之学的一种明确批评,也是对其自得之学所以能够自得的一个具体说明。

---

① 陈献章:《道学传序》,《陈献章集》,第 20 页。

也许正与其一生不遇的经历有关,陈白沙处处强调自得,也似乎处处都能与其自得之学关联起来,比如他在《赠彭惠安别言》中写道:

> 忘我而我大,不求胜物而物莫能挠。孟子云:"我善养吾浩然之气。"山林朝市一也,死生常变一也,富贵贫贱、夷狄患难一也,而无以动其心,是名曰"自得"。自得者,不累于外,不累于耳目,不累于一切,鸢飞鱼跃在我。知此者谓之善,不知此者虽学无益也。①

这里对"山林朝市""死生常变""富贵贫贱、夷狄患难"能够以"无以动其心"的态度处置之,并且还能够加以"自得之学"式的描述,无疑是对其"自得之学"之一种高调的表示;至于其所自谓的"不累于外,不累于耳目,不累于一切",虽然看起来是在向彭惠安表态,实际上也包含着一定的自我安慰之意。未能通过科举考试以出仕,不仅是其一生中的一个最大遗憾,也成为其精神上一道过不了的坎;为了获得出仕的机会,陈白沙又确实忍受了不少的折磨,包括其在吏部听差的一段经历:"日捧案牍,与群吏杂立厅下,朝往夕返不少怠"等等。因而,在陈白沙与官员朋友的交往中,所谓出处进退的问题也常常成为他们之间最重要的话题。

但陈白沙就是要高调地表示其"自得",并常常以其超然远致的气象来反衬俗儒津津于得丧之间的现象,比如其在《与林郡博》一书中写道:

> 终日乾乾,只是收拾此而已。此理干涉至大,无内外,无始终,无一处不到,无一息不运。会此则天地我立,万化我出,而宇宙在我矣。得此霸(把)柄入手,更有何事?往古来今,四方上下,都一齐穿纽,一齐收拾,随时随处,无不是这个充塞。色色信他本来,何用尔脚劳手攘?舞雩三三两两,正在勿忘勿助之间。曾点些儿活计,被孟子一口打併出来,便都是鸢飞鱼跃。若无孟子工夫,骤而语之,以曾点见趣,一似说梦。会得,虽尧舜事业,只如一点浮云过目,安事推乎?此理包罗上下,贯彻终始,滚作一片,都无分别,无尽藏故也。

① 阮榕龄:《陈白沙先生年谱》,《陈献章集》,第 825 页。

> 自兹已往,更有分殊处,合要理会。毫分缕析,义理尽无穷,工夫尽无穷。①

这一段描述,似乎是在刻意照应其早年的"天民"追求。不知是不是因为其晚年的这一气象从而也才有了对其早年之所谓"天民"追求的描述?但这样一种气象,作为其一生"自我得之,自我言之"的表现则是无疑的,也是对其"自得之学"的一种极而言之。这里所凸显的首先是一种带有绝对性的主体精神,比如"天地我立,万化我出,而宇宙在我矣"。当然这里的"天地""宇宙",也都不是指客观实存层面的天地与宇宙,只是指谓自我人生境界性的天地与宇宙;而其方向,也就首先在于"得此霸(把)柄入手"了;至于其具体工夫,则又必须"色色信他本来,何用尔脚劳手攘?舞雩三三两两,正在勿忘勿助之间"。自然,这都是以诗化的语言极而言之,但其内在性的方向、主体性的精神以及其勿忘勿助的工夫追求,构成了其"自得之学"之三个基本的关节点。

三、学宗自然

在刘宗周对陈白沙心学的评点中,其"学宗自然,而要归于自得"一说虽然也有白沙的表达作为依据,但确实是一种提纲挈领式的点评。这起码揭示了陈白沙之学是以"自得"为入手,以"自然"作为指向的。在前面一节,陈白沙对其"自得之学"的极而言之,本身也就包含着一种自然气象,比如所谓"色色信他本来,何用尔脚劳手攘? 舞雩三三两两,正在勿忘勿助之间"这种极富诗意的描述,本身就是通过"自得之学"所达到的"自然"境界的一种气象表现。

实际上,如果就天性而言,陈白沙也许并不是一个处处都能够自然的资质,反倒可能会时时有所激越。比如成化五年(1469),陈白沙最后一次科考下第,"群公往慰之,先生大笑。庄昶曰:'他人戚戚太低,先生

---

① 陈献章:《与林郡博》七,《陈献章集》,第217页。

大笑太高'"①。作为人生中最后一次入科场,下第所带来的失望自然是在所难免的,陈白沙居然以"大笑"来面对"落第"的事实与诸公的宽慰,固然也表现了其不以得失为意的一面,同时也有反衬世俗戚戚于得失的一面,但其"大笑"的表现未必就出自人心之自然与常态。② 如果陈白沙根本不以得失为意,那他就完全不必入科场;既然已经入了科场,有得失之感也算是人之常情,因而完全不必以"大笑"来表现自己的无意于得失。所以友人庄昶当即就认为"先生大笑太高";刘宗周也评论说:"道本自然,人不可以智力与,才欲自然,便不自然。"③

正因为"学宗自然"实际上又难免存在着极不自然的一面,所以作为一种追求,陈白沙也常常引外在的自然来表达其内在的情怀。比如前引其弟子张诩对白沙大悟之后陶醉于自然现象的描述,"于是迅扫夙习,或浩歌长林,或孤啸绝岛,或弄艇投竿于溪涯海曲,忘形骸,捐耳目,去心志,久之然后有得焉"④。在这种追求中,一方面固然表现着其与"长林""绝岛"以及"溪涯海曲"融为一体式的同在以及对这种"自然"的陶醉,另一方面,对陈白沙而言,这种融为一体式的"自然"同时又是一个"忘形骸,捐耳目,去心志"之所谓真正复归自然的过程。在这一点上,陈白沙所谓的"讬仙终被谤",其实正是指其对老庄道家之自然气象的借鉴而言的。

实际上,陈白沙对于老庄自然气象的借鉴也并不是就要彻底"忘形骸,捐耳目,去心志"从而完全以自然为归,而是要通过这种方式来表达他的超越追求与超越的祈向;其在与自然融为一体的过程中所表现出来的也就恰恰是一种彻底摆脱了小我之欣戚得丧之后所呈现出来的大我精神。甚至也可以说,正是为了实现这种大我精神,白沙才不得不时时

---

① 阮榕龄:《陈白沙先生年谱》,《陈献章集》,第 812 页。
② 关于这件事,陈白沙弟子张诩有如下记载:"庄昶进曰:'他人戚戚太低,先生大笑太高,二者过不及。'先生颔之。"由此看来,白沙也马上意识到自己有激越处。参见张诩:《白沙先生行状》,《陈献章集》,第 870 页。
③ 刘宗周:《明儒学案师说》,《刘宗周全集》第五册,第 519 页。
④ 张诩:《白沙先生墓表》,《陈献章集》,第 883 页。

注意超拔自我,以免自我精神的沦丧。比如其在《赠陈秉常》一诗中的
表达:

> 我否子亦否,我然子亦然。然否苟由我,于子何有焉?人生寄
> 一世,落叶风中旋。胡为不自返,浊水迷清渊。①

再比如其《自策示诸生》:

> 贤圣久寂寞,六籍无光辉。元气五百年,一合又一离。男儿生
> 其间,独往安可辞? 邈哉舜与颜,梦寐或见之。其人天下法,其言万
> 世师。顾予独何人,瞻望空尔为! 年驰力不与,抚镜叹以悲。岂不
> 在一生,一生良迟迟。今复不鞭策,虚浪死勿疑。请回白日驾,鲁阳
> 戈正挥。②

这两首诗的寓意都非常明显,前者批评其弟子陈秉常完全丧失了自我的
主体精神,从而成为一种人否亦否、人然亦然的应声虫,所以就要警示其
"人生寄一世",如果不自返的话,生命就会像风中的落叶,理智也就只能
沦落为"浊水迷清渊"了。后一首诗实际上是通过自我批评的方式来警
示弟子,尤其是以颜回的"舜,何人也? 予,何人也? 有为者亦若是"③作
为自己做人的榜样就显得格外警策,也充分表现了其一意超越追求的主
体精神。

但是,当陈白沙最后一次被荐入京,"至都,宰相待之殊薄,白沙悔
之。因读林和靖诗云:'庙堂不坐周公旦,何处山林有麋鹿?'遂归"④。他
在南归后的"和陶一十二首"——《归田园》诗中,也同样表达了心中的
愤懑:

> 我始惭名羁,长揖归故山。故山樵采深,焉知世上年? 是名鸟
> 抢榆,非曰龙潜渊。东篱采霜菊,南渚收菰田。游目高原外,披怀深

---

① 陈献章:《赠陈秉常》四,《陈献章集》,第 287 页。
② 陈献章:《自策示诸生》,《陈献章集》,第 281—282 页。
③ 《孟子·滕文公上》,吴哲楣主编:《十三经》,第 1373 页。
④ 阮榕龄:《陈白沙先生年谱》,《陈献章集》,第 825 页。

树间。禽鸟鸣我后，鹿豕游我前。冷冷玉台风，漠漠圣池烟。闲持
一觞酒，欢饮忘华颠。逍遥复逍遥，白云如我闲。乘化以归尽，斯道
古来然。

　　高人谢名利，良马罢羁鞿。归耕吾岂羞，贪得而妄想？今年秋
又熟，欢呼负禾往。商量大作社，连村集少长。但忧村酒少，不充侬
量广。醉即拍手歌，东西卧林莽。①

在这些诗篇中，无疑充满着大量的老庄气象，同时又因为是"和陶"的"归
田园"主调，如果仅从形式上看，自然也可以说这里所表达的完全是道家
的自然气象。但是像"是名鸟抢榆，非曰龙潜渊"以及"归耕吾岂羞，贪得
而妄想"这样的句子，如果稍微品味一下其中的蕴涵，则不仅其愤懑之情
跃然纸上，其所表达的也恰恰是一种儒者的情怀。因为在这里，看起来
是借庄、陶以自嘲，实际上，其所批评的恰恰是当时的官场现实。

　　关于陈白沙诗文中的自然气象，前边有陈白沙对其弟子的叮咛教
告，后边又有其弟子对其自然气象的体会与理解。因而这里一并征引：

　　人与天地同体，四时以行，百物以生，若滞在一处，安能为造化
之主耶？古之善学者，常令此心在无物处，便运用得转耳。学者以
自然为宗，不可不著意理会。②

　　白沙先生之诗文，其自然之发乎？自然之蕴，其淳和之心乎？
其仁义忠信之心乎？夫忠信、仁义、淳和之心，是谓自然也。夫自然
者，天之理也。理出于天然，故曰自然也。在勿忘勿助之间，胸中流
出而沛乎，丝毫人力亦不存。故其诗曰："从前欲洗安排障，万古斯
文看日星。"以言乎明照自然也。夫日月星辰之照耀，其孰安排是？
其孰作为是？③

显然，前边一段是陈白沙对其弟子湛甘泉"常令此心在无物处"——所谓

---

① 陈献章：《归田园》，《陈献章集》，第 292 页。
② 陈献章：《与湛民泽》七，《陈献章集》，第 192 页。
③ 湛若水：《重刻白沙先生全集序》，《陈献章集》，第 896 页。

"以自然为宗"的一种叮咛提撕,后边则是在陈白沙去世后,湛甘泉对其老师"以自然为宗"的一种体会与理解。当然,这在一定程度上也包括为其老师辩解之意,因而其所阐发的"忠信、仁义、淳和之心,是谓自然也。夫自然者,天之理也。理出于天然,故曰自然也",其实正是湛甘泉对陈白沙"以自然为宗"之本体内容的一种理解;至于所谓"在勿忘勿助之间,胸中流出而沛乎,丝毫人力亦不存"则是对其作为追求工夫之自然境界的一种具体解释。这样一来,陈白沙"学宗自然"一说中的两层含义——所谓本体层面的含义以及其工夫追求中的境界含义也就得到基本澄清了。

在这里,还有一段也可以作为陈白沙"学宗自然"一说的一种最好补充。比如前边曾引陈白沙以"人笑"来回应他的最后一次科考落第之事,其友人庄昶当即就指出"他人戚戚太低,先生大笑太高"。这一指责虽然正确但确有其难以避免的一面。但是,当白沙临终时,《年谱》中却有如下一段记载:

> ……知县左某以医来,先生病已亟矣。门人进曰:"药不可为也。"先生曰:"饮一匕尽朋友之情。"[1]

这里的自然,就既是其本体层面的自然,同时也是工夫境界中的自然,是二者的有机统一与圆融表现——陈白沙也就以这种方式为其一生的"学宗自然"画上了一个圆满的句号。

四、静坐与诗教

在陈白沙哲学中,有两个极具特色但也极富争议的重心,这就是静坐与诗教。静坐则从其成学的"惟在静坐"一说一直到其为弟子坦陈为学工夫之所谓"为学须从静中坐养出个端倪来,方有商量处"[2],都说明他始终在坚持静坐;至于诗教,陈白沙也有所谓"他年倘遂投闲计,只对青

---

[1] 阮榕龄:《陈白沙先生年谱》,《陈献章集》,第862页。
[2] 陈献章:《与贺克恭黄门》二,《陈献章集》,第133页。

山不著书",以及"莫笑老慵无著述,真儒不是郑康成"①之类的名句。这就说明了两点:第一,陈白沙确实是以静坐入学的;第二,陈白沙的教育也往往是通过寓教于诗的方式进行的。

关于从静坐入手一点,宋明儒的看法其实并不相同。宋儒虽然也知道静坐属于道家和禅宗的修行方法,但他们并不排斥静坐。在他们看来,这就像人都吃饭穿衣、读书写字一样,但同样的吃饭穿衣、读书写字却完全可以拥有不同的思想内容与不同的精神追求,所以,他们并不因为道家和禅宗主张静坐从而就废弃静坐工夫;明儒却根本不同。大体说来,明儒可以分为承认静坐的一系与不承认静坐的一系;这两系恰恰存在于气学与心学之间。一般说来,气学一系往往陶醉于对客观宇宙的气机生化过程之理的认识,并且也总是试图通过对气机生化的钻研以达到"深有悟于造化之理"的目的,因而静坐对他们来说根本不措手,当然他们也确实无法以静坐的方式来探讨所谓"造化之理";心学一系则往往能够积极肯认静坐——其学不仅从静坐入手,而且也往往是以主静的方式来推动其思想走向深入的。陈白沙作为明代心学的开创者,首先就表现在他对静坐的正面肯认与积极提倡一点上。比如他在《与罗一峰》一书中说:

> 伊川先生每见人静坐,便叹其善学。此一静字,自濂溪先生主静发源,后来程门诸公递相传授,至于豫章(罗从彦)、延平(李侗)二先生,尤专提此教人,学者亦以此得力。晦庵(朱熹)恐人差入禅去,故少说静,只说敬,如伊川晚年之训。此是防微虑远之道,然在学者须自量度何如,若不至为禅所诱,仍多静方有入处。若平生忙者,此尤为对症药也。②

白沙这里说得非常清楚,主静是自周濂溪发源、程门诸公递相传授的基本方法;二程门下的道南一脉"尤专提此教人"。至于需要注意者无非一

---

① 张诩:《白沙先生行状》,《陈献章集》,第880页。
② 陈献章:《与罗一峰》二,《陈献章集》,第157页。

点,这就是看其会不会"为禅所诱";如果不会为禅所诱,那么这正是为学之入手处与得力处。所以说"平生忙者,此尤为对症药也"。从这一点来看,我们自然也就可以理解其"为学须从静中坐养出个端倪来,方有商量处"的真正含义了。

在这里,为了证明陈白沙所说不为无据,我们也完全可以从宋儒的修养论中找出相关论证,看看宋儒究竟是如何理解静坐的:

> 谢显道习举业,已知名,往扶沟见明道先生受学,志甚笃。明道一日谓之曰:"尔辈在此相从,只是学某言语,故其学心口不相应。盍若行之?"请问焉。曰:"且静坐。"伊川每见人静坐便叹其善学。①

从朱子的老师李延平到朱子则有如下表现:

> 某自少时从罗先生学问,彼时全不涉世故,未有所入,闻先生之言,便能用心静处寻求。至今淟汩忧患,磨灭甚矣。四五十年间,每遇情意不可堪处,即猛醒提掇,以故初心未尝忘废,非不用力,而讫于今更无进步处。常切静坐思之,疑于持守及日用尽有未合处,或更有关键未能融释也。②

> "明道教人静坐,李先生亦教人静坐。盖精神不定,则道理无凑泊处。"又云:"须是静坐,方能收敛。"③

> 今人皆不肯于根本上理会。如"敬"字,只是将来说,更不做将去。根本不立,故其他零碎工夫无凑泊处。明道、延平皆教人静坐。看来须是静坐。④

以上都是出自两宋的大儒——从程颢、程颐到李延平、朱子的论述,而其对静坐的作用也是明确肯定的,完全无须再说明。

---

① 程颢、程颐:《程氏外书》卷十二,《二程集》,第432页,北京:中华书局,1981年版。
② 李侗:《延平答问》,《朱子全书》,第十三册,第323页。
③ 黎靖德编:《朱子语类》卷十二,第216页,北京:中华书局,1986年版。
④ 黎靖德编:《朱子语类》卷十二,第210页。

但到了明代,气学的开创者罗钦顺曾直接致书湛甘泉,明确批评陈白沙为禅学,比如他说:"禅学始于西僧达磨(摩),其言曰:'净智妙圆,体自空寂'。千般作弄,不出此八字而已。妙圆之义,非神而何? 空寂之义,非虚而何? '全虚圆不测之神',又非白沙之所尝道者乎? 执事虽以为非禅,吾恐天下后世之人,未必信也。"①也许正是对气学这种激烈批评的顾忌,湛甘泉也就想方设法地回避陈白沙的"静坐"一说,认为"先师不欲人静坐也"。湛甘泉在《白沙年谱》中回忆说:

> 甲寅二月,往学于江门。语之曰:"此学非全放下,恐难凑泊。"遂焚原给会试部檄,独居一室。洪垣《湛甘泉墓志铭》,记吾初游江门时,在楚云台梦一老人曰:"尔在山中坐百日,便有意思。"后以问先师,曰:"恐生病。"乃知先师不欲人静坐也。②

同样的忌讳也表现在刘宗周的点评中:

> 至问所谓得,则曰"静中养出端倪"。向求之典册,累年无所得,而一朝以静坐得之,似与古人之言自得异。孟子曰:"君子深造之以道,欲其自得之也。"不闻其以自然得也。静坐一机,无乃浅尝而捷取之乎? 自然而得者,不思而得,不勉而中,从容中道,圣人也,不闻其以静坐得也,先生盖亦得其所得而已矣。③

这种现象说明,当一种思潮铺天盖地而来时,就连刘宗周这样的大家也不能不与之俯仰、为之让路,也就有了对白沙静坐说的上述批评。

但对于陈白沙的静坐与主静之学,毕竟还有人坚持。比如已经被人们视为禅的张诩就为其师辩解说:

> 其为道也,主静而见大,盖濂洛之学也。由斯致力,迟迟至于二十余年之久,乃大悟广大高明不离乎日用。一真万事真,本自圆成,

---

① 罗钦顺:《答湛甘泉大司马》,《困知记》,第150页。
② 阮榕龄:《陈白沙先生年谱》,《陈献章集》,第850页。
③ 刘宗周:《明儒学案师说》,《刘宗周全集》第五册,第519页。

不假人力。其为道也,无动静内外,大小精粗,盖孔子之学也。濂洛
之学非与孔子异也。①

其实这都是一种非常谨慎的辩解。张诩的这种辩解,不仅使他自己被时
人认为是禅,而且如此一来,也使白沙之学更像禅了。多年以后,白沙已
经去世,王阳明则通过其"龙场大悟"对静坐实现了一种实践性的辩解,
不仅如此,他还把这种"辩解"应用于教学。《阳明年谱》记载:

> "谪居两年,无可与语者,归途乃幸得诸友! 悔昔在贵阳举知行
> 合一之教,纷纷异同,圄知所入。兹来乃与诸生静坐僧寺,使自悟性
> 体,顾恍恍若有可即者。"既又途中寄书曰:"前在寺中所云静坐事,
> 非欲坐禅入定也。盖因吾辈平日为事物纷挈,未知为己,欲以此补
> 小学收放心一段工夫耳。"②

显然,在王阳明看来,这种"静坐僧寺"其实也就是他自己在龙场"日夜端
居澄默"一段经历的重演,其基本目的,也就必须说成是"补小学收放心
一段工夫";至于其最终指向,则是所谓"自悟性体"。实际上,这就是陈
白沙静坐一说的真正指向。从这一指向来看,所谓静坐实际上也就是一
种自我反省活动,是由自己的言行而返归本心(或初心),又由本心而自
悟性体的一种自我反省活动。对于气学之外向性求知而言,这种方法固
然无所措手,但对于心性之学来说,如果没有静坐性的反省,那么其所谓
心学说到底也可能是一种思辨的光景之学。

至于陈白沙的诗教,并不像其静坐一样存在着太多的非议,但人们
往往又将更多的注意力放在对其诗才的欣赏上。实际上,陈白沙的诗说
到底不过是其论学的一种方式,其根据也就在于《易传》的"书不尽言,言
不尽意"③一说上。也就存在着"立象以尽意"之可能,所以其弟子湛甘泉
还专门作了《白沙子古诗教解》;至于其基本精神,主要表现在湛甘泉的

---

① 张诩:《白沙先生墓表》,《陈献章集》,第883页。
② 钱德洪:《王阳明先生年谱》,《王阳明全集》,第1230—1231页。
③《周易·系辞上》,吴哲楣主编:《十三经》,第55页。

如下说明中：

> 夫白沙诗教何为者也？言乎其以诗为教者也。何言乎教也？教也者，著作之谓也。白沙先生无著作也，著作之意寓于诗也。是故道德之精，必于诗焉发之。天下后世得之，因是以传，是为教。是故风雨雷霆皆天之至教也。《诗》《书》六艺皆圣人之至教也。天之至教运而万物生矣。圣人之至教行而万化成矣。[①]

应当承认，湛甘泉对陈白沙的这一诗教解的确是非常到位的——它并不是在表达一种闲情逸致的诗才，确实是一种教，所以甘泉说白沙"无著作也，著作之意寓于诗也"。也就是说，陈白沙确实是在以"诗"的形式来表达他对人生的感受与认知的，同时也是以"诗"的形式来表达他对人生的启迪。

在这里，让我们先以"诗"的方式来看陈白沙对人生的认识以及其如何发挥人生的启迪作用。陈白沙曾有一首赠官员朋友退休的打油诗，其中写道：

> 可可可，左左左，费尽多少精神，惹得一场笑唾。百年不满一瞬，烦恼皆由心作。若是向上辈人，达塞一齐觑破。归来乎青山，还我白云满座。莫思量，但高卧。[②]

仅从形式上看，这的确是一首很美的打油诗。但其"费尽多少精神，惹得一场笑唾"无疑是对官场是非之一种入木三分的揭示；而所谓"百年不满一瞬，烦恼皆由心作"以及"若是向上辈人，达塞一齐觑破"又分明是对朋友的真诚劝慰。其最后所谓的"归来乎青山，还我白云满座"，简直就是对退休生活的一种诗意描述了。

在陈白沙的诗作中，更多的也确实是实实在在的诗教，即通过诗的形式来对弟子进行指点。比如其答张诩的问学之诗，就包含着非常深刻

---

① 湛若水：《白沙子古诗教解》，《陈献章集》，第 699 页。
② 陈献章：《可左言赠宪副王乐用归瑞昌》，《陈献章集》，第 324 页。

的思想内容：

> 古人弃糟粕，糟粕非真传。渺哉一勺水，积累成大川。亦有非积累，源泉自涓涓。至无有至动，至近至神焉。发用兹不穷，缄藏极渊泉。吾能握其机，何必窥陈编？学患不用心，用心滋牵缠。本虚形乃实，立本贵自然。戒慎与恐惧，斯言未云偏。后儒不省事，差失毫厘间。寄语了心人，素琴本无弦。①

像这样的诗篇，通过诗这种非常直观的意向，既表达了一种超越的追求精神，又表达了两种不同的为学路径。是即所谓"夫学有由积累而至者，有不由积累而至者；有可以言传者，有不可以言传者"。但在不同的工夫追求中，陈白沙既不断地提撕弟子不要沦丧了自我的主体精神——"吾能握其机，何必窥陈编"，同时又提醒弟子"渺哉一勺水，积累成大川"以及"戒慎与恐惧，斯言未云偏"，这就等于是在提醒说，超越的追求精神必须落实于具体的工夫修行以及与日常的为学积累两面之贯通与统一才有商量处。其整个诗篇，也始终凸显着一种广大高明不离乎日用的精神。

对于陈白沙心学，如果仅从理论学理的角度看，那么其所谓"自得""自然"当然也都是非常值得分析的，这都是其心学得以形成的重大关节，是构成其哲学的硬件；但如果要真正进入其哲学——就对其哲学之深入体察与品味而言，那么，其所谓的"静坐"与"诗教"，才是真正值得反复咀嚼的。套用明儒的话说，这一点不仅表现着其哲学之极其精微而又"难以言传"的一面，同时也是现实人生中可以当下受用的一种活生生的精神。

第二节　湛若水的"随处体认天理"

虽然陈白沙一生与仕途无缘，但其所开创的江门心学，却培养了一

---

① 张诩：《白沙先生行状》，《陈献章集》，第 879 页。

大批从政的弟子,有的弟子官位还相当高、官龄也相当长(比如湛甘泉)。就其弟子中真正能够光大其学者而言,则不能不首推张诩与湛甘泉两位。如果就天分之高、根器之正以及理解之到位而言,不能不首推张诩①,但由于其生性耿介,身体多病,早早退隐,又累荐不起,因而在学界的影响不大。湛甘泉则一生官运亨通,加之又与王阳明"一见定交",因而长期与王阳明主盟学界;阳明去世后,又与北方儒者、关学的代表人物吕泾野(1479—1542)平分南北教事。因而黄宗羲有所谓"王湛两家,各立宗旨"②云云,其实也就指湛甘泉与王阳明两个学派而言。这样,在白沙去世之后,真正能够光大其学、传播其学者,也就以湛甘泉为代表了。

湛若水(1466—1560),初名露,字民泽,后改名若水,字元明,号甘泉,广东增城人,弘治六年(1493)会试下第,次年即往江门从学于陈白沙。白沙"语之曰:'此学非全放下,恐难凑泊。'遂焚原给会试部檄,独居一室"③,深得白沙器重,被指定为江门心学的传人。湛甘泉弘治十八年(1505)进士及第,选庶吉士,后擢翰林编修。时王阳明在京倡导身心之学,遂与甘泉"一见定交,共以倡明圣学为事"④。湛甘泉一生仕途平顺,历任南京国子监祭酒,南京吏部、礼部、兵部尚书。平生足迹所至,必建书院以祀白沙,从游遍于天下。年登九十,犹为南岳之游。致仕后,林下讲学达二十余年,是一位高寿且著作宏富的心学家。

一、"心体物不遗"

当陈白沙开创江门心学时,虽然说是得力于静坐,但从具体的形成因缘上看,则主要得力于其屡屡不遇的人生。正是其人生的屡屡不遇,才推动着他不断地深入探索,这才有了所谓"自我得之,自我言之"的"自

---

① 陈献章曾以"以自然为宗,以忘己为大,以无欲为至,即心观妙,以揆圣人之用"来概括张诩之学,应当说这已经是很高的评价了;就陈白沙而言,这也是真得其传的心学。参见陈白沙:《送张进士廷实还京序》,《陈献章集》,第 12 页。

② 黄宗羲:《明儒学案·甘泉学案》,《黄宗羲全集》第八册,第 138 页。

③ 阮榕龄:《陈白沙先生年谱》,《陈献章集》,第 850 页。

④ 钱德洪:《年谱》一,《王阳明全集》,第 1226 页。

得之学"。白沙去世后,当湛甘泉倡导心学时,其动力、规模则主要是来自陈白沙当年的理论指点与其本人自觉的理论学习。这样一来,虽然湛甘泉也讲心学,却主要是一种理论思辨或者说主要是通过学理论说的方式所表现出来的心学。

比如,当陈白沙致力于心学探索时,其所萦怀的问题始终是"吾此心与此理未有凑泊吻合处也",在这一语境下,其所谓的心作为个体之心也就是一个非常明确的基本前提,因而其心学的个体位格也是始终不容消解的;至于其境界,则是以所谓"天地我立,万化我出,而宇宙在我"的方式建立起来的。但对于湛甘泉而言,"心"的个体性或与个体的关联必然会成为其理论思辨上的一种限制,所以他就必然要想方设法地消解"心"的个体性,只有消解了"心"的个体位格,消解了其与个体的密切关联,才能充分展现其在理论思辨方面的伸展腾挪能力。湛甘泉在这方面的努力,又主要是通过对"心"之思辨化的理论论证、逻辑推导与对阳明心学的批评实现的。他指出:

> 故心也者,包乎天地万物之外,而贯乎天地万物之中者也。中外,非二也。天地无内外,心亦无内外,极言之耳矣。故谓内为本心,而外天地万事以为心者,小之为心也甚矣。①

> 盖阳明与吾看心不同,吾之所谓心者,体万事而不遗者也,故无内外;阳明之所谓心者,指腔子里而为言者也,故以吾之说为外。②

从字面上看,这里当然首先涉及王湛两家对于"心"之不同理解。王阳明论心,即如湛甘泉所批评的,始终是"指腔子里而为言者也",但这也正好体现着其"心"之个体位格与个体性特色;甘泉之所谓心,则是指"包乎天地万物之外,而贯乎天地万物之中者也",所以他就始终坚持"天地无内

---

① 湛若水:《心性图说》,《湛甘泉先生文集》卷二十一,第72—73页,《四库全书存目丛书·集部》第57册,济南:齐鲁书社,1997年版。
② 湛若水:《答杨少默》,《湛甘泉先生文集》卷七,第571页,《四库全书存目丛书·集部》第56册。

外,心亦无内外"一说。这样一来,其所谓的"心"实际上也就成为天地万物之理的一个别名了。之所以说是天地万物之理的别名,是因为天地是有其实体指谓的,如果仅从实体性的角度而言,那么所谓"腔子里"的心也就只能成为一种带有强烈的个体位格的"心",所以说,只有从天地万物之理的角度,才可以对"心"进行这种"无内外"的规定与表达。

在这里,看起来似乎只是王湛两家论心的角度有所不同,实际上,湛甘泉是试图通过将心加以天理化从而以之来弥合心学与理学的分歧。所以,他不仅与王阳明论心不同,也与其师陈白沙有所不同。在他的论述中,也就充满了对白沙学旨的补充与修正:

> 古之论学,未有以静言者,以静为言者,皆禅也。故孔门之教,皆欲事上求仁,动时着力。何者? 静不可以致力,才致力即已非静矣。①

> 静坐,程门有此传授。伊川见人静坐,便叹其善学。然此不是常理,日往月来,一寒一暑,都是自然常理流行,岂分动静难易? 若不察见天理,随他入关入定,三年九年,与天理何干? 若见得天理,则耕田凿井,百官万物,金革百万之众也,只是自然天理流行。②

从这两段来看,湛甘泉非但没有接受陈白沙所谓的"静中养出端倪"之说,而且也根本不理解其涵义。他把陈白沙的"静坐"看作是与道教、禅宗一样的"入定"来理解,同时,又把"静"仅仅看作是与"动"相对应的一种外在品相,所以认为"静不可以致力"。在这种条件下,自然也就可以提出"随他入关入定,三年九年,与天理何干"的批评;相反,"若见得天理,则耕田凿井,百官万物,金革百万之众也,只是自然天理流行"。

很明显,从其对白沙心学的这一修正上就可以看出,湛甘泉实际上是通过将心与天理等同的方式,再通过天理之遍在于天地万物的方式来

---

① 湛若水:《答余督学》,《湛甘泉先生文集》卷七,第 562 页,《四库全书存目丛书·集部》第 56 册。
② 黄宗羲:《明儒学案·甘泉学案》一,《黄宗羲全集》第八册,第 161 页。

实现其所谓的"心也者,包乎天地万物之外,而贯乎天地万物之中者也"。在这一基础上,他所谓的心自然也就可以"无所不贯也""无所不包也",所以又说:"天地无内外,心亦无内外。"

在这一基础上,湛甘泉甚至还质疑孟子的"求放心"一说,认为孟子的"求放心"陷入了一种内外不分、主从不别。为了揭示孟子"求放心"说所存在的问题,湛甘泉特意作了《求放心篇》,其中写道:

> ……吾常观吾心于无物之先矣,洞然而虚,昭然而灵。虚者,心之所以生也;灵者,心之所以神也。吾常观吾心于有物之后矣,窒然而塞,愦然而昏。塞者,心之所以死也;昏者,心之所以物也。其虚焉灵焉,非由外来也,其本体也。其塞焉昏焉,非由内往也,欲蔽之也。其本体固在也,一朝而觉焉,蔽者彻,虚而灵者见矣。日月蔽于云,非无日月也,鉴蔽于尘,非无明也,人心蔽于物,非无虚与灵也。心体物而不遗,无内外,无始终,无所放处,亦无所放时,其本体也。信斯言也。当其放于外,何者在内? 当其放于前,何者在后? 何者求之? 放者一心也,求者又一心也。以心求心,所谓憧憧往来,朋从尔思,只益乱耳,况能有存耶? 故欲心之勿蔽,莫若寡欲,寡欲莫若主一。①

看到这一段文字,让人不能不为白沙心学表示一种深深的遗憾,也不能不为明代心学表示遗憾。当然,湛甘泉在这里确实表现出了一种陈白沙所谓的"由积累而至"而又"可以言传"的工夫,所以他就完全可以套用程颢反问张载的"何者在内"以及"何者在后? 何者求之"来反问孟子,但他却完全不思量他究竟是如何实现其"观吾心于无物之先""观吾心于有物之后"的? 这种"观"究竟又是何者在观? 因为当他将"心"完全等同于"天理"并遍在于天地万物时,其心不仅"无所放处,亦无所放时"——不仅不必求所谓"放心",而且也根本不存在所谓"放失之心"的问题了,自

---

① 湛若水:《求放心篇》,《湛甘泉先生文集》卷二十一,第 75 页,《四库全书存目丛书·集部》第 57 册。

然也就可以提出如此铿锵的反问。当然在这里,我们也可以套用湛甘泉的反驳思路,质问他所谓的"一朝而觉焉,蔽者彻,虚而灵者见"究竟又是谁在"觉"、谁在"见"? 而且,既然"心也者,包乎天地万物之外,而贯乎天地万物之中者也",那么难道它就不贯乎"物"与"欲"吗? 所以,仅从孟子的"求放心"来看,不仅证明儒家传统之心就指个体之心,而且也确实是就"腔子里而为言者也"(但这个"腔子里"又不是指那"一块血肉"而言,而是指能够作为人生主宰的个体精神而言)。只有从这个角度看,才有真正的人生落实,从而也才会有所谓"放失之心"的问题,包括所谓"塞焉昏焉"等等,难道这不正是个体之心的表现吗? 实际上,也只有从这个角度看,才有所谓"求放心"的必要。

但湛甘泉似乎又对其"心"之能够"包""贯"天地万物感到十分自信,他又作了《心性图说》一文,并专门从心之"包"与"贯"的角度来说明宇宙万物。所以,其中就以一个大圆圈来说明"上下四方之宇"与"古往来今之宙",然后又以其中三个相互连接的小圆圈来说明人的从心、性、未发之情到所谓已发之四端,最后又通过所谓"敬始敬终"来直贯"万事万物天地心"。这样一种图式,极而言之,也就是以"心"来"包""贯"宇宙万物,"包""贯"整个时空世界;在湛甘泉看来,这种通过思辨与图说的方式来实现的所谓"包"与"贯",实际上也就是其"心体物而不遗"的确切含义——无论什么事物,"心"都无所不包,也无所不贯。但这种"包"与"贯",由于完全脱离了现实的、感性的与个体化的人生,从其表现形式上看,也就像张载所曾经批评佛教的那样——"溺其志于虚空之大"[1]了。

但湛甘泉又确实不是佛教,不仅不是佛教,而且还积极地批评佛教,包括其所谓"以静为言者,皆禅也",也说明他对佛教的批评甚至连陈白沙的观点都不放过(当然,他并没有直接批评陈白沙为禅,甚至还专门为此向罗钦顺致书以为白沙辩解,但这一点只能说明他是为师门辩护,并不代表其真正的理论认识)。除此之外,他也坚决批评佛教的空观,坚持

---

① 张载:《正蒙·大心》,《张载集》,第 26 页。

认为宇宙只是一气流行。他说：

> 上下四方之宇，古今往来之宙，宇宙间只是一气充塞流行，与道为体，何莫非有？何空之云？虽天地弊坏，人物消尽，而此气此道，亦未尝亡，则未尝空也。①

> 道无内外，内外一道也；心无动静，动静一心也。故知动静之皆心，则内外一。内外一，又何往而非道？合内外，混动静，则澄然无事，而后能止。②

> 本末只是一气，扩充此生意，非谓未有本末而徒妆点枝叶也。在心为明德，在事为亲民，非谓静坐而明德，及长然后应事以亲民也。一日之间，开眼便是，应事即亲民。③

在这一关于气与道关系的论述中，湛甘泉实际上是通过道与气的不可分割性，从而将心贯乎天地万物之间的，所以他就一定要坚持"内外一道也""动静一心也"。既然"知动静之皆心，则内外一。内外一，又何往而非道？"很明显，这其实就是湛甘泉借助对朱子学的"顺承与演变"一系中的理气关系，从而将道与心的关系彻底统一起来；而道与心的统一，同时也就实现了其所谓的"心也者，包乎天地万物之外，而贯乎天地万物之中者也。中外，非二也。天地无内外，心亦无内外"。在这一基础上，其所谓"心体物而不遗"一说也就犹如"道体事而无所不在"一样，从而成为一种关于道之存在的遍在性关系了。

这样一来，人们也就难免会质疑从陈白沙到湛甘泉的关系，既然陈白沙是明代心学的开创者，湛甘泉又代表着白沙心学的嫡传，何以会以走向理学与气学的方式来实现其对心学的传承与发展呢？这就涉及一个非常重要的问题，即心学的传承问题。严格说来，心学作为一种自得

---

① 湛若水：《寄阳明》，《湛甘泉先生文集》卷七，第 561 页，《四库全书存目丛书·集部》第 56 册。
② 湛若水：《复王宜学内翰》，《湛甘泉先生文集》卷七，第 567 页，《四库全书存目丛书·集部》第 56 册。
③ 湛若水：《答陈海崖》，《湛甘泉先生文集》卷七，第 569 页，《四库全书存目丛书·集部》第 56 册。

之学,其思想与观点一般说来是很难传承的;从某种程度上说,传承本身就是有违于心学之"自得"原则与"自得"本性的。但另一方面,心学又确实存在着可以传承的一面,这种传承又只能是通过不同个体之间之视域重合或体验相近或经历认知相似的方式,从而以所谓"以心传心"的方式来表现其"自得"精神之继继不已。这样一种传承,又必然要以其不同的面相、不同的随缘发用以作为其精神之真正得到继承的表现。

　　具体到陈白沙与湛甘泉来说,他们究竟是一种什么样的师承关系呢? 当陈白沙以"吾此心与此理"的"凑泊吻合处"作为一个重大的问题意识开始其心学探索时,他的心无疑就是一种个体之心;如何实现这种个体之心与天理的"凑泊吻合处"也就成为陈白沙所有的思考探索的具体指向,所以才会有"此理干涉至大,无内外,无始终,无一处不到,无一息不运。会此则天地我立,万化我出,而宇宙在我矣。得此霸(把)柄入手,更有何事? 往古来今,四方上下,都一齐穿纽,一齐收拾,随时随处,无不是这个充塞。色色信他本来,何用尔脚劳手攘? 舞雩三三两两,正在勿忘勿助之间"这种诗意的描述。但对湛甘泉而言,所谓心与理如何才能达到"凑泊吻合处"根本就不是他所要探索的问题,恰恰是其展开探索的基本前提。但是,要从这一前提出发以达到所谓"天地我立,万化我出,而宇宙在我"的地步,无论从其先天的资质还是后天的实现条件来看,湛甘泉也都无法重复陈白沙的经历与境遇。[1] 这样一来,湛甘泉既没有陈白沙那种处处不遇从而不得不深入反省以"见吾心之体隐然呈露"的大悟,自然也就无法把定其"心"之个体性这一基本的出发点了,从一定程度上说,这等于湛甘泉从源头或出发点上就已经游离了陈白沙的为学进路。在这一基础上,如果他还要坚持陈白沙的"天地我立,万化我出,而宇宙在我"的志向,那就只能借道于理学的思辨与气学对宇宙生化描述了,也只能通过理与气、道与气之不可分割关系来实现这一指向。

---

[1] 关于湛若水与陈白沙心学的差异,侯外庐先生指出:"陈、湛二人在修养或为学方法上的差异,是因为他们具有不同的生活经历,因而具有不同的修养经验和理论需要所造成的。"侯外庐、邱汉生、张岂之主编:《宋明理学史》下卷,第 190 页,北京:人民出版社,1987 年版。

所以说,虽然湛甘泉也可以提出所谓"心也者,包乎天地万物之外,而贯乎天地万物之中者也。中外,非二也。天地无内外,心亦无内外"之类的话头,但他根本不是通过对其个体之心的提升及其道德直观或道德境界的方式实现的,只能通过气与道、气与理之存在的遍在性来实现这一论证。这样一来,我们也就可以说,虽然湛甘泉游离了陈白沙的基本出发点,改变了其心的蕴涵与具体指谓,并且也改变了陈白沙道德直观的实现途径,但他毕竟还保留了白沙心学的名称,也保持了其心学之宇宙论的规模和面相。

但是,如果从心学之"自得"的本质及其特征来看,那么湛甘泉的心学实际上就已经不再是心学了。他不仅扬弃了作为心学之现实出发点的个体主体,也从根本上改变了心学的内涵及其追求方向。所以黄宗羲评价说:"若以天地万物之理即吾心之理,求之于天地万物以为广大,则先生仍为旧说所拘也。"①

二、"随处体认天理"

"随处体认天理"是湛甘泉还在白沙门下时就提出的为学主张,也是其与王阳明主盟学坛并进行切磋讨论时的主要观点。从这一点来看,如果说"心体物也不遗"是湛甘泉对白沙心学的一种"极而言之"式的思辨化继承,那么"随处体认天理"就可以说是湛甘泉自己真正贯彻一生的一个基本主张。

还在白沙门下时,湛甘泉就在《上白沙先生》一书中写道:"天理二字,圣贤大头脑处,若能随处体认,真见得,则日用间参前倚衡,无非此体,在人涵养以有之于己耳。"②而白沙在答书中赞叹说:"日用间随处体认天理,着此一鞭,何患不到古人佳处也。"③这说明,早在出仕之前,湛甘

---

① 黄宗羲:《明儒学案·甘泉学案》一,《黄宗羲全集》第八册,第141页。
② 黄宗羲:《明儒学案·甘泉学案》一,《黄宗羲全集》第八册,第151页。
③ 陈献章:《与湛民泽》十一,《陈献章集》,第193页。

泉就已经形成了"随处体认天理"的思想；当然，这一点也同时说明，虽然陈白沙很早就发现了宋代以来两种不同的为学进路——所谓"有由积累而至者，有不由积累而至者；有可以言传者，有不可以言传者"，并且他也对那种"由积累而至"的为学进路明确表示"恶其太严"，但对于陈白沙来说，他当时也只是真诚地表示自己不过是静坐有见而已，并没有以自己的发现反对或者替代其他为学进路的意思。对于湛甘泉来说，则其所谓"随处体认天理"一说却代表着其早年为科举应试学习所得出的基本结论。

那么，究竟如何体认天理呢？从其"日用间"与"随处"两个规定来看，其主体自然是指儒者个人而言的，所以说："盖心与事应，然后天理见焉。天理非在外也，特因事之来，随感而应耳。故事物之来，体之者心也。心得中正，则天理矣。……人与天地万物一体，宇宙内即与人不是二物，故少不得也。"①从湛甘泉的这一说明来看，从"心与事应"到"体之者心也"，也说明其所谓的心并不是脱离个体人生的存在，尤其是其"宇宙内无一事一物合是人少得底"一说，更说明其宇宙也首先是一个人生的宇宙。另一方面，其"日用间"与"随处"的规定，同时又预定了天理的普遍性与无所不在性；而体认天理的过程，既是一个"因事之来，随感而应"的过程，同时又是一个"心得中正，则天理矣"的过程。这样一来，湛甘泉的"随处体认天理"一说就不仅是要以天理的遍在性为前提条件，同时还必须要有一个"因事之来，随感而应"以及"心得中正，则天理矣"的过程。也就是说，湛甘泉实际上是以天理的遍在性作为前提，以主体之"随感而应"与"心得中正"为实现条件。这样，所谓"随处体认天理"的过程实际上也就是从天理的客观性、遍在性走向主体自觉性的过程。

正是在这一理论背景下，王阳明一方面承认湛甘泉的"'随处体认天理'是真实不诳语"，同时又认为"似有毫厘未协"②，这也就是湛甘泉所屡

---

① 湛若水：《答聂文蔚侍御》，《湛甘泉先生文集》卷七，第 573 页，《四库全书存目丛书·集部》第 56 册。

② 王守仁：《答甘泉》，《王阳明全集》，第 181 页。

屡提及的"求之于外"的批评。我们也就一下子可以理解湛甘泉为什么一定要坚持"天地无内外,心亦无内外",并通过纯粹的思辨化论证,以达到所谓"心也者,包乎天地万物之外,而贯乎天地万物之中者也"。对他来说,如果不借助"道"与"气化流行"从而使"心"等同于天地万物之理,那么他就必然要承受王阳明"求之于外"的批评,而且事实上也确实如此。因为在天理遍在性的前提下,不管湛甘泉如何"随处",其从"因事之来,随感而应"到"心得中正,则天理矣"毕竟都存在着一个从客观到主观的过程。当然,也正是因为王阳明的这一批评,湛甘泉一方面反唇相讥:"阳明之所谓心者,指腔子里而为言者也,故以吾之说为外",从而坚持认为"谓内为本心,而外天地万物以为心者,小之为心也甚矣";另一方面,他不得不展开一场关于"心"之"包乎天地万物之外,而贯乎天地万物之中"之"大心"化的论证。

关于湛甘泉"大心"的论述已见上一节。这里先看其如何批评王阳明"外天地万物以为心者,小之为心也甚矣"。当然这一过程,同时也就是对其"随处体认天理"一说的一个论证过程。湛甘泉说:

> 阳明近有两书终有未合,且与陈世杰谓"随处体认天理是求于外"。若然,则告子义外之说为是,而孟子"长者义乎,长之者义乎"之说为非,孔子执事敬之教为欺我矣。程子所谓体用一原,显微无间,格物是也,更无内外。静言思之,吾与阳明之说不合者,有其故矣。盖阳明与吾看心不同,吾之所谓心者,体万物而不遗者也,故无内外;阳明之所谓心者,指腔子里而为言者也,故以吾之说为外。[1]

> 疑随处体认恐求之于外者,殊未见此意。盖心与事应,然后天理见焉。天理非在外也,特因事之来,随感而应耳。故事物之来,体之者心也。心得中正,则天理矣。……宇宙内无一事一物合是人少得底,犹见亲切。盖人与天地万物一体,宇宙内即与人不是二物,故

---

[1] 湛若水:《答杨少默》,《湛甘泉先生文集》卷七,第 571 页,《四库全书存目丛书·集部》第 56 册。

少不得也。①

在这两段对王阳明的反批评中，湛甘泉所举的例证也未必全无道理，但确实存在着误解的地方。从告子来看，其之所以坚持义外之说，根据全在于"彼长而我长之，非有长于我也；犹彼白而我白之，从其白于外也，故谓之外也"②。但在孟子看来，"长者"固然是一个关于外在事实的客观判断，因而它也必然决定于外，决定于事实本身；但所谓"长之者"则完全是一个价值选择判断，其所以形成的原因主要取决于主体内在的道德抉择，所以孟子反问告子说："长者义乎，长之者义乎？"③显然，在这里，只有"长之者"才表现着主体内在之义——所谓敬长之心，但"长之者"本身却绝非外在的"长者"所能说明的，因为只有内在的"长之"之义才可以说明主体外向的"长之"之选择；至于孔子的"执事敬"也是同样的道理。这样看来，湛甘泉所举的这几个例子未必就能够说明自己的主张，因为他固然是试图运用孟子的仁义内在之说来为自己论证，但他却完全没有料到其所谓的"因事之来，随感而应"本身就是告子的思路；虽然其接着补充说"事物之来，体之者心也。心得中正，则天理矣"，但这里的"心得中正"毕竟是随着"事物之来"才有的，也是由"事物之来"决定的；而且，其"天地无内外，心亦无内外"一说也就从根本上丢失了其所以能够"心得中正"的主体基础。

经过与王阳明的反复切磋，也经过湛甘泉自己的不断总结，其"随处体认天理"之说最后终于凝结为一个像王阳明的致良知一样的教典；其具体实施，就是"立志""煎销习心"与"随处体认天理"三步。请看湛甘泉如何诠释这三步教典：

道通曰："先生之教，惟立志、煎销习心、体认天理之三言者，最为切要，然亦只是一事，每令盘体验而熟察之，久而未得其所以合一

① 湛若水：《答聂文蔚侍御》，《湛甘泉先生文集》卷七，第573页，《四库全书存目丛书·集部》第56册。
②③《孟子·告子上》，吴哲楣主编：《十三经》，第1407页。

之义,敢请明示。"

先生曰:"此只是一事,天理是一大头脑,千圣千贤,共此头脑,终日终身,只此一大事。立志者,立乎此而已。体认是工夫,以求得乎此者;煎销习心,以去其害此者。心只是一个好心,本来天理完完全全,不待外求,顾人立志与否耳。孔子十五志于学,即志乎此也。此志一立,三十、四十、五十、六十、七十,直至不逾矩,皆是此志。变化贯通,志如草木之根,具生意也;体认天理,如培灌此根;煎销习心,如去草以护此根。贯通只是一事。"①

这可能就是湛甘泉对其学旨阐发得最为透彻明晰的一段问答。但却明显是以天理"为大头脑"的,继此以往,所谓"立志者,立乎此而已。体认是工夫,以求得乎此者;煎销习心,以去其害此者",自然也都是围绕着天理这个"大头脑"展开的。所以其弟子也谈自己的为学体会说:"初学之士,还须令静坐息思虑,渐教以立志,体认天理,煎销习心,及渐令事上磨练。冲尝历历以此接引人,多见其益。动静固宜合一用工,但静中为力较易。盖人资质不同,及其功用纯杂亦异,须是因才成就,随时点化,不可拘执一方也。然虽千方百计,总是引归天理上来,此则不可易。"②

周道通是对王阳明和湛甘泉两家同师共尊的弟子,他曾针对学界争论朱陆是非(实际上是因为王湛两家弟子在理论上争高低)的现象给王阳明写信,提出"不须枉费心力为朱、陆争是非;只依先生立志二字点化人,若其人果能辨得此志来,决意要知此学,已是大段明白了,朱、陆虽不辨,彼自能觉得"③。周道通的这一看法得到了王阳明的极高赞誉,所以他点评说:"此节议论得极是极是,愿道通遍以告于同志,各自且论自己是非,莫论朱、陆是非也"④。正是在这一背景下,周道通又向湛甘泉提议说:

---

① 湛若水:《新泉问辨录》,《湛甘泉先生文集》卷八,第 596 页,《四库全书存目丛书·集部》第 56 册。
② 黄宗羲:《明儒学案·甘泉学案》一,《黄宗羲全集》第八册,第 161 页。
③④ 王守仁:《启问周道通书》,《王阳明全集》,第 60 页。

衡(冲)问："先生尝言,是非之心,人皆有之,此便是良知,亦便是天理……学者能常常体察乎此,依着自己是非之心,知得真切处,存养扩充将去,此便是致良知,亦便是随处体认天理也。然而外人多言先生不欲学者之言良知者,岂虑其体察未到,将误认于理欲之间,遂以为真知也耶?"

先生曰："如此看得好,吾于《大学》小人闲居章测难,备言此意。小人至为不善,见君子即知掩不善,又知著其善,又知自愧怍,人视己如见肺肝。又如贼盗至为不道,使其乍见孺子将入井,即有怵惕恻隐之心,岂不是良知? 良知二字,自孟子发之,岂不欲学者言之? 但学者往往徒以为言,又言得别了,皆说心知是非皆良知,知得是便行到底,知得非便去到底,如此是致。恐师心自用,还须学问思辨笃行,乃为善致。"①

一般来说,应当说这确实是一段很精彩的阐发,但当湛甘泉最后一定要为致良知补充以"学问思辨笃行"时,就起到了不同的作用。如果说这主要是针对王门后学认知觉为良知的现象而发(当时阳明还健在,王门后学也没有走到这一步),但甘泉这里却是明确评论从孟子到阳明的;如果说这主要是针对王阳明,那就成为所谓致良知本身既不包括知识,也不包括笃行,而只是一种纯而又纯的知是知非之知了,所以也就必须以《中庸》与朱子所特意加以发挥的"学问思辨笃行"来补充。

当然,与阳明学之广泛传播相比,当时甘泉学派的影响稍弱一些,在湛甘泉的讲学中,就时有针对阳明学派而发的现象。嘉靖七年(1528),王阳明在完成征思田之命的归程中,曾有《答聂文蔚》一书,其中也曾谈到必有事焉与勿忘勿助的关系,王阳明认为不必空守着个勿忘勿助,而应当以必有事焉为主导。他写道:

近岁来山中讲学者往往多说"勿忘勿助"工夫甚难,问之则云"才

---

① 黄宗羲:《明儒学案·甘泉学案》,《黄宗羲全集》第八册,第168页。

著意便是助,才不著意便是忘,所以甚难。"区区因问之云:"忘是忘个甚么? 助是助个甚么?"其人默然无对。始请问。区区因与说我此间讲学,却只说个"必有事焉",不说"勿忘勿助"。必有事焉者,只是时时去集义。若时时去用必有事的工夫,而或有时间断,此便是忘了,即须勿忘。时时去用必有事的工夫,而或有时欲速求效,此便是助了,即须勿助。其工夫全在必有事焉上用,勿忘勿助只就其间提撕警觉而已。若是工夫原不间断,即不须更说勿忘;原不欲速求效,即不须更说勿助。此其工夫何等明白简易,何等洒脱自在! 今却不去必有事上用工,而乃悬空守着一个勿忘勿助,此正如烧锅煮饭,锅内不曾渍水下米,而乃专去添柴放火,不知毕竟煮出个甚么物来。①

按理说,这是阳明对孟子"必有事焉"之集义工夫的一段最好说明,但由于聂文蔚同时也向湛甘泉请教这一问题,所以湛甘泉也有如下答复:

勿忘勿助,元只是说一个敬字。先儒未尝发出所以不堕于忘则堕于助。忘、助皆非心之本体也,此是圣贤心学最精密处,不容一毫人力。故先师石翁又发出自然之说,至矣。圣人之所以为圣,亦不过自然如此。学者之学圣人,舍是何学乎? 来谕说忘助二字,乃分开看。区区会程子之意,只作一时一段看。盖勿忘勿助之间,只是中正处也。……学者下手,须要理会自然工夫,不须疑其为圣人熟后事,而姑为他求。盖圣学只此一个路头,更无别个路头,若寻别个路头,终枉了一生也。先儒多未说出此苦。②

两相比较,王阳明显然是一种主体道德实践的工夫;湛甘泉虽然认为"忘、助皆非心之本体",但他又将"勿忘勿助"直接归结为一个"敬"字,从而又以陈白沙所谓的"自然"与程子所谓的"中正"来加以说明。这一说明当然是正确的,但如果说"忘、助皆非心之本体",所谓"勿忘勿助"也就

① 王守仁:《答聂文蔚》二,《王阳明全集》,第 82—83 页。
② 湛若水:《答聂文蔚侍御》,《湛甘泉先生文集》卷七,第 574 页,《四库全书存目丛书·集部》第 56 册。

是对"心之本体"之理想状态的一种"极而言之"了,那么仅仅作为主体内在之"敬"能否直接达到"自然"与"中正"的境界呢? 显然,湛甘泉这里的所答实际上是一种囫囵说法。

由于这一问题对于心学工夫的重要性,湛甘泉与其门下弟子也在不断地讨论这一问题;在其师徒的讨论中,又充满了对阳明说法的不屑,这就更加明确地表现出了两家的分歧:

> 潘子嘉问:"程子曰:'勿忘勿助之间,乃是正当处。'正当处即天理也,故参前倚衡与所立卓尔,见此而已。或以为勿忘勿助之间乃虚见也,须见天地万物一体,而后为实见。审如是,则天地万物一体,与天理异矣。"

> 先生曰:"惟求必有事焉,而以勿助勿忘为虚,阳明近有此说,见于与聂文蔚侍御之书。而不知勿正勿忘勿助,乃所有事之工夫也。求方圆者必于规矩,舍规矩则无方圆。舍勿忘勿助,则无所有事,而天理灭矣。下文'无若宋人然,非徒无益,而又害之',可见也。不意此公聪明,未知此要妙,未见此光景,不能无遗憾,可惜! 可惜! 勿忘勿助之间,与物同体之理见矣,至虚至实,须自见得。"①

像这样的讨论,实际上已经没有多少积极的学理探讨意义了。当然,在认知甘泉心学之基本立场这一点上还是有一定意义的。比如说,王阳明为什么一定要强化"必有事焉"而淡化所谓"勿忘勿助"追求呢? 因为"必有事焉"正体现着主体道德实践的内在动力,有了这个内在动力,所谓勿忘勿助作为其工夫的具体指标才有其真实意义;如果没有"必有事焉"的主体基础及其动力,那么所谓一味地追求勿忘勿助也就诚如王阳明所嘲笑的那样:"此正如烧锅煮饭,锅内不曾渍水下米,而乃专去添柴放火,不知毕竟煮出个什么物来!"但在湛甘泉及其弟子看来,所谓勿忘勿助就是要追求以天理为标志的"正当处",也正是依据这个正当处,才有所谓参

---

① 湛若水:《新泉问辨录》,《湛甘泉先生文集》卷八,第608页,《四库全书存目丛书·集部》第56册。

前倚衡的标准；如果以勿忘勿助为虚见，自然无法调习此心，就只能落入情流私胜的境地了。至于湛甘泉所谓的"求方圆者必于规矩"一说，也正说明他是把勿忘勿助所标志的"正当处"作为一种外在标准——所谓天理自然处来追求的。如此一来，通过勿忘勿助所达到的"与物同体之理"究竟是道德伦理呢，还是自然物理呢？所以，王阳明所淡化处理的勿忘勿助，其实也可以说正是通过主体心性在"时时集义"之必有事焉基础上实践追求中的勿忘勿助；湛甘泉所谓的勿忘勿助则是作为人生参前倚衡追求之一种外在标准——所谓"正当处"的勿忘勿助。①

三、与阳明的格物之辩

这样，当王阳明与湛甘泉在不同的理论目标、不同的工夫指向的基础上集中于儒家的经典——《大学》时，他们也就必然会形成不同的入手，也就必然要引发一场争论。自然，这也就是他们的格物之辩。由于他们当时的争论主要集中在湛甘泉对王阳明格物说的批评上，这里也就必须从王阳明格物说的形成说起。

格物是《大学》所明确规定的入手工夫。自明初以来，朱子的《四书集注》成为官方意识形态，因而也同时成为科举考试的法定教科书了。陈白沙当时在《复张东白内翰》一书中所提到的"夫学有由积累而至者，有不由积累而至者；有可以言传者，有不可以言传者"，以及其在《道学传序》中所批评的"后之学者，记诵而已耳，词章而已耳。天之所以与我者，固懵然莫知也"，如果从对经典的继承与诠释的角度看，则无疑首先就有针对朱注《大学》之格物致知说的成分。陈白沙当时的主要侧重在于批评科举制，因而他既没有针对朱子学的主观自觉，也没有直接针对《大学》的格物致知说进行批评。但其所揭示的现象无疑就是当时社会上已

---

① 王阳明与湛甘泉在关于"勿忘勿助"一点上的分歧实际上是贯彻二人一生的一个重大分歧。关于这一问题的来龙去脉以及更为详细的考论，请参阅拙作：《"身心之学"的精准阐发——读冈田武彦〈王阳明大传〉》一文中的"心学进路之异——王阳明与湛甘泉"一节，载郭齐勇主编：《阳明学研究》第二辑，第 160—163 页，北京：中华书局，2016 年版。

经普遍存在的问题,并且还有愈演愈烈之势,这就成为王阳明所不得不面对的问题了。

王阳明早年曾严格地按照朱子的格物致知说进行了一番"格竹子"的实践,结果非但没有格出天理,反而大病了一场;数年后,他又按照朱子的"读书之法"进行实践,结果却仍然发现"物理吾心终若判而为二也"①。直到又十年之后,当他为政遭陷而被置于生死之地的龙场时,"忽中夜大悟格物致知之旨……始知圣人之道,吾性自足,向之求理于事物者误也"②。这样一来,王阳明也就等于是以冲破生死的方式发现了一种新的为学方向。虽然这一新的为学方向被他后来以所谓"心即理也"的方式加以表达,但对于朱子的格物致知说,王阳明一直表现为一种"依违往返,且信且疑"③的态度;当他在南京时期受到朱学学者的围攻时,甚至不惜以编《朱子晚年定论》的方式来调和其与朱子之说的矛盾。最后直到其"致良知"提出后,才彻底公开了他与朱子在格物致知说上的分歧,并通过《大学》古本之复来表达其关于格物致知的新看法。关于这一过程,王阳明晚年曾有如下说明:

> 先生曰:"先儒解格物为格天下物,天下之物如何格得?且谓一草一木亦皆有理,今如何去格?纵格得草木来,如何反来诚得自家意?我解格字作正字义,物作事字义,《大学》之所谓身,即耳目口鼻四肢是也……致知在实事上格。如意在于为善,便就这件事上去为;意在于去恶,便就这件事上去不为。去恶固是格不正以归于正,为善则不善正了,亦是格不正以归于正也。如此,则吾心良知无私欲蔽了,得以致其极,而意之所发,好善去恶,无有不诚矣!诚意工夫,实下手处在格物也。若如此格物,人人便做得,'人皆可以为尧、舜',正在此也"。④

---

① 钱德洪:《王阳明年谱》,《王阳明全集》,第1224页。
② 同上书,第1228页。
③ 王守仁:《朱子晚年定论序》,《王阳明全集》,第127页。
④ 王守仁:《语录》三,《王阳明全集》,第119—120页。

> 及在夷中三年,颇见得此意思,乃知天下之物本无可格者。其格物之功,只在身心上做,决然以圣人为人人可到,便自有担当了。这里意思,却要说与诸公知道。①

这就是王阳明的格物说,其关键集中在三点上:其一,将格物的重心从一草一木的自然世界拉向了人伦世界,以纠正学界所普遍流行的词章记诵的风气;其二,将穷格事物之理的认识活动转变为一种为善去恶的道德实践活动,以解决所谓"知识愈广而人欲愈滋,才力愈多,而天理愈蔽"②的问题;其三,将格物之格由"穷也""至也"改变为"正其不正以归于正也",从而发挥其在道德实践方面临事正念头的作用。这三点实际上又集中在一点上,这就是以临事"正念头"的方式将格物由一种即物穷理的认识活动扭转为一种为善去恶的道德实践活动。

湛甘泉与王阳明的格物之辩就是在这一背景下展开的。

湛甘泉所坚持的格物说其实也就是程朱以来的传统说法,所以他的批评虽然共有九条,即所谓"九不可",但其直接批评阳明的格物说只有"四不可",论证程朱以来的传统说法则有所谓"五可"。这里主要分析其批评阳明格物说的四不可:

> 兄之格物之说,有不敢信者四:自古圣贤之学,皆以天理为头脑,以知行为工夫。兄之训格为正,训物为念头之发,则下文诚意之意,即念头之发也,正心之正,即格也;于文义不亦重复矣乎? 其不可一也。又于上文知止能得为无承,于古本下节以修身说格致为无取,其不可二也。兄之格物,训云正念头也,则念头之正否,亦未可据,如释、老之虚无,则曰应无所住而生其心,无诸相,无根尘,亦自以为正矣,杨、墨之时皆以为圣矣,岂自以为不正而安? 以其无学问之功,而不知所谓正者,乃邪而不自知也。其所自谓圣,乃流于禽兽也……则吾兄之训,徒正念头,其不可者三也。论学之最始者,则

---

① 王守仁:《语录》三,《王阳明全集》,第120页。
② 王守仁:《语录》一,《王阳明全集》,第28页。

《说命》曰"学于古训乃有获";《周书》则曰"学古入官";舜命禹则曰
"惟精惟一";颜子述孔子之教,则曰"博文约礼";孔子告哀公则曰
"学问思辨笃行"。其归于知行并进,同条共贯者也。若如兄之说,
徒正念头,则孔子止曰"德之不修"可矣,而又曰"学之不讲",何耶?
止曰"默而识之"可矣,而又曰"学而不厌",何耶? 又曰"信而好古敏
求"者何耶? 子思止曰"尊德性"可矣,而又曰"道问学"者,何耶? 所
讲所学,所好所求者,何耶? 其不可者四也。①

在湛甘泉这"四不可"的批评中,其中一、二条都是围绕《大学》文本之上
下文展开的(甘泉与阳明都坚持以《大学》古本为据),此自然不足以批评
阳明,因为作为核心理念无疑可以普遍渗透与广泛展现;至于第三条"念
头之正否,亦未可据"一点,此固然是直接针对阳明良知说的内在性而言
的,同时也表现出甘泉对于良知说之内在性一点根本信不过,因而在他
看来,所谓"正念头"以及"念头之正否"就必须以天理作为根本保证。实
际上,阳明与甘泉格物说之最根本的分歧就在于这一点上。至于第四点
以古圣贤关于为学的相关论述来批评阳明,看起来似乎极有道理,实际
上也仍然站不住脚。原因在于,阳明的格物说主要在于体现一种致良知
基础上的道德实践精神,作为其根本精神的道德理性,原本就不是学习
知识所得,而是内在自足的;在根本精神确立的基础上,阳明也并不反对
学习,这就如同其对"子入太庙,每事问"②的诠释一样:"圣人无所不知,
只是知个天理;无所不能,只是能个天理……圣人须是本体明了,亦何缘
能尽知得? 但不必知的,圣人自不消求知;其所当知的,圣人自能问
人。"③当然反过来看,当甘泉以"道问学"与"学问思辨笃行"来批评阳明
道德实践基础上的格物说时,恰恰表明他是把"道问学"与"尊德性"作为
并列的两翼来看待的,这原本就不符合《中庸》"尊德性以道问学"之递进

① 湛若水:《答阳明王督宪论格物》,《湛甘泉先生文集》卷七,第571—572页,《四库全书存目丛
书·集部》第56册。
②《论语·八佾》,吴哲楣主编:《十三经》,第1264页。
③ 王守仁:《语录》三,《王阳明全集》,第97页。

性拓展的原意,这样的看法说到底也只是以外向的道问学为基础的产物。

至于湛甘泉陈述自己格物说之"五可",其观点原本就是程朱理学的传统观点,因而这里也就没有再分析的必要。但是,甘泉对阳明批评他求之于外的回应则显得颇有特色,所以这里稍做分析:

> 仆之所以训格者,至其理也。至其理云者,体认天理也。体认天理云者,知行合内外言之也,天理无内外也。陈世杰书报吾兄,疑仆随处体认天理之说为求于外,若然,不几于义外之说乎?求即无内外也。吾之所谓随处云者,随心随意随身随家随国随天下,盖随其所寂所感时耳,一耳。寂则廓然大公,感则物来顺应,所寂所感不同,而皆不离于吾心中正之本体。本体即实体也,天理也,至善也,物也,而谓求之外,可乎?致知云者,盖知此实体也。天理也,至善也,物也,乃吾之良知良能也,不假外求也。但人为气习所蔽,故生而蒙,长而不学则愚。故学问思辨笃行诸训,所以破其愚,去其蔽,警发其良知良能者耳,非有加也,故无所用其丝毫人力也。如人之梦寐,人能唤之惺耳,非有外与之惺也。①

在这一段辩白中,湛甘泉认为他的"随处体认天理"之说是可以"随心随意随身随家随国随天下"的,因而并不是求之于外,而是随其"所寂所感"之时。由于"寂则廓然大公,感则物来顺应,所寂所感不同,而皆不离于吾心中正之本体",因而说随处体认之"求"并不是外在于人确实是可以成立的。但他又认为"人为习气所蔽,故生而蒙,长而不学则愚"。从人生的实际情况来看,这一说法当然也是正确的,但问题在于,对于人生的根本精神,能不能通过学习来解决,通过知识来唤醒、来求证呢?至于甘泉所坚持的"学问思辨笃行诸训,所以破其愚,去其蔽,警发其良知良能者耳,非有加也……如人之梦寐,人能唤之惺耳,非有外与之惺也",这就

---

① 湛若水:《答阳明王督宪论格物》,《湛甘泉先生文集》卷七,第 572 页,《四库全书存目丛书·集部》第56册。

更值得斟酌了。原因在于,究竟应当由良知来唤醒良知、由道德来唤醒
道德为直接呢,还是应当由所谓古训、道问学以及学问思辨笃行来唤醒
人的道德良知? 所以说,正是在这一点上,不仅表现了甘泉对良知之内
在性认识的不足,也表现出其对道德实践之入手还存在着一定的囫囵性
的看法,以为学问思辨本身就可以唤醒良知,从而也就可以通过知识与
学问积累的方式直接促使道德实践的发生。

不过,对于甘泉之学,阳明毕竟有过十多年交流切磋的经历,对于他
们在格物说上的分歧,阳明虽然不愿争论,但也并不是没有看法。这里
特意征引王阳明对湛甘泉以及其相互友人的书信来结束这一争论。当
然,这里首先要从这一争论的缘起说起,直接促使湛甘泉发起格物之辩
的也就是阳明的如下一段来信:

> "随处体认天理"是真实不诳语,鄙说初亦如是,及根究老兄命
> 意发端处,却似有毫厘未协,然亦终当殊途同归也。修齐治平,总是
> 格物,但欲如此节节分疏,亦觉说话太多。且语意务为简古,比之本
> 文反更深晦,读者愈难寻求,此中不无亦有心病? 莫若明白浅易其
> 词,略指路径,使人自思得之,更觉意味深长也。高明以为何如? 致
> 知之说,鄙见恐不可易,亦望老兄更一致意,便间示知之。①

在此之前,当王阳明恢复《大学》古本时,湛甘泉、方叔贤也都是一致赞同
的,并且也有回应之举;但王阳明却在《答方叔贤》一书中谈到了他对甘
泉之学的看法,似乎并不赞成湛甘泉的一些说法。他写道:

> 《大学》旧本之复,功尤不小,幸甚幸甚! 其论象山处,举孟子
> "放心"数条,而甘泉以为未足,复举"东西南北海有圣人出,此心此
> 理同",及"宇宙内事皆己分内事"数语。甘泉所举,诚得其大,然吾
> 独爱西樵子(方叔贤号)之近而切也。见其大者,则其功不得不近而

---

① 王守仁:《答甘泉》,《王阳明全集》,第181页。

切,然非实加切近之功,则所谓大者,亦虚见而已耳。①

这说明,王阳明对湛甘泉的所谓博大气象以及其思辨化、抽象化的表达并不赞成,诸如前边所征引的"天地无内外,心亦无内外""心也者,包乎天地万物之外,而贯乎天地万物之中者也",以及这里所说明的"随处云者,随心随意随身随家随国随天下,盖随其所寂所感时耳",似乎也都存在着思辨化与人为博大化之嫌。在王阳明看来,这种思辨化与抽象化的博大气象如果缺乏"切近之功",难免就会沦落为一种"虚见"。对于湛甘泉这次长篇辩论格物的书信,王阳明虽然没有答辩,也不愿就此掀起争论,但他却立即在对其弟子的书信中提出了如下叮咛:

> "随处体认天理"之说,大约未尝不是,只要根究卜落,即未免捕风捉影,纵令鞭辟向里,亦与圣门致良知之功尚隔一尘。若复失之毫厘,便有千里之谬矣。四方同志之至此者,但以此意提掇之,无不即有省发,只是著实能透彻者甚亦不易得也。②

这说明,王阳明对湛甘泉一意博大之思辨化追求实际上是看得很清楚的。湛甘泉可以在理论上无所不包、无所不贯,但他对于从主体性精神发端的致良知却始终认识不够,因而坚持必须以"学问思辨笃行诸训"来作为补充。补充当然是必要的,但如果缺乏主体与本体同一的基础,缺乏真正的主体精神,那么所谓补充性的唤醒究竟能唤醒到什么程度呢?大概也就与离开了"必有事焉"之主体追求精神的基础而只是一味陶醉于"勿忘勿助"的精神气象走向同一归宿。对于甘泉心学,阳明求之于外的批评并非毫无道理。虽然这种"外"并不是相对于人生而言的外,但对于道德实践的内在性及其良知之自本自根性而言,求之于认知、求之于学问而不是求之于主体的道德实践追求,就仍然难免会存在着外在之嫌;至于其所发起的格物之辩,实际上也就可以说是程朱理学进入心学

---

① 王守仁:《答方叔贤》,《王阳明全集》,第 175 页。
② 王守仁:《寄邹谦之》一,《王阳明全集》,第 201 页。

内部的表现。

问题在于,湛甘泉的心学无疑是得之于陈白沙的传授与耳提面命,王阳明的心学则主要得之于其一生的实践追求与自我摸索。这就提出了一个非常重要的问题:心学究竟应当是一种传授之学、知识之学还是一种自本自根、自我摸索的自得之学?

第五章 王守仁的心性之学

　　对于明代理学来说,其对朱子学的"变革与革命"只有到了王阳明心学才真正获得了革命性的发展。虽然从陈白沙开始,其"不由积累而至"而又"不可以言传"的"自得之学"本身就蕴涵着对朱子学进行革命的可能,但陈白沙一生的最大遗憾与全部愤懑主要集中在科举制上;对朱子学来说,陈白沙甚至还始终坚持着"吾道有宗主,千秋朱紫阳。说敬不离口,示我入德方。义利分两途,析之极毫芒。圣学信匪难,要在用心臧"①的态度;再从其对湛甘泉"随处体认天理"一说之所谓"着此一鞭,何患不到古人佳处也"②的评价来看,也说明陈白沙一生始终没有形成对朱子学进行革命的意识。到了阳明时代,所谓革命的对象也就由科举制而转向朱子学本身了。当然,这并不是说凡是心学家都是好事之徒,而是说,当朱子学成为一个时代圣贤之路的垄断者并且成为占统治地位的国家意识形态时,它也就必然会面临着被"革命"的命运;当然反过来看,对于一直对人之精神现象最为敏感、也最强调人之主体性的心学来说,以官民双方共同认可之国家意识形态身份出现的朱子学也就最容易成为其所

---

① 陈献章:《和杨龟山此日不再得韵》,《陈献章集》,第279页。
② 陈献章:《与湛民泽》十一,《陈献章集》,第193页。

革命的对象。当然,心学也并不必然就是一种革命性的思潮,但在政治体制与思想文化双重专制的重压下,心学也就不得不以所谓"革命"的方式来表达自己对人生世界的认知与基本看法;之所以会成为一种革命思潮,主要是由于朱子学对人的精神追求之路的专制与垄断造成的,虽然这已经无关于朱子本人了。所有这些与朱子学有关的是是非非,似乎都和阳明心学存在着分不开、割不断的联系。

王阳明(1472—1529),名守仁,字伯安,浙江余姚人,因早年常讲学于越城的阳明洞,并以阳明子自号,故世称阳明先生。王阳明出身于一个官宦之家,十岁时,其父王华曾以会试第一的成绩高中状元,以后则从翰林修撰一直官至南京吏部尚书,显然属于高官显宦之列。王阳明作为王华的长子,自幼豪迈不羁,始就塾师,即有"何为第一等事"之问,并由此树立了"读书学圣贤"①的理想。此后,虽然王阳明并不以科考为意,但仍然经历了三次会试才获得进士身份。进入官场后,王阳明起初也试图以其真诚恻怛之心为朝廷效力,但在为政遭陷,且经历了"廷杖""系狱"与"远谪"的一系列打击之后,就彻底放弃了在官场有所作为的心思,而一心谋求致仕归隐以投注于讲学事业。这样一种思想轨迹,也就是余英时先生所概括的,"阳明'致良知'之教和他所构想的'觉民行道'是绝对分不开的;这是他在绝望于'得君行道'之后所杀出的一条血路。'行道'而完全撇开君主与朝廷,转而单向地诉诸社会大众,这是两千年来儒者所未到之境"②。但这并不是说王阳明主观上放弃了朝廷政治,一当朝廷真正有用于他,王阳明也不惜以身家性命为代价来竭忠尽智。——其一生中三次大的军事行动:从平定赣南流民起义到平息宁藩之乱一直到最后抬着棺材出征而又病死于归程的征思田之行,不仅表现了其对明王朝的忠诚以及高超的军事才能,而且也为其父、祖、曾祖三代赢得了"新建伯"的封赠。但对王阳明来说,所有这一切,都不过是其心性之学的一种

---

① 钱德洪:《王阳明年谱》,《王阳明全集》,第 1221 页。
② 余英时:《宋明理学与政治文化》,第 195—196 页。

随缘发用——所谓一时之应迹而已。所以,其弟子回忆说:"当时有称先师(王阳明)者曰:'古之名世,或以文章,或以政事,或以气节,或以勋烈,而公克兼之。独除却讲学一节,即全人矣。'先师笑曰:'某愿从事讲学一节,尽除却四者,亦无愧全人。'"①由此不仅可以看出他对其一生所讲之学的自信,而且其一生的精力也确实献给了儒家心性之学。②

一、为学路径

关于王阳明一生的为学路径,黄宗羲曾根据王阳明及其弟子的不同叙述而有如下一段概括性的总结:

> 先生之学,始泛滥于词章,继而遍读考亭之书,循序格物,顾物理吾心终判为二,无所得入。于是出入于佛、老者久之。及至居夷处困,动心忍性,因念圣人处此更有何道,忽悟格物致知之旨,圣人之道,吾性自足,不假外求。其学凡三变而始得其门。③

黄宗羲的这一概括,当然不能说没有道理,因为其根据就在于王阳明及其弟子不同场合的叙述和回忆。但黄宗羲的这一概括毕竟过分着眼于"变"了,似乎王阳明一生的格局就像一种宿命一样一直在牵引着他并通过不断地"变化"来实现。实际上,心性之学作为一种典型的主体性思潮(甚至连王阳明本人也并不能预定其一生就必然要走一条心学之路),它的每一步发展变化都是以主体性的实践摸索——所谓"自得"为前提的,所以,从其主体的角度看,重要的也许并不在于其"变",而在于推动着他不得不变之心中的困惑,这也就是所谓问题意识在推动着他不得不如此

---

① 邹守益:《阳明先生文录序》,《王阳明全集》,第 1569 页。

② 据黄绾《阳明先生行状》记载,阳明的最后遗言为:"他无所念,平生学问方才见得数分,未能与吾党共成之,为可恨耳!"《年谱》所记的最后遗言则是:"此心光明,亦复何言?"由于《年谱》成于其众多弟子之手,黄绾虽然也算是阳明弟子,但他们是儿女亲家,且年岁较为接近,所以笔者以为《行状》所记最为可信;至于《年谱》中的"遗言",反而有此地无银之嫌。——盖与当时朝廷打压阳明心学的政令有关,正是对这种打压政令的不满,才有其弟子之带有激反性的遗言。参见《王阳明全集》第 1428、1324 页,上海:上海古籍出版社,1992 年版。

③ 黄宗羲:《明儒学案·姚江学案》,《黄宗羲全集》,第七册,第 201 页。

抉择,从而也就不得不如此地改变。——这就不仅仅是一种外在的
"变",而是推动着他不得不如此的"所以变"了。

从这个角度看,王阳明一生的学术走向的确与其家庭、生性以及时
代思潮与社会背景之间存在着非常紧密的关联。因为其主体的资质、天
性以及其在与当时的社会环境、时代思潮不断适应、磨合的过程中,既推
动着其本人不断地抉择,同时也在不断地塑造着他的学术进路与思想
格局。

如上所述,王阳明自幼豪迈不羁,他的这种生性使其父亲龙山公常
怀忧虑,但又得到了其祖父的多方庇护。自然,这就养成了一种较强的
主体性。比如其始就塾师,就与老师展开了如下一段对话:

> 尝问塾师曰:"何为第一等事?"
>
> 塾师曰:"惟读书登第耳。"
>
> 先生疑曰:"登第恐未为第一等事,或读书学圣贤耳。"
>
> 龙山公闻之笑曰:"汝欲做圣贤耶!"①

像这样的对话,人们固然可以说这个孩子自幼就很张狂,但如果考虑到
其父亲就是以状元身份登第的,那么王阳明早年的这种张狂就成为其并
不满足于父辈成就之自信心的表现了。在当时的时代氛围中,"读书学
圣贤"也就代表着一种最高的人生追求,因而也才能真正算得上人生的
"第一等事"。明白了这一点,自然可以理解王阳明在第二次下第后宽慰
同舍的说法:"世以不得第为耻,吾以不得第动心为耻。"②如果我们注意
到王阳明的家庭背景以及其自幼形成的"读书学圣贤"的理想,就知道这
样的说法其实并不仅仅是一句自我安慰的张狂话。

那么,真正能够使其动心的因素又是什么呢? 这就是"读书学圣
贤"。王阳明虽然可以不以科考得失为意,但他却不能不以"学圣贤"为
意,因为在当时的时代氛围中,"读书学圣贤"也就代表着人生的最高追

---

① 钱德洪:《年谱》一,《王阳明全集》,第 1221 页。
② 钱德洪:《年谱》一,《王阳明全集》,第 1223—1224 页。

求;对王阳明来说,这一点也是贯注其一生并支撑其一生探索的精神支柱。请看《年谱》中的记载:

> 先生以诸夫人归,舟至广信,谒娄一斋谅,语宋儒格物之学,谓"圣人必可学而至",遂深契之。①

> 先生始侍龙山公于京师,遍求考亭遗书读之。一日思先儒谓"众物必有表里精粗,一草一木,皆涵至理",官署中多竹,即取竹格之;沉思其理不得,遂遇疾。先生自委圣贤有分,乃随世就辞章之学。②

> 先生自念辞章艺能不足以通至道,求师友于天下又不数遇,心持惶惑。一日读晦翁上宋光宗疏,有曰:"居敬持志,为读书之本,循序致精,为读书之法。"乃悔前日探讨虽博,而未尝循序以致精,宜无所得;又循其序,思得渐渍洽浃,然物理吾心终若判而为二也。沉郁既久,旧疾复作,益委圣贤有分。偶闻道士谈养生,遂有遗世入山之意。③

> 时瑾憾未已,自计得失荣辱节能超脱,惟生死一念尚觉未化,乃为石椁自誓曰:"吾惟俟命而已!"日夜端居澄默,以求静一……因念:"圣人处此,更有何道?"忽中夜大悟格物致知之旨……④

上述四段记载,就构成了王阳明青年时代的主要阅历。所谓"谒娄一斋谅"其实就发生在其迎娶诸夫人的中途;当时大儒娄谅的"语宋儒格物之学,谓'圣人必可学而至'"则可以说是其一生精神的初步奠基。所以下来就有"格竹子"的实践,其在遭遇失败后的"自委圣贤有分,乃随世就辞章之学"与数年后实践朱子"读书之法"失败后的"旧疾复作,益委圣贤有分",都说明圣贤之学其实已经成为其人生追求的主旋律。至于格物失败后的"乃随世就辞章之学"与实践"读书之法"失败后的

---

① ② 钱德洪:《年谱》一,《王阳明全集》,第 1223 页。
③ 钱德洪:《年谱》一,《王阳明全集》,第 1224 页。
④ 钱德洪:《年谱》一,《王阳明全集》,第 1228 页。

"益委圣贤有分"以及"偶闻道士谈养生,遂有遗世入山之意",又说明其早年所有的"陷溺"实际上都是在圣贤之路走不通的情况下出现的。从这一情况来看,所谓"读书学圣贤"显然已经成为其一生追求的精神支柱了,其所有的喜怒哀乐也都由此而展开,甚至,就是到了生死之地的龙场,为了超脱生死而不得不为"石椁自誓",王阳明也仍然在思考"圣人处此,更有何道"的问题。所有这些,都不是我们今天所谓的"迂腐"所能说明的,而只能以其对圣贤之学的真诚信仰与强烈希冀来说明。

但在当时,横亘于其圣贤追求前的一座无法翻越的高山就是朱子学。这不仅因为那个时代的学风就是所谓"此亦一述朱,彼亦一述朱"[1],而且从朝廷到民间,从一般士子的言谈举止、立身行事一直到所谓立朝处节、圣贤追求,也都非朱子之规定莫属。在这种条件下,当王阳明按照朱子所说去"格竹子"以至于进行"读书之法"的实践而又不得不一再面临失败的打击时,其从"自委圣贤有分"到"益委圣贤有分"的感慨也就成为一种极为真实的自我感受了(因为对当时的阳明来说,他宁可怀疑自己的资质与方法,绝不敢怀疑朱子学的权威性);而从"随世就辞章之学"到"有遗世入山之意",也都是一种非常无奈、从而不得不退求其次的选择。[2] 除此之外,其"格竹子"的结果是"沉思其理不得";实践"读书之法"的结果则仍然是"物理吾心终若判而为二"。这说明,王阳明其实也像当年的陈白沙一样,是在实实在在地探索"吾此心与此理"的"凑泊吻合处"。这样一来,我们就可以清楚地看出,王阳明早年的各种陷溺,从辞章之溺到佛老之溺,实际上都是在圣贤之路走不通的条件下出现的;或者进一步说,也都是在朱子学对圣贤之路专断的条件下形成的。这样一来,王阳明也就像当年的陈白沙在面对科考的失败从而不得不走向讲学

---

[1] 黄宗羲:《明儒学案·姚江学案》,《黄宗羲全集》,第七册,第197页。

[2] 这两次格物的失败以及其不得不退求其次的选择都说明王阳明对朱子学确实如"神明蓍龟",而绝不是罗钦顺所说的"决与朱子异矣"。参见王阳明《答罗整庵少宰书》,《王阳明全集》,第78页;罗钦顺《与王阳明书》,《困知记》,第111页。

一样,必须在朱子学对圣贤之路专断的条件下探寻一条新的圣贤之路。

明白了这一背景,我们也就可以理解王阳明早年的各种探索。幸运的是,王阳明在 28 岁以"举南宫第二"的成绩科考中第,31 岁"渐悟仙、释二氏之非",到 33 岁时,他就已经坚定地站在儒家的立场上主持山东乡试了。到了 34 岁,他不仅首倡身心之学,而且也开始设帐讲学了;其具体宗旨,就是针对"学者溺于词章记诵,不复知有身心之学。先生首倡言之,使人先立必为圣人之志。闻者渐觉兴起"①。这样看来,以"身心之学"来对治当时社会上普遍存在的词章记诵现象,可能也就成为王阳明在朱子学占统治地位的条件下所找到的第一个立足点,也可以说是他对当时朱子学的第一个补救与修正措施。

但在"此亦一述朱,彼亦一述朱"的背景下,人们却往往对其"身心之学"的号召以"立异好名"视之。在这种情况下,王阳明遇到了明代心学开创者陈白沙的弟子——时任翰林庶吉士的湛甘泉,两人"一见定交,共以倡明圣学为事"②。多年后,当湛甘泉出使安南封国大典时,王阳明还特意作了《别湛甘泉序》,其中回忆了他们的交往情况以及其共同的思想主张。他写道:

> 世之学者,章绘句琢以夸俗,诡心色取,相饰以伪,谓圣人之道劳苦无功,非复人之所可为,而徒取辨于言词之间;古之人有终身不能究者,今吾皆能言其略,自以为若是亦足矣,而圣人之学遂废。则今之所大患者,岂非记诵词章之习!而弊之所从来,无亦言之太详、析之太精者之过欤!③

> 某幼不问学,陷溺于邪僻者二十年,而始究心于老、释,赖天之灵,因有所觉,始乃沿周、程之说求之,而若有得焉。顾一二同志之外,莫予翼也,岌岌乎仆而后兴。晚得友于甘泉湛子,而后吾之志益坚,毅然若不可遏,则予之资于甘泉多矣。甘泉之学,务求自得者

---

① ② 钱德洪:《王阳明年谱》,《王阳明全书》,第 1226 页。
③ 王守仁:《别湛甘泉序》,《王阳明全书》,第 230—231 页。

也。世未之能知其知者,且疑其为禅。诚禅也,吾犹未得而见,而况其所志卓尔若此,则如甘泉者,非圣人之徒欤!①

这说明,王阳明此时已经通过批评词章记诵现象找到了"身心之学"的立足点;其"先立必为圣人之志"的号召也说明他确实已经找到了圣贤之学的方向,或者说他是试图通过批判并防范词章记诵现象来追求圣贤之学的,这可能也就是其"实以之身心"的真正涵义。至于湛甘泉,由于出自陈白沙之门,其心学立场自然是不言而喻的。他们的"一见定交",也就等于在"身心之学"的方向上站在了一起。

当时,对这种词章记诵现象的防范与批评与对"身心之学"的倡导也就构成了王阳明圣贤追求的两面。从对词章记诵现象的批评来看,《传习录》上卷中就充满了对这种现象的分析,比如:

> 天下所以不治,只因文盛实衰,人出己见,新奇相高,以眩俗取誉。徒以乱天下之聪明,涂天下之耳目,使天下靡然争务修饰文词,以求知于世,而不复知有敦本尚实、返朴还淳之行:是皆著述者有以启之。②

> 后世不知作圣之本是纯乎天理,却专去知识才能上求圣人。以为圣人无所不知,无所不能,我须是将圣人许多知识才能逐一理会始得。故不务去天理上着工夫,徒弊精竭力,从册子上钻研,名物上考索,形迹上比拟,知识愈广而人欲愈滋,才力愈多,而天理愈蔽。③

王阳明的这些批评无疑是正确的,毕竟没有人能够否定他所批评的这些现象,也没有人能够否定他的这些批评的正确性。在当时,他的这些批评不仅有争取自身思想存在资格的意味,同时,他也试图通过这些批评以引导人们对如何会形成这种现象之深层原因进行反思。正是在这一意义上,王阳明的批判锋芒实际上已经指向朱子学了,比如"以求知于

---

① 王守仁:《别湛甘泉序》,《王阳明全书》,第231页。
② 王守仁:《语录》一,《王阳明全集》,第8页。
③ 王守仁:《语录》一,《王阳明全集》,第28页。

世""是皆著述者有以启之"以及"专去知识才能上求圣人"等等,实际上也都是针对朱子以格物穷理的知识追求来促进道德诚意的为学进路而发的。

至于其对"身心之学"的正面倡导,虽然王阳明一直没有对身心之学下一个精确的定义或作出明确的规定,但在他的语境中,所谓身心之学其实就是词章记诵现象的克星——所谓口耳之学的对立面,只要了解了口耳之学的毛病,也就必然会理解身心之学之"实以之身心"的具体内涵。15 年后,当罗钦顺与王阳明展开关于《朱子晚年定论》的激辩时,王阳明再次提到了身心之学,他写道:

> 夫道必休而后见,非已见道而后加体道之功也;道必学而后明,非外讲学而复有所谓明道之事也。然世之讲学者有二:有讲之以身心者;有讲之以口耳者。讲之以口耳,揣摸测度,求之影响者也;讲之以身心,行著习察,实有诸己者也,知此则知孔门之学矣。①

当然在这时,王阳明已经彻底公开了其与朱子学的分歧与矛盾,所以他也完全可以站在"孔门之学"的立场上迫使罗钦顺选择。这说明,其身心之学本来就是针对朱子学而提出的,但在当时,他却只能针对口耳之学的具体表现——所谓词章记诵现象展开批评,而不能直接针对朱子学进行批评。不过,王阳明这里所提出的"讲之以身心,行著习察,实有诸己者也",实际上也就是对身心之学的一种最好诠释;至于所谓"讲之以口耳,揣摸测度,求之影响者也"无疑是对词章记诵现象包括所谓"专去知识才能上求圣人"现象之一种最准确的批评。

所以说,当王阳明提出"身心之学"时,表明他对时弊的认识以及对治措施包括他所应当努力的方向,都已经基本明确了。如何克服、如何对治由朱子学之流衍所形成的词章记诵现象与口耳之学的种种毛病,也就成为其圣贤追求并重新确立圣贤之学的基本方向了。

---

① 王守仁:《答罗整庵少宰书》,《王阳明全集》,第 75 页。

二、心即理的提出

　　身心之学的提出，表明王阳明在朱子学的重压下找到了一个新的为学方向，这一方向并不是那种一意于气机生化并以探索宇宙天道为职志之所谓"造化之理"的方向，而是直接指向现实人生，并以道德实践与人生实现作为主要追求方向的。只有如此，才是真正的圣贤追求，所谓"行著习察，实有诸己者也"，也就指其既可以落实于现实的人生，又可以从自己人生中的身心两面当下朗现出来而言。相对于陈白沙当年反思"吾此心与此理未有凑泊吻合处"的问题，那么身心之学无疑是一种更为切实、也更为具体的解决途径。但在当时，所谓身心之学还仅仅是一个人生道德实践的大方向，至于这一方向如何开启、其理论根底如何确立以及其具体入手究竟何在？王阳明当时还是不甚了了的。

　　但这一不甚了了的问题不仅要由人生实践来落实，而且也要通过人生实践来彰显其具体内容。正德元年（1506），年轻的明武宗初政，太监刘瑾专权，南京科道戴铣以谏忤旨，遭到逮系诏狱的处分，王阳明出于人臣之宜，率先抗疏救铣。由于他在疏中要求明武宗"扩大公无我之仁，明改过不吝之勇"[1]，又明确以"乞宥言官去权奸以彰圣德"为题，这不仅得罪了皇上，连权奸刘瑾也一并得罪了。当时的朝廷，已经成为所谓"阎王好见，小鬼难缠"的格局。所以，"疏入，亦下诏狱。已而廷杖四十，既绝复苏，寻谪贵州龙场驿驿丞"[2]。这就有了影响王阳明一生的居夷处困之行。

　　龙场在贵州西北万山丛中，是一个连语言都无法沟通的地方——"可通语者，皆中土亡命。旧无居，始教之范土架木以居"[3]。从这些情况来看，刘瑾就是希望王阳明不要活着走出此地。就在这个蛮荒之地，王

---

[1] 王守仁：《乞宥言官去权奸以彰圣德疏》，《王阳明全集》，第 292 页。
[2] 钱德洪：《年谱》一，《王阳明全集》，第 1227 页。
[3] 钱德洪：《年谱》一，《王阳明全集》，第 1228 页。

阳明也目睹了流放者一行三人一并死于路途的情形,所以他不仅带领童子安葬了那位死于非命的流放官员以及其子、仆两位随行,还专门作了一篇《瘞旅文》以纪念那位不知名姓的流放者①。但是,初到龙场时,其危险还不在于语言的不通,也不在于无屋居住,甚至也不在于地方官的欺凌,而首先在于权倾朝野的刘瑾根本不想放过他,并且很后悔没有在路上杀死他,还不时派人来侦窥动静。就在这种求告无门又无可逃避的生死危局中,王阳明就只能展开一种"吾惟俟命而已"式的探索:

> 时瑾憾未已,自计得失荣辱皆能超脱,惟生死一念尚觉未化,乃为石椁自誓曰:"吾惟俟命而已!"日夜端居澄默,以求静一;久之,胸中洒洒……因念:"圣人处此,更有何道?"忽中夜大悟格物致知之旨,寤寐中若有人语之者,不觉呼跃,从者皆惊。始知圣人之道,吾性自足,向之求理于事物者误也。②

这就是阳明的龙场大悟,也就是黄宗羲所谓"三变而始得其门"的为学入手。虽然阳明后来对这一大悟有许多阐发,甚至也包括所谓"吾'良知'二字,自龙场以后,便已不出此意,只是点此二字不出,与学者言,费却多少辞说"③。但从《年谱》的记载来看,这一大悟所明确的实际上只有两点:其一即所谓"圣人之道,吾性自足",从而也就明确地确立了其为学之主体性与内向性的方向;其二,则是以所谓"向之求理于事物者误也"的断言,明确否定了朱子格物致知之外向求理的路向。这就是说,一条从根本上与朱子外向的格物致知之路相背反的为学之路终于形成了。

关于这一大悟所以发生的具体因由,人们当然可以施之以各种各样的理论分析。但从这一大悟的具体发生而言,与其说这是一个理论探索的问题,不如说首先是一个人生实践中不得不如此抉择之水到渠成的问题。对王阳明来说,自其进入官场以来,从《陈言边务疏》到《乞宥言官去

---

① 参见王守仁:《瘞旅文》,《王阳明全集》,第 951—953 页。
② 钱德洪:《年谱》一,《王阳明全集》,第 1228 页。
③ 钱德洪:《刻文录叙说》,《王阳明全集》,第 1575 页。

权奸以章圣德疏》,哪一次上疏不是出于人臣之宜、天理之公,但回报他的却不是石沉大海就是所谓廷杖、系狱与远谪的裁处。所以,真正难能可贵的并不在于王阳明在"吾惟俟命"的关头"大悟格物致知之旨"这种豁然猛醒的认知,而在于他已经非常清楚地知道自己"吾惟俟命而已"却仍然在思索"圣人处此,更有何道"的问题,这就将圣贤之榜样的力量贯注到自己生命的最后一息了。所以,所谓"大悟"与其说是阳明的自悟,不如说是其在生命之最绝望的关头直接与圣贤对话所得到的一个结论——这既是发自圣贤的教诲与启迪,同时也是人生最后关头自我抉择的必然结论。因而,当他"大悟格物致知之旨"时,"寤寐中若有人语之者";当他反省到"向之求理于事物者误也"时,马上就"以默记《五经》之言证之,莫不吻合,因著《五经臆说》"①。著《五经臆说》当然是事后所为,但从其呼跃警醒,马上就能"以默记《五经》之言证之"来看,也说明他是时时处处都在以自己的见解与圣贤的一贯教导相对照的,并以二者的统一与一致性来对比于朱子格物致知之成说。这种情形,诚如其后来在与罗钦顺的激辩中所言:"盖不忍抵牾朱子者,其本心也;不得已而与之抵牾者,道固如是,不直则道不见也。"②

如果将这一大悟直接集中于格物致知问题,那么所谓为学方向包括具体认知方式的改变也就是其结论所在。所以直到晚年,王阳明还回忆说:

> 先儒解格物为格天下之物,天下之物如何格得?且谓一草一木亦皆有理,今如何去格?纵格得草木来,如何反来诚得自家意?③

> 及在夷中三年,颇见得此意思,乃知天下之物本无可格者。其格物之功,只在身心上做,决然以圣人为人人可到,便自有担当了。这里意思,却要说与诸公知道。④

---

① 钱德洪:《年谱》一,《王阳明全集》,第 1228 页。
② 王守仁:《答罗整庵少宰书》,《王阳明全集》,第 78 页。
③ 王守仁:《语录》三,《王阳明全集》,第 119 页。
④ 王守仁:《语录》三,《王阳明全集》,第 120 页。

在这两条关于格物致知说的回忆中,前一条主要在于说明朱子的格物致知之路所存在的问题,因为它不仅无关于诚意,而且通过格尽天下物的方式也始终无法解决主体是否诚意的问题。直到今天,我们也仍然可以说,缺乏相关的物理知识固然不能很好地贯彻诚意,但绝不能说只要有了相关的知识就必然会有主体之诚意的出现。因为诚意所关涉的道德心体以及其发心动念的问题本身就是超越于格物穷理之外向认知之上的;所谓的物理知识说到底也不过是道德诚意的一种实现条件而已,却绝不是道德诚意的先决条件,尤其不是道德诚意的主体性、实践性条件。后一条则在于说明如果真正效法圣贤,那就应当首先集中力量解决主体之道德诚意的问题,因为不仅"天下之物本无可格者"——有限的人生根本不可能格尽天下物,而且外向的格物致知也根本无法解决主体内在的诚意问题。因而其所谓"格物之功,只在身心上做,决然以圣人为人人可到,便自有担当"的说明,也表明他不仅原本就站在身心之学的立场,而且也回到了"人皆可以为尧舜"的立场上了,所有这些,首先就成为一个内向性的立志——所谓主体抉择的问题了。至于作为龙场大悟之标志性结论的"圣人之道,吾性自足",其实也正是就主体之内在自足性、主宰性与自觉性而言的。

如果从为学方向之理论根据的角度来看阳明的这一大悟,那么这一悟最根本的一点就在于主体性原则的确立与"心即理"思想的提出。关于主体性原则之确立已见于其"圣人之道,吾性自足"一说,至于其具体表现,就主要体现在"心即理"思想的展现过程中。王阳明关于"心即理"思想的阐发主要见于其"与徐爱论学"。徐爱既是王阳明"及门莫有先之者"的大弟子,同时也是他的妹婿——在阳明赴龙场前,徐爱就已经执炙行弟子礼了,当阳明贬谪期满而回到越中老家时,就首先向徐爱阐发了其居夷处困之所见。这就有了"与徐爱论学",也就有了对"心即理"思想的系统阐发。这一阐发主要是以对话的方式展开的:

> 爱问:"至善只求诸心,恐于天下事理有不能尽。"

先生曰："心即理也。天下又有心外之事，心外之理乎？"

爱曰："如事父之孝，事君之忠，交友之信，治民之仁，其间有许多理在，恐亦不可不察。"

先生叹曰："此说之蔽久矣，岂一语所能悟！今姑就所问者言之：且如事父不成，去父上求个孝的理；事君不成，去君上求个忠的理；交友治民不成，去友上、民上求个信与仁的理：都只在此心。心即理也。此心无私欲之蔽，即是天理，不须外面添一分。以此纯乎天理之心，发之事父便是孝，发之事君便是忠，发之交友治民便是信与仁。只在此心去人欲、存天理上用功便是。"①

此心若无人欲，纯是天理，是个诚于孝亲的心，冬时自然思量父母的寒，便自要去求个温的道理；夏时自然思量父母的热，便自要去求个清的道理。这都是那诚孝的心发出来的条件。却是须有这诚孝的心，然后有这条件发出来。②

在这两段阐发中，作为一种主体实践性原则，主要就体现在"却是须有这诚孝的心，然后有这条件发出来"一说上。如果没有内在的"诚于孝亲"之心，那么即使有所谓"孝行"，也必然会沦落为作伪与装样子。所以诚孝之心对于诚孝之理、诚孝之行来说都具有无条件的先在性；所谓诚孝之心的问题，说到底也就是一个人的主体性问题，是主体之发心动念的问题。那么所谓"心即理"究竟何指呢？这就指"此心无私欲之蔽，即是天理，不须外面添一分。以此纯乎天理之心，发之事父便是孝，发之事君便是忠，发之交友治民便是信与仁"；或者也可以说"此心若无人欲，纯是天理，是个诚于孝亲的心，冬时自然思量父母的寒，便自要去求个温的道理；夏时自然思量父母的热，便自要去求个清的道理"。在这里，诚孝之心对于诚孝之理与诚孝之行的先在性以及从诚孝之心到诚孝之行、诚孝之理的实现过程，既是其主体实践性原则的具体表现，同时也就是"心即

---

① 王守仁：《语录》一，《王阳明全集》，第2页。
② 王守仁：《语录》一，《王阳明全集》，第3页。

理"的展现与实现过程。

这样看来,王阳明的"心即理"说根本就不是一个指谓某种存在状况的实然判断或理论命题,也不能仅仅从事实判断或理论命题的角度加以把握。从根本上说,它就是儒家心性之学从其主体性原则出发以指向道德实践的绝对命令,当然也包括指谓道德实践所以发生的事实及其根据本身。

但在 20 世纪以来的学术研究中,人们却往往将王阳明(包括陆象山)的"心即理"诠释为一种指谓某种存在状况的理论命题,认为其最大的问题就是以主观之心"并吞"了客观的天地万物之理,所以这一命题连同王阳明所谓的"心外无物,心外无事,心外无理,心外无义,心外无善"[①]诸说也就全然成为所谓主观唯心主义及其"狂妄性"的具体表现了。实际上,这都是根本不明就里的说法,非但不能理解其"心即理"说的正面涵义,反而导致了一系列根本不着边际的联想与批判。从学术史的角度看,造成这一问题的直接根源就在于明儒罗钦顺,最终的根源则在于程朱理学。

为什么说这一问题的直接根源就在于罗钦顺呢?这是因为,罗钦顺从其立基于宇宙生化的气学立场出发,根本无法理解陆王主体实践论意义下的"心即理"说,所以他就将陆王的"心即理"说仅仅看作是对禅宗理论命题的照搬。在经过一番认真的比较研究之后,罗钦顺又发现理学中存在着两种根本不同的说法,而这两种不同说法既是理学与心学相区别的标志,同时也就是儒与禅相区别的标志。其《困知记》一开篇就明确指出:

> 夫心者,人之神明;性者,人之生理。理之所在谓之心,心之所有谓之性,不可混而为一也……其或认心以为性,真所谓"差毫厘而谬千里"者矣。[②]

---

① 王守仁:《与王纯甫》,《王阳明全集》,第 156 页。
② 罗钦顺:《困知记》卷上,第 1 页。

为什么"认心以为性"就会"差毫厘而谬千里"呢？这是因为,在罗钦顺看来:

> 程子言"性即理也",象山言"心即理也"。至当归一,精义无二,此是则彼非,彼是则此非,安可不明辨之![①]

从罗钦顺的这一比较性研究来看,所谓"心即理"与"性即理"的差别实际上也就是理学与心学的根本差别,在他看来,由于心学的"心即理"说主要是搬弄禅宗的话头,这一区别同时也就成为儒与禅区别的标志了。在这里,罗钦顺显然是将"心即理"与"性即理"作为两种不同的存在论判断或理论命题来加以区别的,由于其对"性即理"本来就是从一种指谓实然存在状况的理论命题来理解的,所以他也只能沿着从指谓实然存在的角度来理解这两个命题。20世纪以来,人们之所以能够以所谓客观唯心主义与主观唯心主义来区别理学与心学,实际上都是从罗钦顺的这种存在论判断以及其作为理论命题之相互区别的角度出发的。

　　罗钦顺之所以能够将"心即理"与"性即理"视为两种不同的存在论判断,无疑又是从朱子学出发的;而朱子又是从其对二程思想的理解中总结出来的。比如朱子曾明确地说:"伊川'性即理也',横渠'心统性情'二句,颠扑不破!"[②]朱子之所以会得出这样的结论,又从根本上源于程颢的"吾学虽有所受,天理二字却是自家体贴出来"[③]一说[④],正由于天理观念的这样一种提出方式,很快就成为理学各派所公认的道德本体,成为南宋朱陆哲学共同的出发点。但在大程那里,其天理本体主要是通过天道"降衷在人"的方式落实于人生的,所以他既可以说:"天人本无二,不

---

① 罗钦顺:《困知记》续卷下,第37页。
② 黎靖德编:《朱子语类》卷五,第93页。
③ 程颢、程颐:《程氏外书》卷十二,《二程集》,第424页。
④ 如果就概念的提出而言,张载哲学中就有许多关于天理的说法,但张载的天理还只是就天道本体的具体表现而言,并不是直接指谓天道本体。程颢这里的"体贴"则是明确就天道本体而言的,这也是其能够成为南宋朱陆哲学之共同出发点的根本原因。

必言合。"①同时又可以说:"只心便是天,尽之便知性,知性便知天,当处便认取,更不可外求。"②大程的这些说法,表明天人之间是一种纵向落实与立体贯通的关系。小程却主要是通过理与气、形上与形下的辨析以及其普遍性拓展,从而将天理在人以其在物的方式落实为一种共同的内在主宰之所谓律则性的关系。所以到了朱子,理气关系一方面成为宇宙生化过程中的两种最重要的基础;与之同时,这种基础作用又要通过人们的格物致知来认识,这就将天与人之间禀赋与实践落实性的关系扭转为一种通过格物穷理之认知性的问题了。在经过罗钦顺对理气关系的彻底颠倒之后,气也就成为天地万物生成演化的基础,理则演变为气机生化过程中的具体条理。这样一来,所谓"性即理"自然是以"生理"的方式来完成其对人生的落实,从而也就使其成为理与气的具体统一以及理之内在于气的存在论判断,进而完全成为一种认识论的问题;至于所谓"心即理",也就同样只能停留于人之禀气赋形之自然明觉的基础上了。罗钦顺之所以能够将"性即理"与"心即理"视为理学与心学相区别的标志,进而视为儒与佛相区别的标准,关键也就在于他完全是从一种关于实然存在之判断与命题的角度来理解这两种不同说法的。这样一来,不仅"心即理"之道德实践方面的涵义遭到消解,而且也完全沦落为一种在禀气赋形基础上所形成的心之明觉及其认识作用了。

由此之后,"性即理"与"心即理"就成为一种指谓实然存在之两种不同的存在论判断了。在这一背景下,"心即理"除了表现主体之心的明觉作用包括所谓"狂妄"的"并吞"作用之外也就不会有其他含义了。实际上,这等于是将主体指向道德实践的绝对命令并揭示道德实践所以形成之发生学根据,完全当作气机生化过程中的一种关于客观物理的存在论判断来评判了。如此一来,主体通过实践追求所形成的道德境界也就变成了一种关于对象世界存在状态的一种理论判断了——所谓存在论命

---

① 程颢、程颐:《程氏遗书》卷六,《二程集》,第81页。
② 程颢、程颐:《程氏遗书》卷二,《二程集》,第15页。

题一说也就由此而成立,主体道德实践的问题也就变成了一种存在论基础上的对象认知问题了。

最后,让我们再来看以"心即理"为代表的龙场大悟所开辟的为学方向以及其所具有的意义。首先一点,王阳明的龙场大悟为什么一定要以"向之求理于事物者误也"来断然否定以往的外向求索呢?这就主要体现在"圣人之道,吾性自足"一点上;"圣人之道,吾性自足"的确切内涵又主要表现在其"心即理"所说的"此心无私欲之蔽,即是天理,不须外面添一分。以此纯乎天理之心,发之事父便是孝,发之事君便是忠,发之交友治民便是信与仁"一说中;或者说也就体现在"此心若无人欲,纯是天理,是个诚于孝亲的心,冬时自然思量父母的寒,便自要去求个温的道理;夏时自然思量父母的热,便自要去求个清的道理"上。当然也可以说,在否定了外向性的认知求索时,王阳明也就必然要反过来肯定人内在的道德自足性;甚至也可以说,正是对道德原则之内在自足性的发现,才会形成对外向认知性求索的断然否定。而这种对内在道德自足性的肯定,也就只能将其限定在道德是非与道德实践的领域了。

与之同时,当王阳明肯定了人对道德原则的内在自足性时,自然也就接上了孟子"人皆可以为尧舜"①的传统(虽然从现实人生来看,可能永远没有人能够达到尧舜的高度,但在孟子看来,这并不能否定"人皆可以为尧舜"的资格与基础),也就接上了陆象山的"发明本心"以及其一直被视为主观狂妄的诸多言论,比如:

　　汝耳自聪,目自明,事父自能孝,事兄自能弟,本无少缺,不必他求,在乎自立而已。②

　　存之者,存此心也,故曰"大人者,不失其赤子之心"。四端者,即此心也;天之所以与我者,即此心也。人皆有是心,心皆具是理,心即理也,故曰"理义之悦我心,犹刍豢之悦我口"。所贵乎学者,为

①《孟子·告子下》,吴哲楣编:《十三经》,第1413页。
②陆九渊:《语录》上,《陆九渊集》,第408页。

> 其欲穷此理,尽此心也。①

从孟子到陆象山对个体道德本心的这一肯定其实也就是对人的最大肯定,但这种肯定只能说是一种可能、资格与方向的肯定,绝不是所谓现实性的肯定。也正是对这种可能、资格与方向的肯定,才真正开辟了心性之学之主体性的方向。因为这种肯定既立足于"圣人与我同类"②的基础上,又是对人之超越追求及其达到圣贤境界之可能性的一种最大肯定,它实际上也就包含着一种主体与本体的同一原则。没有这一原则,没有对这一原则的明确肯认,儒家心性之学就根本无从成立。所以,也许正是对这一原则与基础的充分自觉,才有了王阳明的如下一段论述:

> 吾"良知"二字,自龙场以后,便已不出此意,只是点此二字不出,与学者言,费却多少辞说。今幸见出此意,一语之下,洞见全体,直是痛快,不觉手舞足蹈。③

这说明,以"心即理"为代表的龙场大悟,实际上已经确定了阳明一生的努力方向;至于其以后的发展,不过是这一方向的展开与深化而已。

三、致良知的形成

正因为龙场大悟充分肯定了人对道德原则的内在自足性,而"心即理"又明确确立了主体与本体的本质同一原则,因而人的圣贤追求实际也就集中于内向性与实践性一维了。对于道德实践与道德成就而言,如果承认"圣人之道,吾性自足",那么这一内向性的聚焦无疑有其必然性。但这一内向性的聚焦并不意味着人就可以当下自足(比如当下就可以以圣贤自居),而恰恰是以承认人之当下的不完美、不圆满为前提的;所谓内向集中、内向反省,首先也就意味着一种"求放心""发明本心"或者说是"自悟性体"的工夫。所以由此之后,阳明常常以内向反省式的静坐作

---

① 陆九渊:《与李宰》二,《陆九渊集》,第 149 页。
② 《孟子·告子上》,吴哲楣编:《十三经》,第 1409 页。
③ 钱德洪:《刻文录叙说》,《王阳明全集》,第 1575 页。

为其为学的基本入手。请看龙场大悟以后王阳明的基本教法：

> ……及归过常德、辰州，见门人冀元亨、蒋信、刘观时辈俱能卓立，喜曰："谪居两年，无可与语者，归途乃幸得诸友！悔昔在贵阳举知行合一之教，纷纷异同，罔知所入。兹来乃与诸生静坐僧寺，使自悟性体，顾恍恍若有可即者。"既又途中寄书曰："前在寺中所云静坐事，非欲坐禅入定也。盖因吾辈平日为事物纷拿，未知为己，欲以此补小学收放心一段工夫耳。"①

> 客有道自滁游学之士多放言高论，亦有渐背师教者。先生曰："吾年来欲惩末俗之卑污，引接学者多就高明一路，以救时弊。今见学者渐有流入空虚，为脱落新奇之论，吾已悔之矣。故南畿论学，只教学者存天理，去人欲，为省察克治实功。"②

这两段基本上概括了阳明致良知提出以前的两种主要教法，或者也可以说就是从龙场一直到南京时期的主要教法。其前边从常德、辰州的"静坐僧寺"到滁州所谓鞭辟向里的"高明一路"，实际上都是龙场大悟的延伸或重演，其具体方式就是静坐反省、"求放心"，其指向则是"自悟性体"。但这一教法容易导致"流入空虚，为脱落新奇之论"的弊端。所以从南京开始，王阳明又转入了一种"存天理，去人欲"的"省察克治实功"。所谓"省察克治实功"，就是"静时念念去人欲、存天理，动时念念去人欲、存天理，不管宁静不宁静。若靠那宁静；不惟渐有喜静厌动之弊，中间许多病痛只是潜伏在，终不能绝去，遇事依旧滋长。以循理为主，何尝不宁静，以宁静为主，未必能循理"③。又说："教人为学，不可执一偏：初学时心猿意马，拴缚不定，其所思虑多是人欲一边，故且教之静坐、息思虑。久之，俟其心意稍定，只悬空静守如槁木死灰，亦无用，须教他省察克治。

---

① 钱德洪：《年谱》一，《王阳明全集》，第1230—1231页。
② 钱德洪：《年谱》一，《王阳明全集》，第1237页。
③ 王守仁：《语录》一，《王阳明全集》，第13—14页。

省察克治之功,则无时而可间……"①显然,这既是对滁州弊端的革除,也是一种新教法的萌发。这样,当王阳明由"静坐僧寺"以"自悟性体"的"高明一路"转向"存天理,去人欲"的"省察克治实功"时,也就表明其教法的一个明确转向;当他再由"存天理,去人欲"的"省察克治实功"转向"致良知"时,就代表着其教法的又一次转向。如果我们视"致良知"为王阳明思想的成熟与定形形态,那么从滁州到南京时期的转向也就是其思想成熟前的一次最重要的转向了。

这就涉及一个问题,在黄宗羲对王阳明教法三变的叙述中,他是以滁州前后所谓"高明一路"教法作为第一阶段的,而以江右的致良知为第二阶段,至于居越以后的所谓人生化境则被视为第三阶段。本来,对阳明教法的概括自然可以有不同的视角,各种不同的说法也可以并存,但问题在于,在黄宗羲的这一概括中,南京时期就完全被忽略掉了。实际上,在王阳明的一生中,南京时期不仅是其一生前期向后期的过渡时期,而且也是其思想上的一个重大转向时期;更重要的还在于,没有南京时期与朱子学学者的思想交锋,就不可能有致良知的思想,王阳明晚年也就不会出现如下检讨:"我在南都已前,尚有些子乡愿的意思在。我今信得这良知真是真非,信手行去,更不着些覆藏……"②这说明,南京时期确实是一个非常重要的时期,一定程度上正包含着其致良知思想所以形成的秘密。

从时间上看,王阳明到南京是 45 岁,很快就升任都察院左佥都御史,巡抚南、赣、汀、漳等处。也就是说,南京以后,王阳明进入了仕途的快车道,不久就成为平定南赣流民起义的最高军事指挥了,并且也由此进入其一生中最为辉煌的时期。但如果从思想上看,南京时期正是王阳明与朱学学者的一个思想交锋时期;其南京教法之所以转变为"静时念念去人欲、存天理,动时念念去人欲、存天理"的"省察克治实功",也与南

① 王守仁:《语录》一,《王阳明全集》,第 16 页。
② 王守仁:《语录》三,《王阳明全集》,第 116 页。

京作为朱子学的大本营有关。这一点不仅可以证之于王阳明"留都时偶因饶舌,遂致多口,攻之者环四面"①的书信,而且也同样可以证之于其论敌的书信,比如罗钦顺在给王阳明的书信中就明确提到"往在南都,尝蒙诲益。第苦多病,怯于话言,未克倾吐所怀,以求归于一是"②云云,凡此都说明,南京时期确实是王阳明与朱子学学者的一个思想交锋时期,不仅对其教法有影响,对其以后致良知思想的形成也有着非常重要的影响。

南京以后,王阳明先是转战于赣南各地,继而又在江右平定了宁藩之乱,最后又卷入由太监张忠、许泰的恶意构陷所形成的政治斗争的旋涡。一当忠、泰之难告结,其致良知的思想也就自然而然地提出了,所以连王阳明自己都承认:"今经变后,始有良知之说。"③又说:"某于此良知之说,从百死千难中得来,不得已与人一口说尽。"④这就造成了一个假象,似乎致良知首先是王阳明政治斗争的结果,也是其在政治斗争中生存智慧的结晶。实际上,从南赣到江右,王阳明并不存在精神上的危机,因为南赣的军事活动,王阳明作为最高军事长官根本不存在性命之忧;宁藩之乱中虽然存在着身家性命之忧(比如朱宸濠藩乱一起始首先就要抓王阳明,而忠、泰之难中的政治构陷如果成立,那么阳明就会被诛灭九族⑤),但对儒者而言,这种境遇完全可以归之于外在的命运;至于忠、泰之变中的身家性命之忧虽然事关重大——使王阳明不得不徘徊于忠臣义士与反叛朝廷的夹缝中,但对于忠臣义士而言,也仍然可以归之于儒者所无可奈何的命。其实在这一过程中,王阳明真正的危机既不在于军事活动,也不在于政治斗争,而主要在于他与"朱学后劲"罗钦顺的思想交锋;正是这一思想交锋,才将王阳明推到了良知学的大门口。

---

① 王守仁:《与安之》,《王阳明全集》,第173页。
② 罗钦顺:《与王阳明书》,《困知记》附录,第108页。
③④ 钱德洪:《年谱》二,《王阳明全集》,第1279页。
⑤ 忠、泰之流的政治构陷是说王阳明"始同濠谋反,因见天兵倏临征讨,始擒濠以脱罪……"黄绾:《阳明先生行状》,《王阳明全集》,第1422页。

为什么要这样说？为什么要如此突出王阳明与朱子学在为学进路上的分歧？因为这不仅涉及王阳明致良知思想的形成问题，也关涉到阳明精神的现实合理性及其存在之根本依据问题。对王阳明来说，如果没有真正的精神危机，没有真正来自精神危机层面的敲打与叩问，其致良知说在信念、信仰层面的涵义就出不来，或者说也根本不可能形成。

让我们稍微拉开距离，从一个较大的跨度来分析这一问题。当王阳明以龙场大悟的形式宣布"圣人之道，吾性自足，向之求理于事物者误也"时，无疑是在朱子学的一统天下打开了一个缺口，由此之后，从常德、辰州以"自悟性体"为指向的"静坐僧寺"到滁州所谓的"高明一路"教法，实际上也都有与朱子学针锋相对的意味，因为所有这些教法都是从主体性入手的。但是为什么一到南京，其教法马上就改变为"静时念念去人欲、存天理，动时念念去人欲、存天理"的"省察克治实功"呢？当然，人们可以说这是因为有人对其滁州教法提出了明确的批评，那么这个批评者是谁呢？其批评又主要是从哪个角度发出的呢？如果不断地对问题进行这样的追问，那么最后也就不能不归结到南京的留都地位以及其作为朱子学之大本营这一点上来。所以，从这个角度看，南京时期的教法实际上正是王阳明自觉地向朱子学作出一定让步的表现（此即其后来所谓的"乡愿意思"，或者也可以说王阳明当时确实不愿意挑起其与朱子学的理论官司），即使如此，其南京时期的讲学仍然遭到了"环四面"的围攻。这一点其实正表现在他离开南京以后——王阳明一到南赣，不仅有《朱子晚年定论》之编，还有《大学》古本之复，并且还有作为其讲学记录之《传习录》上卷的刊刻。所有这些，都说明他已经开始明确地向朱子学进行反击了。也只有在这一意义上，我们才可以理解其所谓"我在南都前，尚有些子乡愿的意思在"的检讨。但是，就在王阳明为政、讲学双丰收，即刚刚平定了宁藩之乱，摆脱了忠、泰之难，却正好遇上了作为"朱学后劲"的罗钦顺，罗钦顺也明确申明他是在经过南京时期的当面交流，又拜读了王阳明的上述三书之后问题仍然"丛集而不可解"，因而不得不"仰烦开示"。这说明，不仅罗钦顺一直在关注着王阳明，而且与罗钦顺的思想交锋其实也就是王阳明精神上的一次大决战,当然同时也关涉到其思想之能否真正成立的问题。

其实罗钦顺的问题并不复杂,除了对王阳明编《朱子晚年定论》在文献选择时限上的批评外①,作为为学进路的分歧,主要也就集中在两点上,其一就是"是内非外";其二则是"决与朱子异"。但这两个问题的深刻性主要在于其相互内在的贯通与勾连,如果王阳明不能合理地说明其"决与朱子异"的问题,那么他也就只能进入罗钦顺早就设计好的"是内非外"之禅学的窠臼了;如果进入了禅学窠臼,那么王阳明最后也就只能回到其首倡身心之学时所遭遇的"立异好名"的批评上去了。借用文化传统中神仙鬼怪的话语,那么这也可以说是一种"打回原形"式的批评(起码罗钦顺是这样期待的)。因此,这两个问题真正关涉到王阳明哲学的精神依据及其存在的现实合理性问题,也真正关涉到其一生的探索究竟有没有价值的问题。请先看罗钦顺所开陈的理论划界标准:

> 溺于外而遗其内,俗学是已;局于内而遗其外,禅学是已。②
> ……如其以为未合,则是执事精明之见,决与朱子异矣。凡此三十余条者,不过姑取之以证成高论,而所谓"先得我心之所同然者",安知不有毫厘之不同者为祟于其间,以成抵牾之大隙哉!③

那么,王阳明又将如何面对罗钦顺早就设计好的这一精神决战呢?王阳明刚摆脱了忠、泰之流的政治构陷,就在以江西巡抚之命回南昌的船上,收到了罗钦顺的论学书札。这样,对阳明来说,从宁藩之乱、忠泰之难再到罗钦顺的理论问难,真可谓一波三折,且步步惊心,因为每一步都存在着满盘皆输的危险。王阳明将如何面对罗钦顺的理论问难呢?首先,关于罗钦顺的内外划界以及其"是内非外"的批评,王阳明有如下答复:

---

① 关于这一问题,在罗钦顺部分已经有所说明,这里不再重复。
② 罗钦顺:《与王阳明书》,《困知记》附录,第109页。
③ 罗钦顺:《与王阳明书》,《困知记》附录,第111页。

> 夫理无内外,性无内外,故学无内外;讲习讨论,未尝非内也;反观内省,未尝遗外也。夫谓学必资于外求,是以己性为有外也,是义外也,用智者也;谓反观内省为求之于内,是以己性为有内也,是有我也,自私者也:是皆不知性之无内外也。①

关于王阳明的这一答辩,虽然其内外一体的说法并非毫无道理②,但难免存在着一定的自我辩解之嫌。这主要是因为,王阳明固然"是内",并聚焦于内,但并不"非外",即使其以"正念头"为特征的格物说也并不非外,只不过更强调"内"的先在性与决定性而已。另一方面,"是内"本身也并不就是禅,任何强调主体性的人生哲学也都必然会有一定程度的"是内"倾向,但并不一定就是禅。只是当时的时代思潮一时还无法冲破这种误解而已。

至于"决与朱子异"的问题,由于罗钦顺已经从实然存在之经验事实到形上理念两个方面把王阳明的退路给彻底堵死了,就是说,他必须先以围剿的方式迫使王阳明承认自己是"决与朱子异",然后才能将其推进"是内非外"的禅学窠臼。所以,这反倒激起了王阳明的绝地反击:

> 夫学贵得之心。求之于心而非也,虽其言之出于孔子,不敢以为是也,而况其未及孔子者乎! 求之于心而是也,虽其言之出于庸常,不敢以为非也,而况其出于孔子者乎!③

这一通答辩,如果说朱子学本身就是真理标准(所以在关于朱子书信的选择上王阳明就不得不承认自己是"中间年岁早晚诚有所未考"),王阳明也就只有彻底认输一条路了,但问题在于,这只是罗钦顺的标

① 王守仁:《答罗整庵少宰书》,《王阳明全集》,第76页。
② 因为心学的主体性与实践性使其不可能完全停留于主观内在的层面,但由主体性与实践性所形成的客观性却并不等同于气学之对象认知立场上的客观性;这样一种细微的区别也非常值得探究。当人们将心学直接等同于纯粹的主观性时,也就把气学之对象认知立场直接等同于科学认知的客观性了。实际上,这里既存在着一种双向的纠缠,也表现了一种双向的误解。
③ 王守仁:《答罗整庵少宰书》,《王阳明全集》,第76页。

准——罗钦顺不仅以朱子学为真理标准，而且还以所谓"决与朱子异"作为判定阳明错误的标准。这就激起了王阳明的反击：在王阳明看来，不要说与朱子异，就是孔子，也必须接受个体"求之于心"的检验。这就从根本上以"得之于心""求之于心"的方式把所有外在的标准给彻底推翻了。能够推翻这所有外在标准并且也能够给任何一个个体（庸常）提供内在支撑的是非准则，也就应当是一种人人本有且随时知是知非的精神。那么，这究竟是一种什么精神？作为个体内在本有之知，又是一种什么知呢？——致良知的提出，其实就是对这一问题的明确回答。

所以说，与罗钦顺的激辩，不仅是阳明学与朱子学的一场决战，而且也是其内在精神在生死攸关关头自证自明式的显现，这就将其"是内"精神推向了极致，也将其内在标准运用到了极致。所以当其致良知思想一经提出，马上就获得了"古今人人真面目"①的赞叹；对王阳明来说，正是所谓"近来益信得致良知三字，真圣门正法眼藏。往年尚疑未尽，今自多事以来，只此良知无不具足。譬之操舟得舵，平澜浅濑，无不如意，虽遇颠风逆浪，舵柄在手，可免没溺之患矣。"②

据实而论，良知说到底不过是一种内在的是非之心，所以说"良知只是个是非之心，是非只是个好恶，只好恶就尽了是非，只是非就尽了万事万变"③。这里的关键在于，这种是非之心既是人最内在的是非标准，又是人生世界最根本的精神支撑，而且还是人之日用伦常随时取舍应对的标准。请看王阳明对良知的论述：

> 这些子（良知）看得透彻，随他千言万语，是非诚伪，到前便明。合得的便是，合不得的便非。如佛家说心印相似，真是个试金石、指南针。④

---

① 钱德洪：《年谱》二，《王阳明全集》，第 1279 页。
② 钱德洪：《年谱》二，《王阳明全集》，第 1278—1279 页。
③ 王守仁：《语录》三，《王阳明全集》，第 111 页。
④ 王守仁：《语录》三，《王阳明全集》，第 93 页。

> 人若知这良知诀窍,随他多少邪思枉念,这里一觉,都自消融。真个是灵丹一粒,点铁成金。①

> 尔那一点良知,是尔自家底准则。尔意念着处,他是便知是,非便知非,更瞒他一些不得。尔只不要欺他,实实落落依着他做去,善便存,恶便去。②

这当然是就良知对人生日用及其道德实践的作用而言,至于良知对人生的根本作用,一方面表现为遍在于一切个体,同时又是"随你如何不能泯灭"的是非准则,不仅如此,良知还具有"一提便省觉"的作用。比如:

> 是非之心,不虑而知,不学而能,所谓良知也。良知之在人心,无间于圣愚,天下古今之所同也。③

> 缘此两字,人人所自有,故虽至愚下品,一提便省觉。若致其极,虽圣人天地不能无憾,故说此两字穷劫不能尽。④

> 君子之酬酢万变,当行则行,当止则止,当生则生,当死则死,斟酌调停,无非是致其良知,以求自慊而已。⑤

凡此,当然都涉及良知对人生的根本作用。但良知之所以能有如此作用,关键又在于良知就是人的至善之性直接发用于是非知觉的表现,所以其根本依据也就是人的至善之性;其具体表现,也就是随时知是知非的是非知觉。正因为良知的这一特点,所以王阳明说:"性无不善,故知无不良,良知即是未发之中,即是廓然大公,寂然不动之本体,人人之所同具者也……体即良知之体,用即良知之用,宁复有超然于体用之外者乎?"⑥这样一来,如果借用佛教的话说,那么良知也就可以说是囊括人生的一切正智与正行。

---

① 王守仁:《语录》三,《王阳明全集》,第93页。
② 王守仁:《语录》三,《王阳明全集》,第92页。
③ 王守仁:《答聂文蔚》,《王阳明全集》,第79页。
④ 王守仁:《寄邹谦之》三,《王阳明全集》,第204页。
⑤ 王守仁:《答欧阳崇一》,《王阳明全集》,第73页。
⑥ 王守仁:《答陆原静书》,《王阳明全集》,第62—63页。

但所有这些说法,首先就源于阳明学与朱子学的对峙,尤其源于王阳明与罗钦顺的激辩。这一激辩不仅将王阳明逼到了不得不与朱子学对决的地步,而且罗钦顺也是利用朱子学的权威从而将王阳明的主体精神逼到了一种必须自我否定的悬崖上。正是这一激辩,才逼出了王阳明不以孔子之是非为是非的精神,逼出了其凡事"求之于心"、求之于内在主体精神的抉择,这就是所谓内在的是非准则——良知的显现了。

从王阳明的思想发展来看,整个这一过程,作为一种时空因缘,应当说它就主要奠基于南京时期。但由于王龙溪为了突出浙中学派,也为了突出自己心学嫡传的地位,故意对阳明的居越时期一味拔高(当然,居越时期作为阳明一生思想探讨的总结是无可置疑的);黄宗羲不明就里,也一味照搬,所以对王阳明的思想发展而言,不仅漏掉了南京这一极为重要的时期,而且也将致良知思想简单地归之于王阳明在宁藩之乱中所遭遇的政治构陷经历,从而完全忽略了精神依据对于思想发展的推动作用。为了证明南京时期对阳明思想发展的推动作用,这里再以阳明对自己一生教法的总结来反证:

> 吾昔居滁时,见诸生多务知解,口耳异同,无益于得,姑教之静坐。一时窥见光景,颇收近效。久之,渐有喜静厌动,流入枯槁之病。或务为玄解妙觉,动人听闻。故迩来只说致良知。良知明白,随你去静处体悟也好,随你去事上磨练也好,良知本体原是无动无静的。此便是学问头脑。我这个话头自滁州到今,亦较过几番,只是致良知三字无病。[1]

这一段是由钱德洪之问而引发的王阳明对其一生教法的总结,钱德洪是王阳明居越时期所收弟子,因而这一总结也无疑发自晚年。所谓滁州教法实际上就是其南京以前教法的总称(因为阳明一生"从游之众自滁始"),所以"教之静坐",也主要是针对学界"多务知解,口耳异同"的现象

---

[1] 王守仁:《语录》三,《王阳明全集》,第104—105页。

而发的。但如果其教法就是黄宗羲所概括的从滁州直接过渡到江右,那么其晚年致良知的教法何以能够涵括"静处体悟"与"事上磨练"两路呢?实际上,这里的"事上磨练"就来自南京时期的"静时念念去人欲、存天理,动时念念去人欲、存天理,不管宁静不宁静",而且其对"喜静厌动之弊"的发现与反省也是在南京时期,因而所谓"以循理为主"以贯通动静的教法实际上仍然形成于南京时期。之所以要发掘南京时期的作用,关键在于南京时期不仅是王阳明与朱子学的思想交锋时期,也是其良知学从蕴涵、发轫一直到江右的爆发与呈现时期。不了解南京时期王阳明与朱子学的思想交锋,也就无法理解其致良知思想的真正形成;没有南京时期教法的积淀,也就不会形成其晚年贯通"静处体悟"与"事上磨练"的致良知教。

四、知行合一的工夫路径

"知行合一"是王阳明哲学中一个最基本的工夫论命题,也是其哲学中最难以理解的命题。这个"难"不仅表现在现代研究中,而且也表现在王阳明的弟子包括其世交老友当时的理解与接受中,甚至,就是王阳明本人,也时时为其知行合一说的内在理路与人们的接受和理解现状所困扰。请看如下两条:

> ……及归过常德、辰州,见门人冀元亨、蒋信、刘观时辈俱能卓立,喜曰:"谪居两年,无可与语者,归途乃幸得诸友! 悔昔在贵阳举知行合一之教,纷纷异同,罔知所入。"①

> 吾始居龙场,乡民言语不通,所可与言者乃中土亡命之流耳;与之言知行之说,莫不忻忻有入。久之,并夷人亦翕然相向。及出与士夫言,则纷纷同异,反多扞格不入。何也? 意见先入也。②

从这两条来看,知行合一在被接受和理解的过程中确实遇到了较大的困

① 钱德洪:《年谱》一,《王阳明全集》,第 1230—1231 页。
② 钱德洪:《刻文录叙说》,《王阳明全集》,第 1574—1575 页。

难,因为从在贵州龙场与席元山"始论知行合一"到"归过常德、辰州……
悔昔在贵阳举知行合一之教",起码说明王阳明在主持贵阳书院时确曾
以知行合一为教。当时,王阳明是将这种"扞格不入"的现象归结为"意
见先入"的,从一定程度上说,这一归结也是有道理的。但这个"意见"却
并不就是成见式的"意见",恰恰是不同视角、不同认知方式所无法避免
的"意见"。

在王阳明的一生中,关于"知行合一"一共有过四次大的论证。这四
次论证,与其说是一个思想之不断深化深入的过程,不如说主要是通过
不断地调整表达、变换说法以促使人们更好地理解、接受其知行合一说
的过程。虽然如此,我们仍然可以沿着王阳明的表达顺序来展开其知行
合一说,并在展开的过程中逐步揭示其独特的认知视角与认知方式。

王阳明的首论知行合一还在龙场,当时贵阳的提督学政席元山曾与
他展开过一通关于朱陆异同的讨论,并由此涉及知行合一问题,这一讨
论也就成为王阳明的"始论知行合一"。《年谱》载:

> 始席元山书提督学政,问朱陆同异之辨。先生不语朱陆之学,
> 而告之以其所悟。书怀疑而去。明日复来,举知行本体证之《五经》
> 诸子,渐有省。往复数四,豁然大悟,谓"圣人之学复睹于今日;朱陆
> 异同,各有得失,无事辩诘,求之吾性本自明也。"遂与毛宪副修葺书
> 院,身率贵阳诸生,以所事师礼事之。①

在这一讨论中,席元山的问题就是"朱陆同异之辨",王阳明则"不语朱陆
之学,而告之以其所悟"。至于其所悟的内容,当然也就是"圣人之道,吾
性自足,向之求理于事物者误也"。如果从与这一问题的关联来看,那么
其答案似乎也就应当是席元山后面的感慨:"朱陆异同,各有得失,无事
辩诘,求之吾性本自明也。"但问题在于,这里从第一次的"告之以其所
悟"到后边又"举知行本体证之《五经》诸子,渐有省",似乎涉及一连串的

---

① 钱德洪:《年谱》一,《王阳明全集》,第 1229 页。

问题,其相互关系似乎也都是不太清楚的。

两年后,王阳明贬谪期满,在与徐爱"同舟归越"的过程中,他再次谈到了"知行合一"。正像对"心即理"的阐发一样,他们也同样是以讨论的方式展开的:

> 爱曰:"如今人尽有知得父当孝、兄当弟者,却不能孝、不能弟,便是知与行分明是两件。"

> 先生曰:"此已被私欲隔断,不是知行的本体了。未有知而不行者。知而不行,只是未知。圣贤教人知行,正是要复那本体,不是着你只恁的便罢。故《大学》指个真知行与人看,说'如好好色,如恶恶臭'。见好色属知,好好色属行。只见那好色时已自好了,不是见了后又立个心去好。闻恶臭属知,恶恶臭属行。只闻那恶臭时已自恶了,不是闻了后别立个心去恶……就如称某人知孝、某人知弟,必是其人已曾行孝行弟,方可称他知孝知弟,不成只是晓得说些孝弟的话,便可称为知孝弟。又如知痛,必已自痛了方知痛;知寒,必已自寒了;知饥,必已自饥:知行如何分得开? 此便是知行的本体,不曾有私意隔断的。圣人教人,必要是如此,方可谓之知。不然,只是不曾知。"①

在这一段讨论中,徐爱所提出的"知与行分明是两件"最能代表现代人的一般看法,王阳明却以《大学》的"好好色"与"恶恶臭"为例提出了明确的反驳,认为"只见那好色时已自好了,不是见了后又立个心去好""只闻那恶臭时已自恶了,不是闻了后别立个心去恶",这就是说,"见好色"与"好好色"、"闻恶臭"与"恶恶臭"必然是一时并到的关系。这就是其知行合一说最基本的指谓。除此之外,王阳明这里也澄清了所谓"知行本体"的问题,认为"知行本体"就是"真知行",也就是"知行如何分得开"的本然一体关系,所以,那种所谓"知得父当孝、兄当弟者,却不能孝、不能弟"的

---

① 王守仁:《语录》一,《王阳明全集》,第3—4页。

现象,也就被王阳明明确视为"此已被私欲隔断,不是知行的本体了"。这说明,其所谓"真知行"包括"知行本体"都是指知与行不可分割的一时并到关系。

但在这一讨论中,王阳明又提出了一个在现代人看来似乎有双重标准之嫌的问题,这就是所谓两种不同的知行合一说。比如:

> 爱曰:"古人说知行做两个,亦是要人见个分晓,一行做知的工夫,一行做行的工夫,即工夫始有下落。"
>
> 先生曰:"此却失了古人宗旨也。某尝说知是行的主意,行是知的工夫;知是行之始,行是知之成。若会得时,只说一个知已,自有行在,只说一个行,已自有知在……今人却就将知行分作两件去做,以为必先知了然后能行,我如今且去讲习讨论做知的工夫,待知得真了方去做行的工夫,故遂终身不行,亦遂终身不知。"①

在这里,所谓"只说一个知,已自有行在,只说一个行,已自有知在"自然代表着知与行的一时并到性,也可以称之为"真知行",如果说这就是王阳明对其知行合一说的一种较为严格的表达,那么其所谓"知是行之始,行是知之成"这样的说法似乎又包含着所谓"始"与"成"之间的"时间差",因而也可以说是其关于知行合一说的另一种表达,或者说起码是一种不太严格的表达。

王阳明的三论知行合一主要表现在其晚年的《答顾东桥书》中。顾东桥作为其早年的词章之友曾对其知行合一说提出了较为严厉的批评,王阳明不得不有所答辩。在这一答辩性的讨论中,较有特色的仍然是顾东桥对王阳明知行合一的理解与王阳明对其知行合一的说明:

> 来书云"所喻知行并进,不宜分别前后,即《中庸》尊德性而道问学之功交养互发、内外本末一以贯之之道。然工夫次第不能无先后之差,如知食乃食,知汤乃饮,知衣乃衣,知路乃行,未有不见是物,

----

① 王守仁:《语录》一,《王阳明全集》,第4—5页。

先有是事。此亦毫厘倏忽之间，非谓有等今日知之而明日乃行也。"

既云"交养互发、内外本末一以贯之"，则知行并进之说无复可疑矣。又云"工夫次第不能无先后之差"，无乃自相矛盾已乎？"知食乃食"等说，此尤明白易见，但吾子为近闻障蔽，自不察耳。夫人必有欲食之心然后知食：欲食之心即是意，即是行之始矣。食味之美恶必待入口而后知，岂有不待入口而已先知食味之美恶者邪？必有欲行之心然后知路：欲行之心即是意，即是行之始矣。路岐之险夷必待身亲履历而后知，岂有不待身亲履历而已先知路岐之险夷者邪？"知汤乃饮"，"知衣乃服"，以此例之，皆无可疑。若如吾子之喻，是乃所谓不见是物而先有是事者矣……

知之真切笃实处，即是行；行之明觉精察处，即是知，知行工夫本不可离。只为后世学者分作两截用功，失却知行本体，故有合一并进之说。①

在这一段讨论中，顾东桥的理解同样代表着一般人最容易接受的观点，即既要承认必须"知行并进，不宜分别前后"，是即所谓知与行的前后一致性，同时又认为"工夫次第不能无先后之差"以及"未有不见是物，先有是事"等等，这实际上也就等于是王阳明所概括的"后世学者分作两截用功，失却知行本体"。但王阳明这里的答辩似乎表现出了过多的针锋相对的性质，即凡是顾东桥强调"知先"的地方，王阳明都一定要揭示"行先"，这就存在着一定的强辩之嫌了（其实从王阳明的整体理路来看，这一表达并非没有道理，详后）。不过，其最有价值的一点就在于强调了知与行的相互渗透性质，即所谓"知之真切笃实处，即是行；行之明觉精察处，即是知"，即知中必然包含着行，行中也必然包含着知，这就为其下一阶段的论述提供了基础。

王阳明最后一次论知行合一是回答其"世交老友"之问，其讨论如下：

---

① 王守仁：《答顾东桥书》，《王阳明全集》，第41—42页。

问:"自来先儒皆以学问思辩属知,而以笃行属行,分明是两截事。今先生独谓知行合一,不能无疑。"

曰:"此事吾已言之屡屡。凡谓之行者,只是著实去做这件事。若著实做学问思辩的工夫,则学问思辩亦是行矣。学是学做这件事,问是问做这件事,思辩是思辩做这件事,则行亦便是学问思辩矣。若谓学问思辩之,然后去行,却如何悬空先去学问思辩得? 行时又如何去得做学问思辩的事? 行之明觉精察处,便是知;知之真切笃实处,便是行。若行而不能精察明觉,便是冥行,便是'学而不思则罔',所以必须说个知;知而不能真切笃实,便是妄想,便是'思而不学则殆',所以必须说个行;元来只是一个工夫。凡古人说知行,皆是就一个工夫上补偏救弊说,不似今人截然分作两件事做。"①

知行原是两个字说一个工夫,这一个工夫须著此两个字,方说得完全无弊病。②

在这一段问答中,王阳明除了坚持"行之明觉精察处,便是知;知之真切笃实处,便是行"这种知与行的一时并到性外,重要的还在于揭示了知与行"元来只是一个工夫",而"这一个工夫须著此两个字,方说得完全无弊病"。这就要求必须将知行合一提到"一个工夫"的角度来理解,其原因则主要在于"若行而不能精察明觉,便是冥行,便是'学而不思则罔',所以必须说个知;知而不能真切笃实,便是妄想,便是'思而不学则殆',所以必须说个行"③。

在这里,如果我们总结王阳明一生对知行合一这四次大的论述,那么从徐爱"知与行分明是两件"以及"一行做知的工夫,一行做行的工夫"到顾东桥"工夫次第不能无先后之差"以及其世交老友"以学问思辩属知,而以笃行属行"来看,时人实际上都是从知行为二之主客观的角度来

① 王守仁:《答友人问》,《王阳明全集》,第208页。
② 王守仁:《答友人问》,《王阳明全集》,第209页。
③ 王守仁:《答友人问》,《王阳明全集》,第208页。

理解王阳明的知行合一说的,所以他们总是要从知与行的前后一致性上来说明王阳明的知行合一说;从当时的士大夫到现代的研究者,也都是将知与行作为两个工夫或前后相继的两件事来看的。这样一来,所谓两个工夫与一个工夫的歧义性,就成为王阳明与当时一般士大夫的基本分歧了,这一点也是其知行合一说在为人接受方面所面临的主要困扰。

实际上,要理解王阳明"知行合一"的基本含义,首先必须理解其"知行合一"所以提出的思想文化背景,而不能在知与行究竟如何才能"合一"上钻牛角尖。必须首先理解王阳明对当时思想文化界包括所谓官场的感受,进而理解其"身心之学"的基本指谓。王阳明刚中进士,就向孝宗皇帝上《陈言边务疏》,其中写道:

> 今之大患,在于为大臣者外托慎重老成之名,而内为固禄希宠之计;为左右者内挟交蟠蔽壅之资,而外肆招权纳贿之恶。习以成俗,互相为奸。①

这里所揭示的现象,显然就是一种表里不一、内外背反的现象,与这种现象相同步的,则又是文人士大夫之间所普遍流行的词章记诵现象。所以,在《传习录》中,王阳明又有对词章记诵现象的如下批评:

> 天下所以不治,只因文盛实衰,人出己见,新奇相高,以眩俗取誉,徒以乱天下之聪明,涂天下之耳目,使天下靡然争务修饰文辞,以求知于世,而不复知有敦本尚实,返朴还淳之行:是皆著述者有以启之。②

所有这些现象,就构成了其知行合一说提出的思想背景,所以当王阳明刚刚开始设帐讲学,他所提出的第一个为学主张居然就是身心之学。所谓身心之学,其实也首先是针对这种表里不一、内外背反的现象而发的。《年谱》记载:

---

① 王守仁:《陈言边务疏》,《王阳明全集》,第285页。
② 王守仁:《语录》一,《王阳明全集》,第8页。

学者溺于词章记诵，不复知有身心之学。先生首倡言之，使人先立必为圣人之志。闻者渐觉兴起，有愿执贽及门者。至是专志授徒讲学。①

很明显，作为阳明一生中的第一个为学主张，这里除了"身心之学"的规定外，似乎并没有更明确的思想内容，但其身心之学本身无疑就是针对当时学界所普遍流行的"词章记诵"现象而发的。从这个意义上看，所谓身心之学也就应当是一种身心一致、表里如一的道德实践之学。但王阳明为什么一定要将道德实践之学称为身心之学呢？其身心之学的具体内涵又是什么呢？王阳明当时并没有作出明确的规定。

十五年后，当他平定了宁藩之乱，又因为《朱子晚年定论》之编遭到罗钦顺的尖锐批评时，王阳明再次提到了身心之学，并明确地规定说：

世之讲学者有二：有讲之以身心者；有讲之以口耳者。讲之以口耳，揣摸测度，求之影响者也；讲之以身心，形著习察，实有诸己者也，知此则知孔门之学矣。②

在这里，"身心之学"既与"口耳之学"对立，又有着"形著习察"的规定，同时还具有孔门"实有诸己"的特征，因而这个"身心之学"也就是最值得辨析的。简而言之，这里所谓"身心之学"也就可以说是"身与心""内与外"一齐并到的表里如一之学，这一点其实正对应着其批评官场之所谓"外托"与"内为"现象，对应着思想文化界的"口耳之学"以及由此所形成的"词章记诵"现象。"身心之学"同时还具有"形著"与"习察"的双向规定，所谓"形著"自然就是一种外在发用或外在落实的指向，而所谓的"习察"则应当就是一种内在自觉与内在省察的指向。这样一来，所谓"身心之学"其实也就可以说是人的"身与心""内与外"两面指向相反而又完全一致的学说。

——————————————

① 钱德洪：《年谱》一，《王阳明全集》，第 1226 页。
② 王守仁：《语录》二（《答罗钦顺少宰书》），《王阳明全集》，第 75 页。

　　那么,这种"身与心""内与外"指向相反而又完全一致的学问究竟是一种什么学说呢? 请看《孟子》与《大学》中关于"内与外"的规定:

　　　　有诸内,必形诸外。①

　　　　小人闲居为不善,无所不至,见君子而后厌然,掩其不善,而著其善。人之视己,如见其肺肝然,则何益也。此谓诚于中,形于外,故君子必慎其独也。②

显然,从"有诸内,必形诸外"到"诚于中,形于外",其实都是就人之表里如一、内外一致而言的。这一点既可以说是儒家德性文化之一个源远流长的传统,同时也是王阳明透视当时社会的一个基本视角。到了这个地步,就可以清楚地看出所谓"诚意""慎独"与"形著习察"的"身心之学"以及阳明所谓"知行合一"说的内在关联了。所谓知行合一,实际上就是指谓人的内外在世界的完全一致性与同时并在性。

　　再从"身心"关系来看,在所谓知行模式之下,其主客观关系的定位必然会使知与行表现为一种先后关系,但"身与心""内与外"的关系却必然是当下一致的,也必然是一种同时并在与同时并到的关系。在上个世纪 90 年代新出土的郭店楚简中,"仁"字本来也就被写为"身心"(其字为身上心下)。这当然是王阳明所根本不曾看到的文献,但他所倡导的"身心之学"以及其"形著"与"习察"的双向规定包括其"知此则知孔门之学"的明确断言,却不期而然地与孔子之仁学若合符节。这说明,孔子的"仁学"本来就是一种身心并在与内外并到的"知行合一"之学;这种身心并到的知行合一之学同时又可以为郭店楚简中的《五行篇》所证实:

　　　　仁形于内谓之德之行,不形于内谓之行。义形于内谓之德之行,不形于内谓之行。礼形于内谓之德之行,不形于内谓之行。智形于内谓之德之行,不形于内谓之行。圣形于内谓之德之行,不形

---

① 《孟子·告子下》,《十三经》,第 1415 页。
② 《礼记·大学》,《十三经》,第 586 页。

于内谓之行。①

在这里,楚简《五行篇》为什么一定要反复强调必须"形于内"呢? 并且还认为只有"形于内"才是真正的"德之行",而"不形于内"的"行"充其量也不过是一般的行而已。《五行篇》的这一规定实际上正是《中庸》《大学》所明确坚持的"诚于中,形于外"之"慎独""诚意"传统,而不是小人"闲居为不善"之类的"掩其不善,而著其善"之仅仅见之于外的"行"。很明显,仅从"慎独""诚意"所体现的"诚于中,形于外"来看,虽然《五行篇》主要在于强调行为的内在根据与内在自觉,但其身与心、内与外的一时并到性则是当下现实的;这种主与客、内与外以及知与行的一时并到特征,就可以说是王阳明"知行合一"说的基本含义。

从这个角度看,王阳明的"知行合一"实际上也就是通过《中庸》《大学》所坚持的身与心、内与外之一时并到传统,将"主知"主义背景下的主与客、知与行的先后之论,一并收摄到"慎独""诚意"所坚持的"诚于中,形于外"以及身与心、知与行的一时并到——所谓"知行合一"上来。也许正是这一原因,王阳明才始终坚持"行之明觉精察处,便是知;知之真切笃实处,便是行"②,又说:"知行原是两个字说一个工夫,这一个工夫须著此两个字,方说得完全无弊病。"③这里的"一个工夫",当然也就是"慎独""诚意"的工夫;作为一种学理性的主张,则既是"形著习察"的"身心之学",同时也可以说是对王阳明"知行合一"的一个恰切说明。

对王阳明来说,其知行合一之所以不断地遇到各种困扰,主要就在于他是以诚意、慎独系统所表示的内外在世界之统一性要求来解决知行系统所表示之主客观系统的先后一致性问题的;人们之所以不理解、不接受其"知行合一"的说法,又主要是因为,只要从知行系统之主客观关系出发,其知行先后之论也就无法避免。所以当时的人们,从徐爱到顾

---

① 《郭店楚墓竹简·五行》,第149页,北京:文物出版社,1998年版。
② 王守仁:《答友人问》,《王阳明全集》,第208页。
③ 王守仁:《答友人问》,《王阳明全集》,第209页。

东桥乃至王阳明的"世交老友",也就只能以知与行的先后一致性来凑泊其知行合一说。这就在困扰之上又加上了新的困扰。对王阳明来说,他以诚意、慎独所面对的内外在世界的一致性来解决主客、知行系统之先后问题,充分表现了他立足于主体道德的心性之学对建立在主客观之别基础上的认知、践行系统的一种彻底扭转,无论这一扭转成功与否,其努力都是值得重视,也值得肯定的。

在王阳明看来,他的知行合一说实际上已经彻底解决了人们圣贤追求的工夫进境问题。所以,他也完全可以从其"知行合一"出发来讨论人们的资质与工夫追求的层级。比如他明确指出:

> 知行二字即是工夫,但有浅深难易之殊耳。良知原是精精明明的。如欲孝亲,生知安行的,只是依此良知,实落尽孝而已;学知利行者,只是时时省觉,务要依此良知尽孝而已;至于困知勉行者,蔽锢已深,虽要依此良知去孝,又为私欲所阻,是以不能,必须加人一己百、人十己千之功,方能依此良知以尽其孝。圣人虽是生知安行,然其心不敢自是,肯做困知勉行的工夫。困知勉行的,却要思量做生知安行的事,怎生成得![1]

由此可以看出,王阳明不仅以其知行工夫之不同进境涵括了所有的人生追求,而且也借助知行合一之不同层级,涵括了所有人生追求的不同境界。这说明,其知行合一实际上也就可以涵括其心学的全部工夫,涵括其内外在世界的圆融与统一。所以说,知行合一并不仅仅是一个理论命题,而首先是指其主体的诚意工夫及其境界追求的代表。

五、四句教的圆融

"四句教"是王阳明晚年对其一生教法的总结,也代表着其一生探讨的最高结论。从嘉靖元年到嘉靖六年(1522—1527),王阳明在越中老家

---

[1] 王守仁:《语录》三,《王阳明全集》,第 111 页。

度过了一生中最后六年的乡居生活,而其一生的理论探讨也达到了最高峰。关于这一段的讲学,黄宗羲曾以"所操益熟,所得益化,时时知是知非,时时无是无非,开口即得本心,更无假借凑泊,如赤日当空而万象毕照"①来形容,此即所谓人生化境。但是,就在嘉靖六年(1527)的冬天,广西思州与田州发生民乱,朝廷久征不下,最后不得不强命王阳明出征。出发前,其在浙中的两大高弟——王龙溪与钱德洪因为对阳明教旨的理解发生了分歧,就有了"天泉证道"一段问答,"四句教"也因此成为阳明心学的第一公案。《传习录》载:

> 丁亥年九月……德洪与汝中论学。汝中举先生教言,曰:"无善无恶是心之体,有善有恶是意之动,知善知恶是良知,为善去恶是格物。"德洪曰:"此意如何?"汝中曰:"此恐未是究竟话头。若说心体是无善无恶,意亦是无善无恶的意,知亦是无善无恶的知,物是无善无恶的物矣。若说意有善恶,毕竟心体还有善恶在。"德洪曰:"心体是天命之性,原是无善无恶的。但人有习心,意念上有善恶在,格致诚正修,此正是复那性体工夫。若原无善恶,工夫亦不消说矣。"是夕侍坐天泉桥,各举请正。

> 先生曰:"我今将行,正要你们来讲破此意。二君之见正好相资为用,不可各执一边。我这里接人原有此二种。利根之人直从本源上悟入。人心本体原是明莹无滞的,原是个未发之中。利根之人一悟本体,即是工夫,人己内外,一齐俱透了。其次不免有习心在,本体受蔽,故且教在意念上实落为善去恶。工夫熟后,渣滓去得尽时,本体亦明尽了。汝中之见,是我这里接利根人的;德洪之见,是我这里为其次立法的。二君相取为用,则中人上下皆可引入于道。若各执一边,眼前便有失人,便于道体各有未尽。"

> 既而曰:"已后与朋友讲学,切不可失了我的宗旨:无善无恶是心之体,有善有恶是意之动,知善知恶是良知,为善去恶是格物,只

---

① 黄宗羲:《明儒学案·姚江学案》,《黄宗羲全集》第七册,第201页。

依我这话头随人指点自没病痛。此原是彻上彻下工夫。利根之人，世亦难遇，本体工夫，一悟尽透。此颜子、明道所不敢承当，岂可轻易望人！人有习心，不教他在良知上实用为善去恶工夫，只去悬空想个本体，一切事为俱不着实，不过养成一个虚寂。此个病痛不是小小，不可不早说破。"①

为了准确理解"四句教"的精神，在阳明出发之后，钱德洪与王龙溪又追至严滩，于是又有了对如何理解"四句教"的一段讨论。王龙溪曾"举佛家实相幻想（相）"来说明他的理解，王阳明也就借着其实相幻相说有如下答复：

先生曰："有心俱是实，无心俱是幻；无心俱是实，有心俱是幻。"

汝中曰："有心俱是实，无心俱是幻，是本体上说工夫。无心俱是实，有心俱是幻，是工夫上说本体。"先生然其言。

洪于是时尚未了达，数年用功，始信本体工夫合一。但先生是时因问偶谈，若吾儒指点人处，不必借此立言耳。②

这就是著名的严滩问答。对于王阳明的"四句教"来说，它实际上起着道破思路的作用。在这里，所谓"有心俱是实，无心俱是幻"，主要是指从本体发用角度看工夫，在此就必须坚持"有心"——所谓有目标、有定向之意，这也是儒家至善追求与佛老之空无本体的一个根本性区别；至于"无心俱是实，有心俱是幻"，则是从工夫实践的角度对本体的表现进行言说，所以必须达到"无心"——所谓"无有作好，无有作恶"之自然而然的地步，否则的话，必然会沦落为食而不化，而非本体工夫。在这里，王阳明虽然借助了佛教的名相概念，却完全是儒家精神；至于王龙溪的理解，从思路上看也应当说是完全正确的，所以"先生然其言"。严滩问答最重要的一点就在于提出了"本体上说工夫"与"工夫上说本体"两个不

① 王守仁：《语录》三，《王阳明全集》，第117—118页。
② 王守仁：《语录》三，《王阳明全集》，第124页。

同的角度。所谓"本体上说工夫"就是承体启用,也就是从本体发用的角度去言说工夫、照察工夫;所谓"工夫上说本体"则是即用见体,也就是从工夫追求的角度去言说本体、表现本体。这两个不同角度尤其是后一角度,其实就代表着"四句教"所以形成的角度。

在这一背景下,让我们再来看"四句教"的基本含义。所谓"无善无恶是心之体",并不是就本体的自在规定或自在状态言说本体,而是从工夫追求的角度对本体的言说。因为从实然存在的角度看,儒家的道德本体与佛老之空无本体一样,都具有一无所有的属性,这也可以说是所有形上本体的共同特征,因而是无从言说的;只有从工夫表现的角度才可以言说,也只有从工夫实践的角度才有儒学对善恶的执着以及其与佛老的区别。正是工夫中的追求以及从工夫对本体之全面表现与彰显的角度看,所谓本体必然会表现为一种无善无恶——所谓超越善恶并扬弃了善恶之具体相状与对善恶之执着相的无善无恶。这里的"无善无恶"并不是说"心之体"在实存层面上没有善恶,一如告子"生之谓性"所表现的那种无善无恶,也不是佛老之空无本体所直接表现出来的一无执着的无善无恶,而是在对善恶的执着与追求中超越了具体的善恶相状,从而不沾滞于具体善恶之无善无恶。所以说,所谓"无善无恶"恰恰是"心之体"之至善规定在工夫追求与工夫实践中的表现。

至于"有善有恶是意之动",主要是指本体之落实及其指向工夫之发动而言;在本体发动为工夫时也必须有对善恶的执着,一如王阳明在回答聂文蔚"勿忘勿助"时所强调的"必有事焉"一样。如果在此缺乏对善恶的执着,那么不是沦为告子的"生之谓性",就必然会沦落为佛老之空无本体——所谓一无执着的无善无恶了。当然,这一工夫发动中执着于善恶追求的"有善有恶"也可以反证其"心之体"本身是具有超越善恶之至善属性的;正因为是超越善恶的至善,所以才能在工夫发动中表现为"有善有恶"并且也必然会执着于善善恶恶。而所谓"知善知恶是良知"也就是在工夫追求中时时以良知为善恶的标准,因为良知本身就具有随时知是知非、知善知恶的能力。至于所谓"为善去恶是格物",则是要将良知的知善知恶落实到具体的为善去恶——所谓格物实践中,这一"为善去恶"之实践追求的极致,也就必须达到超越善恶并完全不沾滞于具体善恶之自然而然的地步。这样,主体为善去恶之工夫追求也就必须全面地实现其超越善恶并表现其无善无恶的"心之体"了。这样一来,整个"四句教"就构成了一个从本体到工夫、又由工夫全面彰显本体的回环。

作为阳明一生探讨的最高结论,"四句教"的形成实际上主要依赖于两宋理学的体用一源传统与明代理学之本体与工夫的全面相即系统。从体用一源来看,从体到用自然也就代表着"心之体"的发动,因而也就有了"有善有恶""知善知恶"以及"为善去恶"的实践追求;从本体与工夫的相即系统来看,本体自身一无所有,本体的至善属性也就表现在工夫追求之中,因而以本体为内在动力的工夫也就必须从"为善去恶"的道德实践中一步步走向超越于具体善恶的"无善无恶"。这样一来,"四句教"不仅表现了体与用的圆融一体,而且也表现着本体与工夫的高度一致以及其追求的无止境性,所以王阳明才认为"此原是彻上彻下工夫"。

"四句教"的圆融不仅表现在体与用的相即以及本体与工夫的圆融一致上,更重要的还表现在其对人的各种不同资质——所谓上根与中下根的完全适应与全面统一上。比如王龙溪所坚持的"四无"也就代表着上乘根器,所以被阳明称为"一悟本体,即是工夫,人己内外,一齐俱透了"的本体工夫;钱德洪所坚持的为善去恶追求之所以被王龙溪推断为"四有",又主要是就其所坚持的中下根之为善去恶的工夫追求而言的。至于阳明本人,则始终坚持着所谓的"三有一无"标准,这就是"中人上下皆可引入于道"。所谓"四无"工夫,就是王龙溪所分析的"若说心体是无善无恶,意亦是无善无恶的意,知亦是无善无恶的知,物亦是无善无恶的物矣";所谓"四有",又主要是就王龙溪所推论的"若说意有善恶,毕竟心体还有善恶在"而言的。"四无"自然代表着"直从本源上悟入"的"一悟本体,即是工夫,人己内外,一齐俱透"的"利根之人";"四有"则代表着永远处于善恶鏖战中并永远追求"为善去恶"的中下根人的工夫。王阳明的"二君相取为用,则中人上下皆可引入于道",也就等于将中人上下全部纳入"为善去恶"的道德实践中了。从这个角度看,王阳明以"三有一无"为特征的"四句教",作为面向社会大众之道德修养与道德实践的教典,确实表现了其最大的涵括性与涵盖面。自然,这也可以说是人之各种不同资质的一种圆融与统一。

在中国传统哲学中,心性之学始终是极具特色的一系。从孟子"君子深造之以道,欲其自得之也"①,到陆象山的"因读《孟子》而自得之"②,再到陈白沙"为学须从静中坐养出个端倪来,方有商量处"③,每一代都极具特色,也都有其独特的发生机理与形成路径。但如果就其基本特征而言,则无非就是主体性与自得性的递进以及实践性与思辨性的高度圆融,当然同时也包括促使其形成之外在条件与其内在超越追求的对扬与互补几个方面的有机统一。如果从这几个方面来看,那么阳明心学可以说是儒家心性之学的集大成,也较为完整地表现了上述几个方面的有机统一。当然,王阳明并非完人,甚至从某一方面看,他也有过迟疑乃至于因循、徘徊包括一定程度上的"乡愿意思",但总体而言,他毕竟较为全面地表现了心性之学在形成、发展上之多方面的特征,也最大限度地利用了当时可以利用之所有的思想资源,从而将儒家心性之学推向了前所未有的高度。过此以往,虽然心性之学仍在发展,但总体上已经开始走下坡路了。所以,《明史》在评价明代的学术趋势时说:"学术之分,则自陈献章、王守仁始。宗献章者曰江门之学,孤行独诣,其传不远。宗守仁者曰姚江之学,别立宗旨,显与朱子背驰,门徒遍天下,流传逾百年,其教大行,其弊滋甚。"④如果剥去《明史》作者本身的朱子学立场,那么阳明心学的历史作用是显而易见的,也是最值得深入分析的一种思想史现象。

---

① 《孟子・离娄下》,吴哲楣:《十三经》,第 1391 页。
② 陆九渊:《语录》下,《陆九渊集》,第 471 页,北京:中华书局,1980 年版。
③ 陈献章:《与贺克恭黄门》二,《陈献章集》,第 133 页。
④ 《明史・儒林传》一,《二十五史》卷十三,第 1525 页。